실비아 플라스 시 전집

Collected Poems
Poems ⓒ the Estate of Sylvia Plath, 1960, 1965, 1971, 1981, 1989
Editorial material ⓒ the Estate of Ted Hughes, 1981
All rights reserved.

Korean translation copyright ⓒ 2013 by Maumsanchaek
Korean translation rights arranged with FABER AND FABER LIMITED
through EYA(Eric Yang Agency).

이 책의 한국어판 저작권은 EYA(Eric Yang Agency)를 통해
FABER AND FABER LIMITED와 독점 계약한 마음산책에 있습니다.
저작권법에 의하여 한국 내에서 보호를 받는 저작물이므로
무단 전재와 복제를 금합니다.

■ 이 도서의 국립중앙도서관 출판시도서목록(CIP)은 서지정보유통지원
시스템 홈페이지(http://seoji.nl.go.kr)와 국가자료공동목록시스템
(http://www.nl.go.kr/kolisnet)에서 이용하실 수 있습니다.
(CIP제어번호: CIP2013015105)

실비아 플라스 시 전집

박주영 옮김

마음산책

실비아 플라스 시 전집

1판 1쇄 발행 2013년 8월 30일
1판 2쇄 발행 2022년 4월 5일

지은이 | 실비아 플라스
옮긴이 | 박주영
펴낸이 | 정은숙
펴낸곳 | 마음산책

편집 | 권한라·성혜현·김수경·나한비
디자인 | 최정윤·오세라·차민지
마케팅 | 권혁준·권지원·김은비
경영지원 | 박지혜

등록 | 2000년 7월 28일(제2000-000237호)
주소 | 서울시 마포구 잔다리로 3안길 20 (우 04043)
전화 | 대표 362-1452 편집 362-1451   팩스 | 362-1455
홈페이지 | www.maumsan.com
블로그 | blog.naver.com/maumsanchaek
트위터 | twitter.com/maumsanchaek
페이스북 | facebook.com/maumsan
인스타그램 | instagram.com/maumsanchaek
전자우편 | maum@maumsan.com

ISBN 978-89-6090-167-4 03840

* 책값은 뒤표지에 있습니다.

저렇게 밝게 빛나는 발작적인 장난을

기적이라고 부르고 싶어 한다면,

기적은 일어난다. 기다림은 다시 시작되었다.

- 일러두기

1. 이 시 전집은 영국의 계관시인이자 실비아 플라스의 남편이었던 테드 휴스가 1981년에 엮어서 낸 책이다. 테드 휴스가 서문과 주석(미주)을 붙였다.
2. 엮은이 주 번호는 로마 숫자로 표기했고, 옮긴이 주 번호는 아라비아 숫자로 표기했다. 서문과 주석에서 [ ]는 엮은이의 부연 설명이다.
3. 각 장 시작 전에 수록된 연보는 원서의 미주에 실린 글이다.
4. 각 작품의 시행 배열은 원서를 따랐다.
5. 외국 인명, 지명, 작품명 및 독음은 '외래어 표기법'을 따랐다.
6. 그림·음악의 제목과 잡지명은 〈 〉로 묶었고, 책과 장편 제목은 『 』로, 시와 단편 제목은 「 」로 묶었다.

서문

1963년 2월 11일에 죽을 때까지 실비아 플라스는 엄청난 양의 시를 썼다. 내가 알기로, 그는 시적 노력의 사소한 부분까지도 절대 폐기하지 않았다. 기이한 시행, 잘못 쓴 처음이나 끝 부분은 버렸지만, 한두 편을 제외하고 자신의 마음에 들게 최종 형태로 작업된 모든 시를 챙겼다. 시를 대하는 그의 태도는 장인과도 같았다. 주어진 재료로 탁자를 만들 수 없다면 의자나 장난감만 만들어도 매우 만족했다. 그에게 최종 결과물은 성공적인 시 한 편이 아니라, 창조력을 순간적으로 다 쏟아부은 시다. 따라서 이 전집은 단순히 그가 남긴 작품이 아니라 1956년 이후에 쓴 모든 시를 담고 있다.

어린 시절부터 그는 자신이 쓴 시를 미래에 출판될 시집의 형태로 모아놓았고, 늘 기대에 차서 다양한 시기에 출판사와 편집 위원들에게 제출했다. 오래전에 쓴 시들은 사라지고 새로 쓴 시들이 늘어나면서, 시집은 해를 거듭하여 자연스럽게 발전했으며, 마침내 1960년 2월 11일에 런던에 있는 하이네만 출판사와 『거대한 조각상』의 출판 계약을 맺었다. 첫 시집은 여러 제목과 여러 내용 수정을 거쳐 출판되었다. 1958년 초에 그는 "오늘 어두컴컴한 예술사 강의실에서 내 시집 제목이 계시처럼 눈앞에 떠올랐다'라고 적었다. "'토기로 만든 두상'이 적절하고 유일한 제목이라는 생각이 아주 선명하게 불현듯이 떠올랐다"라며, "이 새로운 제목은 '세 개의 원 안에서 행하는 서커스'와 '두 연인과 해안가 부랑자'(바로 전에 나온 두 개의 제목)가 지닌, 오래된 수정처럼 깨지기 쉽고 그럴듯한 겉치레로 가득한 표현에서 나를 해방하는 주문과 같다"라고 밝힌다. 두 달 뒤 그는 즉시 '토기로 만든 두상'을 '영원한 월요일'로 제목을 바꿨다. 이 주일 뒤 제목은 '바닷속 깊은 곳에'가 되었다. "아버지-바다 신-뮤즈를 다룬 시 가운데 가장 잘 쓰고 기묘하게 감동적인 작품을 심사숙고한 다음…… 「여인과」 토기로 만든 두상」은 빼버렸다. 한때는 영국에서 쓴 내 '최고의 시'였다. 너무 화려하고 개성이 없으며, 짜깁기를 한 것 같고 경직되어 있다. 이제 보니 좀 창피하다. 다섯 편의 시에서 두상에 대한 정교한 미사여구로 치장된 경구를 십여 개나 썼으니."

다음 해에 '바닷속 깊은 곳에'는 '벤디로의 황소'로 바뀌었지만, 1959년 5월에 그녀는 다음과 같이 적었다. "「계단의 악마」에 영감을 얻어서 시집의 제목을 바꾸었다. 이 제목은 내 시집 전체를 포괄하고, 절망의 시를 '명확히 설명'해주는 측면이 있다, 절망은 희망만큼이나 기만적이라는 사실을 전달하려는 시들을." 야도Yaddo에 머무는 동안, 이 제목은 10월까지 유지되었다. 그녀는 다른 종류의 영감을 다음과 같이 기록했다. "마음에 드는 시를 두 편 썼다. 하나는 니컬러스에게 주는 시(실비아 플라스는 아들 낳기를 기대했고, 시 제목을 '장원의 정원'으로 붙였다), 그리고 또 한 편의 시는 오래된 아버지 숭배 주제(그는 '거대한 조각상'으로 제목을 붙였다). 하지만 전에 썼던 것과는 다르다. 훨씬 더 기묘하다. 나는 이러한 시들 안에서 한 편의 풍경과 심리 상태를 볼 수 있다. 「영예의 상징」을 첫 번째 시집에서 뺐고 어쨌든지 두 번째 시집을 시작하려고 마음먹었다. 중요한 건 지금 내가 쓰는 시들이 예전 시집에 들어갈 시라는 생각에서 벗어나는 것이다. 저 생기 없고 어설픈 시집. 그래서 나는 '거대한 조각상과 다른 시들'이라는 가제를 붙인, 새로운 시집에 수록할 시를 세 편 준비했다."

이제 잘 드러나듯이, '어쨌든지' 새 시집을 시작하고 이전까지 쓴 모든 시를 폐기하려는 결심은 그의 시 쓰기에서 진정한 첫 번째 돌파구와 맞물린다. 이 갑작스러운 내적 발전 과정은 흥미롭게도 1959년 10월 22일에 그가 생각하고 있던 「생일을 위한 시」에서 은유적으로 기록되었다. (「생일을 위한 시」 주석 참고.) 11월 4일에 그녀는 다음과 같이 적고 있다. "기적적으로 나는 「생일을 위한 시」 연작시 일곱 편을 썼고, 그 전에 「장원의 정원」과 「거대한 조각상」 두 편의 시를 썼다. 난 이 시들이 생동감 있고 유쾌하다고 생각한다. 하지만 내 [이전] 시집의 원고들은 생명력을 잃은 듯하다. 아주 오래전에 쓴 시, 현실과는 너무 동떨어진 시. 출판사를 찾을 가능성이 거의 없는 듯하다. 원고를 일곱 번째 출판사에 보낼 뿐……. 영국에서 원고를 출판하려 시도하는 것을 제외하고 아무것도 할 것이 없다." 며칠 뒤 그는 다음과 같이 기록한다. "이번 주 일요일에 나는 불타버린 온천의 폐허로 산책을 갔다가, 좋은 시를 한 편 썼다. 두 번째 시집에 수록할 시다. 새로운 시들로 이루어진 두 번째 시집에 대한 생각이 나에게 얼마나 위안이 되는지. 「장원의 정원」과 「거대한 조각상」, '생일 시편' 일곱 작품, 그리고 아마도 내가 현재의 시집에 억지로 끼워 넣으려 하지 않는다면, 「영예의 상징」까지." 그러나 그는 깨달았다. "내가 출판사와 계약을 맺는다면…… 시집을 보완하기 위해서 새로운 시를 모두 다 쑤셔 넣어야만 한다는 압박감에 시달렸을 것이다."

예감은 정확히 맞아떨어졌다. 보람 있는 창작의 시간이 된 야도에서 머무르던 시간이 거의 다 끝나고, 12월에 급작스럽게 영국으로 돌아오는 격동을 겪은 다음, 그는 '두 번째' 시집에 추가할 시가 별로 없었다. 그래서 자신이 마음속에서 퇴짜를 놓았던 이전의 시들과 아주 낯설게 보이는 새로운 시 몇 편을 합쳤는데 제임스 미치는 그에게(1960년 1월에) 하이네만은 '거대한 조각상'이라는 제목으로 시집을 출판하고 싶다고 알렸다.

일단 계약이 체결되자, 그는 확연히 변화된 마음가짐으로 다시 시를 쓰기 시작했다. 예전에는 늘 '출판될 시' 또는 '출판되지 않을 시'로 나누었으나, 이제 훨씬 여유 있는 태도를 취했다. 이후 이 년 동안은 마음속에 떠오르는 시적 영감에 제목을 붙이려는 조바심을 내지 않았고, 마침내 인생의 마지막 여섯 달 동안 쓴 시들을 창작해낸 영감에 사로잡혔다.

1962년 크리스마스 무렵에, 검은색 스프링 바인더에 '에어리얼' 시로 알려진 작품 대부분을 하나로 모았고, 섬세한 연작시 형태로 배열했다.(때때로, 그는 '에어리얼' 시들이 '사랑'이라는 단어로 시작해서 '봄'이라는 단어로 끝나는 것을 지적했다. 플라스가 구상한 시집의 정확한 순서는 713쪽 참고.) 이 시집은 『거대한 조각상』과 1962년 7월 사이에(다시 말해, 이 년 반 동안 작업한) 쓴 작품은 대부분 포함되지 않았다. 그는 늘 제목을 짓는 것에 고민했다. 원고의 제목 '경쟁자'는 '생일 선물'로 바뀌었고 후에 '아빠'로 대체되었다. 그녀는 죽기 바로 전에 제목을 '에어리얼'로 다시 바꾸었다.

결국 1965년에 출판된 『에어리얼』은 실비아 플라스가 계획한 것과는 약간 다른 책이었다. 그 자신은 새로운 작품들은 시적 영감이 다르다고 생각하여, 새로운 시들을 세 번째 시집의 시작으로 여기려고 했으나, 12편의 시와 1963년에 쓴 시 대부분이 하나로 합쳐졌다. 『에어리얼』은 1962년부터 쓴 개인적으로 공격적인 시 몇 편은 제외하고, 플라스가 잡지에 발표하지 않은 시 한두 편이 누락되었을 수도 있다. 1965년이 되어서야 『에어리얼』은 대중에게 널리 알려지게 되었다. 지금 출판되는 이 시 전집은 엄청난 분량의 그의 시를 출판하는 것(『거대한 조각상』 이후에 쓴 작품과 『에어리얼』 이전에 쓴 작품을 포함하는 것)과 우선 20여 편의 작품을 인쇄한 다음 후기 시들을 조심스럽게 소개하는 것 사이에서 내가 최종적으로 내린 절충안이다.(몇몇 전문가들은 시에서 나타나는 폭력적이고 모순된 감정은 독자가 수용하기 힘들 것이라고 생각했다. 어떤 점에서, 사실로 드러나듯이, 이러한 우려는 상당히 통찰력 있었다.)

이후에 발행된 시집, 『호수를 건너며』(1971)는 이미 발표된 두 시집 사이에 쓴 시를 대부분 수록했다. 그리고 같은 해에, 마지막 시집 『겨울나무』는 1962년에 라디오 방송용으로 쓴 시극 「세 여인」과 더불어 수록되지 않은 후기 시 18편을 포함하여 출판되었다.

이번 전집은 1956년 이후에 쓴 224편의 작품을 순서대로 정리하고 1956년 이전에 쓴 시 가운데 50편의 시를 골라 수록했다. 이 비범한 시인의 발전과 성취 전체를 독자에게 보여주기 위해, 간추려지지 않고 출판되지 않은 다양한 시를 포함하여 실비아 플라스의 시를 한 권으로 묶고 모든 시를 가능한 한 연대기적 순서에 맞게 정돈한 것이다.

이 전집의 바탕이 된 원고는 대략 세 시기로 나누어 편집이 진행됐다. 매 시기는 편집자에게 조금씩 다른 어려움을 안겨주었다.

첫 시기는 습작기인데, 습작기가 어디서 끝나는지 결정하는 것이 문제였다. 편의상, 논리적으로 나눠 1955년 말, 스물세 살 후반으로 이루어졌다. 그 전에 쓴 220여 편의 시는 주로 전문가들이 흥미를 보였다. 실비아 플라스는 이런 작품(십 대 시절부터 쓴 많은 시들)을 단호하게 숨겨두었고, 결코 재출판하려 하지 않았다. 그럼에도, 상당수는 일반 독자를 위해 보존할 가치가 있다. 습작기 시 가운데 최고의 작품들은 이후에 쓰인 작품만큼 뛰어나고 완성된 형태다. 습작기 시들은 매우 작위적이긴 하지만, 그 특유의 박진감으로 늘 빛났다. 그리고 그의 시행이 만들어내는 소리와 느낌에 담긴 심오한 수학적 감각은 이미 초기부터 상당히 발달되었다. 또한 우리는 실비아 플라스의 시 쓰기가 내면의 상징과 이미지, 은밀한 우주 서커스의 한층 강화된 체계에 얼마나 전적으로 의존하는지 알 수 있다. 시가 시각적으로 형상화될 수 있다면, 시의 내용과 형태는 흥미로운 만다라를 만들 수도 있을 것이다. 시 자체로, 습작기 작품은 신나는 흥분 상태를 자극하지만, 때때로 지나치게 자극을 주기도 했다. 실제로 부실한 작품들조차 그의 마지막 도약을 향한 전 과정을 그려볼 수 있게 한다.

초기 시의 상당 부분은 타자기로 작성한 원고 형태로 남아 있다. 몇몇 시는 잡지에서 발견했고, 타자기 작성 원고가 아니거나 잡지에서 발견한 원고가 아닌, 다른 작품은 편지나 다른 곳에서 우연히 발견되었다. 추측건대, 감추어진 시들이 여전히 더 있을 것이다. 이 시기에 쓴 작품의 연대기적 순서는 대략적인 윤곽을 그릴 수 있을 뿐, 단정하기 어려웠다. 편지에 적힌 날짜나 잡지의 출판 날짜로 정할 수 있는 작품도 있었지만, 그는 종종 몇 년이 지나서도 시를 다시 집어들어 다시 작업하기도 했다.

1956년 이전 시기를 통틀어, 나는 가장 잘 쓴 시라고 여겨지는 시 50편을 선별했고, 이 책 맨 뒤에 부록「습작 시」장으로(가능한 한 시를 쓴 순서와 일치하도록 맞추어) 넣었다. 또한 남아 있는 1956년 이전에 쓴 시 전부를 알파벳 순서로 배열하고 시기를 확인할 수 있는 작품은 표시해두었다.「습작 시」장 주 참고.

실비아 플라스 시 쓰기의 두 번째 시기는 1956년 초와 1960년 말 사이에 걸쳐 있다. 1956년 초기는 중대한 분기점으로 나타나는데, 초기에 쓴 시를 모은 시집 『거대한 조각상』이 1956년 후반에 출판되었기 때문이다. 그리고 바로 이 시기부터 그의 가까이에서 작업하며 시 쓰는 것을 지켜본 나는 여기에 모든 작품이 실려 있음을 확신한다. 수십 년에 걸쳐 조사했지만 우리는 다른 시를 발견하지 못했다. 타자기로 작성한 원고의 최종본은 모두 여기에 있다. 문제가 약간 남아 있지만, 연대기적 순서도 의심할 여지가 별로 없다. 시인으로서 실비아 플라스의 발전은 그녀가 자신의 시 쓰기 소재와 목소리를 발견했을 때, 기존 스타일을 과감하게 탈피하면서 이루어졌다. 각각의 참신한 시기는 유사성을 지닌 시끼리 묶일 수 있었고, 이는 대체로 특정한 장소와 시간과 더불어 내 기억과 연관이 있는 듯하다. 우리가 시적 성장을 이룰 때마다 그는 기존의 스타일에서 탈피하는 듯했다.

따라서 이 시기에 쓴 시의 순서는 거의 모두 분명하다. 하지만 나는 어떤 시들이 특정한 그룹의 시보다 앞서서 발표되었는지 확신할 수 없다. 시 가운데, 오래전에 써서 보관된 것으로 보이는 기괴한 시가 갑자기 나타나기도 할 것이다. 때때로, 그녀는 스스로 미리 예감하고 몇 년 뒤 나올 시집에 실을 시를 창작하기도 했다.(예를 들어, 1956년 이전에 쓴 시 모음집에 있는 「현실의 바다에 있는 두 연인과 한 명의 해안가 부랑자」나 1959년 「생일을 위한 시」에 있는 '돌'의 경우가 그러하다.) 몇 가지 경우에 정확하게 시를 쓴 날짜와 장소를 맞출 수 있다.(그녀는 「드레이크 양이 저녁 식사 하러 가다」를 1956년 6월 21일에 센 강이 바라보이는 난간에서 썼다.) 한편, 그녀가 원고에 표기한 날짜가 내가 선명하게 기억하는 것과 극명한 대조를 이루는 경우도 한두 개 있다. 따라서 나는 원고지에 아무런 날짜가 기록되지 않은 시에 날짜를 덧붙이려는 시도는 하지 않았다. 다행스럽게도, 1956년 이후에 그녀는 시를 잡지에 보낸 날짜를 정확히 기록해서 보관했고, 시를 쓰자마자 가급적 빨리 날짜를 표기해놓았기에 순서를 어림잡아 범위를 정할 수 있었다.

편집자의 관점에서, 세 번째이자 마지막 시기는 1960년 9월경에 시작된다. 이 무렵, 그녀는 시마다 타자기로 작성한 원고의 최종본 날짜를 습관적으로 기록하기 시작했다. 나중에 수정한 두세 작품의 경우에는 수정 날짜도 기록했다. 1962년 초부터, 그녀는 손으로 직접 쓴 모든 원고를 간직하기 시작했고(시가 진전됨에 따라 이전까지 쓴 원고를 차례로 파기했다), 이들 원고 가운데 잠정적인 최종본은 으레 날짜가 표기되어 있다. 따라서 1962년 동안 쓴 시의 순서는 정확하며, 다만 같은 날에 쓰인 시끼리의 순서는 알기 어렵다.

나는 집주본의 형태로 이 마지막 시기의 원고를 재정리하고 싶은 유혹을 자제했다. 이 원고는 틀림없이 실비아 플라스 완성본의 중요한 일부다. 손으로 쓴 원고의 일부는 놀랄 만한 아름다운 어구와 시행으로 가득하고, 장소에 대한 언급이 많으며, 원고의 많은 부분은 그녀가 시를 완성하기 위해 최종적으로 선택한 원고들만큼 탁월하다. 하지만 원고 전부를 인쇄한다면 어마어마한 분량이 될 것이다.

발표하지도 출판하지도 않은 '두 목소리를 위한 시'는, 이 시와 연관이 있는 「점판」의 주석으로 붙였다. 삭제된 부분도 있지만, 상당히 많은 시의 단편을 주석에 덧붙였다. 또한 릴케의 「어떤 예언자」를 영어로 그대로 옮긴 번역도 실었다. 714쪽 주석은 1956부터 1963년까지 매 연도에 대한 간략한 전기적 정보와 특정한 시에 대한 배경을 제공한다.이 번역본에서는 각 장 두 번째 쪽 하단에 실었다. 또한 이 전집에서 채택한 연대기적 순서에 따라 기존에 출판된 시집 네 권의 목차를 정리했다.

원고를 검토하고 상세하게 최종본을 완성하기 위해 수고한 주디스 크롤과 실비아 플라스의 습작기 작품을 열람할 수 있도록 허락한 인디애나대학교 릴리도서관에 감사를 전한다.

1980년 8월
테드 휴스

ㅁ차례

서문 • 7

1956

폐허 속에서의 대화 • 33
까마귀 떼가 있는, 겨울 풍경 • 34
추격 • 35
전원 시편 • 38
욕조 이야기 • 40
남부의 일출 • 43
해협 건너기 • 44
풍경 • 47
여왕의 탄식 • 48
테드에게 바치는 송시 • 50
불 노래 • 52
여름날의 노래 • 53
페르세포네의 두 자매 • 54
허영의 시장 • 56
창녀의 노래 • 58
땜장이 잭과 단정한 아낙네들 • 59
목신 • 61
거리의 노래 • 62

순수주의자에게 보내는 편지 · 64

유아론자의 독백 · 65

유령과 신부의 대화 · 67

대식가 · 70

새벽 세 시의 독백 · 71

드레이크 양이 저녁 식사 하러 가다 · 72

철회 · 74

때까치 · 75

알리칸테 자장가 · 76

조개 캐는 사람들과 망상에 잠기기 · 78

결혼식 화환 · 80

불과 꽃의 묘비명 · 82

성 대축일 멜론 · 84

유혈 낭자 · 86

거지들 · 87

거미 · 89

노처녀 · 91

압운 · 93

떠남 · 94

눈물을 자아내는 현실 · 96

결심 · 97

집주인 · 99

엘라 메이슨과 고양이 열한 마리 · 100

수정 점쟁이 · 103

11월의 묘지 · 106

장마철의 까마귀 떼 · 107

1957

황무지에 있는 눈사람 · 113
메이플라워호 · 117
암퇘지 · 118
영원한 월요일 · 121
하드캐슬 크랙 · 122
야윈 사람들 · 125
나무 요정을 불러내는 어려움에 대하여 · 129
다수의 나무 요정에 대하여 · 132
다른 두 사람 · 134
여인과 토기 두상 · 136
죽은 소중한 사람들 모두 · 138
자연스러운 유래 · 140
위든스에서 본 두 가지 풍경 · 141
고상한 석류석 · 142
아기 방에 어울리는 언어 · 144
마음을 어지럽히는 뮤즈 · 147
야간 근무 · 150
점판 · 152
신탁의 몰락에 관하여 · 154
뱀 부리는 사람 · 156
복수에서 얻은 교훈 · 158

1958

나무 안에 있는 처녀 · 163
페르세우스 · 166
전투 장면 · 169
백합 사이의 붉은 소파에 앉은 야드비가 · 171
겨울 이야기 · 174
우각호 위로 · 176
시금치 채집자의 회고록 · 179
유령의 작별 · 181
조각가 · 184
바닷속 깊은 곳에 · 186
로렐라이 · 189
락 항구에서 홍합 잡는 사람 · 192
달이 뜨는 시간 · 197
가을 개구리 · 199
미다스의 나라에서 · 200
진퇴양난 · 202
어린이 공원의 돌 · 203
올빼미 · 205
내가 기억하는 순백 · 206
진달래 도둑들의 우화 · 208
신화 만들기의 죽음 · 210
윈스롭 만에 있는 녹색 바위 · 211
친근한 병 · 213
나는 원한다, 나는 원한다 · 214
시와 감자 · 215

시대는 잘 정돈되어 있다 · 216

1959

벤디로의 황소 · 219

눈의 티 · 221

포인트 셜리 · 223

쏙독새 · 226

그랜체스터 초원의 수채화 · 227

겨울 배 · 229

후유증 · 231

시체실의 두 광경 · 232

에그 록의 자살자 · 234

황폐한 얼굴 · 236

은유 · 237

진달래 길의 엘렉트라 · 238

양봉가의 딸 · 241

가장 멀리 있는 집의 은둔자 · 243

검은 옷을 입은 남자 · 245

노인 요양원 · 247

그물 고치는 사람들 · 248

목련 한가득 · 250

잠꾸러기 · 252

야도, 장대한 장원 · 254

영예의 상징 · 256

장원의 정원 · 258

푸른 두더지들 · 260

음산한 숲, 음산한 호수 · 262

폴리의 나무 · 264

거대한 조각상 · 267

사유지 · 269

생일을 위한 시 · 271

불에 타버린 온천 · 283

버섯 · 285

1960

너는 · 289

교수형 집행인 · 290

사산아 · 291

갑판 위에서 · 292

모하비 사막에서 잠자기 · 294

구름 자욱한 전원에서 캠핑하는 두 사람(캐나다, 락 호수) · 296

일찍 떠나며 · 298

연애편지 · 301

동방박사 · 303

양초 · 304

인생 · 306

겨울에 잠에서 깨어나기 · 308

1961

팔러먼트힐 광장 · 311
성령강림절 · 314
동물원 관리인의 아내 · 316
얼굴 성형 · 318
아침의 노래 · 320
불모의 여인 · 322
육중한 여인들 · 323
석고상 안에서 · 325
튤립 · 328
나는 수직이다 · 332
불면증 환자 · 333
미망인 · 335
도르도뉴 강 저편의 별들 · 338
경쟁자 · 340
폭풍의 언덕 · 341
블랙베리 따기 · 344
피니스테레 · 346
새벽 두 시에 외과 의사 · 348
유언 · 351
달과 주목 · 353
거울 · 355
보모 · 356

1962

다트무어에서 맞이하는 새해 · 361
세 여인 · 362
작은 푸가 · 383
현상 · 386
호수를 건너며 · 388
수선화 사이에서 · 389
꿩 · 390
느릅나무 · 392
토끼 잡는 사람 · 395
사건 · 397
불안 · 399
버크 해변 · 401
타자 · 411
우연히, 수화기 너머로 엿들은 말 · 414
7월의 양귀비꽃 · 415
편지를 불태우며 · 416
아버지 없는 아들에게 · 419
생일 선물 · 420
탐정 · 425
입 닥칠 용기 · 428
양봉 모임 · 430
벌 상자의 도착 · 434
벌침 · 436
벌 떼 · 440
겨울나기 · 444

비밀 · 447

지원자 · 450

아빠 · 453

메두사 · 458

교도소장 · 461

레스보스 섬 · 464

갑작스러운 죽음 · 469

화씨 103도 고열 · 471

라이오네스 · 475

기억상실증 환자 · 477

상처 · 479

촛불 곁에서 · 482

집 구경 · 484

에어리얼 · 487

10월의 양귀비꽃 · 489

닉과 촛대 · 490

베일 · 493

나자로 부인 · 497

급사 · 503

도착 · 504

밤의 춤 · 508

걸리버 · 510

탈리도마이드 · 512

11월의 편지 · 514

죽음 주식회사 · 516

세월 · 518

무시무시한 상황 · 520

마리아의 노래 · 522
겨울나무 · 524
브라질리아 · 525
자식 없는 여인 · 527
엿듣는 사람 · 529

1963

안개 속의 양 · 535
뮌헨의 마네킹 · 536
토템 · 538
아이 · 541
중풍 환자 · 542
바람둥이 · 545
신비주의자 · 547
친절 · 549
말 · 551
타박상 · 553
풍선 · 554
가장자리 · 556

습작 시

쓰디쓴 딸기 · 561
가족 모임 · 563

여성 작가 · 565
4월 18일 · 566
황금색 입들이 울부짖는다 · 567
조커에게 바치는 비가 · 568
계단을 내려오는 에바에게 · 569
신데렐라 · 571
버림받은 신부 · 572
소네트: 에바에게 · 573
푸른 수염 사나이 · 574
수중 야상곡 · 575
수련사에게 보내는 편지 · 577
달의 변형 · 579
도중에 나눈 대화 · 582
버림받은 연인에게 · 585
꿈 · 587
소네트: 시간에게 · 589
인간 재판 · 590
4월 새벽의 노래 · 591
가서 값나가는 비둘기 새끼를 잡아오라 · 592
사랑의 노래 삼중창 · 594
만가 · 598
최후 심판의 날 · 600
아침에 부르는 달의 노래 · 602
망명의 운명 · 605
박탈당한 사람들 · 606
훈계 · 608
입맞춤으로 나를 희롱하려 하지 마라 · 610

죽은 사람들 · 612
죽음의 무도 · 613
세 개의 원 안에서 행하는 서커스 · 615
봄의 서막 · 616
혁명적인 사랑을 위한 노래 · 617
사탄에게 보내는 소네트 · 619
마술사가 그럴싸하게 보이는 것에 작별을 고하다 · 620
한여름의 모빌 · 621
악마 애인의 눈을 들여다보는 것에 관하여 · 622
대담한 폭풍이 두개골을 강타하다 · 624
대단원 · 626
현실의 바다에 있는 두 연인과 한 명의 해안가 부랑자 · 628
오렌지빛 안에 있는 검정 소나무 · 630
종착역 · 632
사랑은 시차 · 633
공중 곡예사 · 638
일광욕실의 아침 · 641
공주와 도깨비 · 643
아슬아슬한 상황 · 648
시간의 분노 · 650
삼 부로 된 묘비명 · 652

옮긴이의 말 · 655
주 · 662
찾아보기 · 719

영원은 나를 지루하게 만든다.
나는 결코 영원을 원한 적이 없다.

1956

이해에 실비아 플라스는 첫 시집에 실릴 작품을 쓰기 시작했다. 연초에 그는 영국 케임브리지대학교에서 풀브라이트 장학생으로 영문학을 공부하기 시작했다. 2월에 장차 남편이 될 테드 휴스를 만났으며, 4월에는 로마와 파리를 혼자 여행했다. 6월 16일 결혼하여 9월까지 스페인에서 지냈다. 스페인에서는 주로 (당시만 해도 여행지로 개발되기 전인) 베니도름의 어촌에서 지냈다. 그리고 9월 내내 웨스트요크셔에서 남편과 함께 지내다가 10월에 케임브리지로 돌아와 12월까지 지냈다. 크리스마스에 이들은 다시 웨스트요크셔로 갔다.

폐허 속에서의 대화[1]

내 우아한 집의 출입문을 지나 너는 살그머니 다가온다
몹시 흥분한 상태로, 과일로 장식한 화환과
전설적인 류트와 공작새를 어지럽히고, 회오리바람을 막아주는
모든 단정함의 그물망을 찢어버린 채.
이제, 화려하게 배열된 벽들이 무너진다. 무시무시한 폐허 위에서
까마귀 떼가 깍깍 울어댄다, 네 격렬한 눈의
음산한 빛 속으로, 마법은 도피한다
날이 밝아오자 성城을 포기하는, 겁먹은 마녀처럼.

깨어진 기둥 조각은 바위의 단면 같다,
넌 코트를 입고 넥타이를 매고 영웅적인 자세로 서 있지만, 난
그리스풍 튜닉을 입고 머리를 뒤로 틀어올리고는 침착하게 앉아,
너의 험악한 표정에 얼어붙어버리고, 연극은 비극으로 바뀐다.
우리의 파산한 저택 터에 드리워진 황폐함 속에서,
어떤 의례적인 대사가 이 폐허를 수습할 수 있을까?

까마귀 떼가 있는, 겨울 풍경 [1]

물방아 도랑 안에 있는 물은, 돌의 배수로를 통해,
   저 검은 연못으로 돌진한다
연못에는, 우스꽝스럽게 계절에 걸맞지 않은, 백조 한 마리가
   눈처럼 깨끗하게 떠 있다, 하얗게 반사하는 상을 끌어당기려는
혼란스러운 마음을 조롱하며.

엄숙한 햇살은 늪지대 위에 드리워지고,
   오렌지색 외눈박이는, 이 원통한 풍경을 오랫동안
보는 것을 부끄러워한다
   어두운 깃털에 생각이 덮인 채, 겨울밤이 찾아왔을 때 알을 품는
까마귀 떼처럼, 나는 슬그머니 다가간다.

지난 여름날의 갈대는 모두 얼음 안에 새겨져 있다
   내 눈 속에 너의 이미지가 새겨진 것처럼. 무미건조한 서리는
내 상처의 유리창을 덮는다. 어떤 위안이 바위에서 터져 나와
   심장의 황무지에 다시 생명력이 자라나게 할 수 있을까?
누가 이 황량한 곳에 들어가겠는가?

추격

> 숲 속 깊은 곳에서 네 형상이 나를 따라온다.
> 라신느

내게 몰래 다가오는 표범이 있다.
  언젠가 난 그에게 목숨을 잃을 것이다,
  그의 탐욕은 숲 속을 활활 불타오르게 하고,
그는 태양보다 더 강렬하게 포효한다.
가장 부드럽고, 가장 상냥하게 발걸음이 미끄러진다,
  항상 내 뒤를 따라오면서.
  앙상한 소나무 위에서, 까마귀 떼가 위험을 경고한다.
사냥은 시작되고, 덫이 갑자기 튀어 오른다.
가시에 살갗이 벗겨진 채 나는 바위를 따라 힘들게 전진한다,
  작열하듯 뜨거운 햇살이 내리쬐는 정오를 지나 초췌해져.
  그의 혈관 속 빨간 그물망을 따라
어떤 불꽃이 확 번져가고, 어떤 열망이 일어나나?

만족할 줄 모르고, 그는 우리 조상의 실수로 저주받은
  대지를 샅샅이 뒤진다,
  포효하면서. 피, 피가 솟구치게 하라,
그는 입술에 찰과상이 생길 정도로 고기를 먹어야 한다.
이빨이 바스라지듯이 울부짖고
  그의 털의 타는 듯한 발기를 자극하라,
  그의 입맞춤은 바싹 마르고, 발은 모두 가시나무다,

운명은 저 식욕을 절정에 달하게 한다.
이 사나운 고양잇과 동물이 출현하면서,
　그의 기쁨을 알리는 횃불처럼 광채를 내며,
　검게 그을리고 약탈당한 여자들이 누워,
굶주린 육체의 미끼가 된다.

이제 언덕은 그림자를 드리우면서 위협을 품는다.
　자정은 타는 듯이 뜨거운 숲을 걸쳤다.
　부드러운 엉덩이를 탐하는, 음흉한 약탈자는
내 걸음과 보조를 맞춘다.
덤불처럼 얽힌 내 눈 뒤로
　그 나긋나긋한 놈이 숨어 있다. 꿈속에서나 보는 그의 매복에서
　살을 훼손하는 저 빛나는 발톱과
허기지고, 허기진, 저 탱탱한 허벅지.
그의 열정이 나를 함정에 빠트리고, 나무를 밝힌다.
　그러면서 나의 피부 속에서 불꽃이 타오른다,
　어떤 안도감이, 어떤 침착함이 나를 감쌀 수 있나
저 노란 눈빛이 불타오르며 노려볼 때?

그의 움직임을 멈추려고 내 심장을 던진다,
　그의 갈증을 해소하려고 내 피를 흩뿌린다,
　그는 먹는다, 여전히 그의 욕구는 먹이를 찾고,

절대적인 희생을 강요한다.
그의 목소리는 잠복했다가 나를 공격하며, 혼수상태로 빠트린다.
 완전히 파괴된 숲이 재가 되어버린다.
 감춰진 욕망에 소스라치게 놀라서 나는 황급히 달린다
찬란한 빛의 공격으로부터.
내 두려움의 탑으로 들어가,
 저 어두운 죄의식 안에 있는 문을 잠근다
 문빗장을 건다. 모든 문의 빗장을 하나씩 건다.
피의 흐름이 빨라지고, 귓가에는 커다란 종소리가 들린다.

표범의 쿵쿵 울리는 발소리가 계단 가까이 있다,
계단 위로 위로 올라온다.

전원 시편

오월제, 두 사람이 그렇게 들판에 왔다.
"데이지가 핀 초원," 서로에게 말하며,
이렇게 그들은 하나였다, 이렇게 그들은 긴 의자를 찾았다,
가시가 있는 디딤대를 건너, 갈색 소 떼를 지나.

"쇠스랑으로 흙을 파헤치는 농부는 안 돼요, 제발." 그녀가 말했다.
"닭 우는 소리가 우리를 안전하게 지켜줄 거야." 그가 말했다.
산사나무 덤불 근처에, 꽃이 흩날리고
그들은 외투를 벗고, 초원의 침대로 왔다.

아래, 물이 고인 습지.
비스듬히, 찌르는 쐐기풀 언덕.
그리고, 명예를 중시하는, 말없이 풀을 뜯는 소 떼.
위, 잎사귀 그늘진 하얀 대기, 하얀 구름.

오후 내내 이들은 누워 있었다
태양이 붉은 색깔로부터 희미하게 변할 때까지,
감미로운 바람이 바뀌어, 해로운 공기가 불 때까지.
잔인한 쐐기풀이 그녀의 발목을 찔러 아픈 생채기를 냈다.

가엾은, 심하게 괴로운, 저 보드라운 살결은
그토록 치명적인 상처를 감내해야만 한다,

그는 사랑하는 여인에게 고통을 준
풀 줄기를 발로 밟고 땅바닥에 뭉개버렸다.

이제 그는 의로운 길을 향해 나아간다
말하자면, 명예를 걸고, 떠날 것이다.
그녀가 타버릴 듯 독이 퍼진 채 서서,
격렬한 통증이 사라지기를 기다리는 동안.

욕조 이야기[1]

사진기 같은 안구가
칠이 벗겨진 장벽을 기록하고, 한편 전깃불은
거칠게 벗겨진 크로뮴 수도관을 환히 비추고 있다.
이러한 궁핍이 자아를 공격한다. 그저
현실적일 뿐인 방 안에 적나라하게 갇힌,
세면대 거울 속 낯선 이방인은
의례적인 미소를 지은 채, 우리의 이름을 반복하지만
주도면밀하게 일상적인 공포를 재현한다.

바로 우리가 얼마나 결점이 많은 존재인가
우리가 찾아낼 수 있는 틈새를 천장이 감추고 있을 때?
둥근 세숫비누가 몸을 닦기 위한 것이 아니라
단지 신성한 천직을 지닌 것임을 강조할 때,
난폭하게 못생긴 얼굴들이 구겨진 수건 주름 안에
숨어 있는 것을 세수수건이 무미건조하게 부인할 때? 또는 창문이,
수증기로 흐릿해져, 애매모호한 그림자 속에서 우리 미래를 감싼
암흑을 인정하려 하지 않을 때?

이십 년 전, 친숙한 욕조는
엄청난 조짐을 드러냈으나, 이제
수도꼭지는 아무런 위험을 야기하지 않는다. 게와
문어는 모두 (가까스로 시야를 벗어나 이리저리 쑤시며 다니고,

일격을 가하기 위한 우발적인 의례가 시작되기를 기다리며)
확실히 사라졌다.
순수한 바다는 그들을 거부하며 맛있는 살을
뼈가 드러날 때까지 뽑아낼 것이다.

우리는 물속으로 뛰어든다. 물 아래에서 사지가
흔들린다, 희미한 녹색, 진짜 피부색에
몸서리치면서, 우리의 꿈들은 우리를 감금하는 형상을
그 완고한 선을 흐릿하게 할 수 있을까?
심지어 반항기 어린 눈이 감겨 있을 때에도
의심할 여지가 없는 사실이 침입한다,
욕조가 우리 등 뒤에 있다.
그 반짝이는 표면은 무표정하고 순수하다.

하지만 늘 우스꽝스럽게 벌거벗은 옆구리는
알몸을 가리고자 옷으로 위장할 것을
간청한다. 정확성은 큰 동작으로 활보해서는 안 된다.
일상은 우리가 세계 전체를 창조하라며 요구한다,
다양한 색깔을 띤 허구의 코트를 입고 지속되는 공포를
감춘 채. 우리는 우리의 과거를
에덴동산의 신록 속에 숨기고, 이러한 현실의 쓰레기 더미에서
미래의 싹이 돋아나는 척한다.

바로 이 욕조에서, 두 무릎이 빙산처럼
솟아나온다, 미세한 갈색 털이
커다란 해초의 주변에 있는 팔과 다리 위에 곤두서고, 녹색 비누는
바다의 조수가 만든 진창을 항해하여
전설의 해변에 불현듯 나타날 것이다. 신념을 품고서
우리는 상상의 배에 승선하여 거칠게 항해할 것이다
미친 사람들의 성스러운 섬 사이로 죽음이
저 멋진 별들을 산산이 흩트리고 우리를 깨어나게 할 때까지.

남부의 일출

레몬, 망고, 복숭아 색깔,
이야기책에 등장하는 별장은
여전히 덧문 뒤에서
몽상에 잠겼고, 발코니는
손으로 만든 레이스나
나뭇잎과 꽃잎의 연필 스케치처럼 보드랍다.

바람에 기울어지고,
화살 모양의 줄기 위에,
껍질이 벗겨진 파인애플과,
야자나무의 녹색 초승달이
나무의 갈고리진
잎사귀가 지어내는 불꽃을 쏘아 올린다.

수정처럼 맑은 새벽은
조금씩 밝게
우리의 '거리'를 모두 금색으로 칠하고,
'천사들 만漫'의
파랗게 흠뻑 젖은 상태에서 벗어나며
둥글고 빨간 수박 같은 태양이 떠오른다.

해협 건너기

폭풍우가 강타한 갑판 위에, 바람의 경적 소리가 거칠게 들린다.
기울인 채로, 충격받아 공포에 사로잡힌, 우리의 둔탁한 배는
분노의 물살을 가르며 앞으로 나아간다. 화난 듯 어두운,
파도가 비틀거리며, 요지부동의 선체에 일격을 가한다.
물보라를 맞은 채, 우리는 도전을 받아들이고,
난간을 꼭 쥐며, 눈을 가늘게 뜨고 앞을 응시하며, 얼마나 더 오래

이러한 힘이 지속될지 의아해한다. 하지만 저 너머, 흐릿한 시야는
굶주린 바다가 겹겹이 늘어선 채, 다가오고 있음을 본다.
아래에서는, 요동치는 폭풍우로 멀미가 난, 항해자들이
밝은 오렌지 세면대에 게워낸다. 한 망명자는
벌렁 드러눕는다, 까만 옷을 입고 등이 굽은 채, 수화물 사이에서,
고통의 엄숙한 가면 아래 얼굴을 찡그리며.

저 위험천만한 대기의 감미로운 악취와는 멀리 떨어진 곳에서
우리의 친구들 모습이 나타난다, 우리는 공포로 온몸이 서늘해지고
자연의 몰아치는 냉정함에 놀란다. 이런 공격에 대항하는 것보다
단단한 닻줄을 시험하기에 더 좋은 수가 있나, 천사 같은
우리와 씨름하는 이 얼음 폭풍.
소란스러운 물의 흐름을 따라

피난처를 만들 수 있는 미미한 가능성은 우리의 용기를 조롱한다.

파란 옷을 입은 선원들은
이 항해에 햇살이 가득하고, 하얀 갈매기, 공작 색깔의 찬란한
물이 넘칠 것이라고 노래했지만, 황량한 바위는 일찌감치 우리가
가는 길목을 표시하고, 하늘은 구름으로 응고되었고
석회암 절벽은 새하얘졌다.

재수 없는 날의 침울한 빛 안에서.
이제, 장애물 없이, 정말이지 우연히, 평범한 질병이
우리의 형제를 무너트리는 것을 보며, 우리는 가장 영웅인 체하는
자세를 취한다, 우리가 깨달은 두려움을 은폐하기 위해
인간이 도저히 통제할 수 없는 이 보기 드문 소란한 순간에.
온순함과 자부심은 모두 추락하고, 가혹한 폭력이

모든 장벽을 폐허로 만들었다. 개인 소유품은 사람들의 시선 안에서
찢기고, 샅샅이 파헤쳐진다. 우리는 유일한 행운을
이제 포기한다, 무언의 약속을 지키기 위해, 유대감을, 혈연을
강요당한 채. 아마도 걱정 근심은
이곳에선 아무런 의미가 없고, 무엇보다, 우리는 행동을
취해야만 하며, 엎드린 남자의 머리를 몸을 굽혀 지탱해야 한다.

그리고 이제 우리는 다른 사람들의 도시와 거리, 집을 향해
항해한다, 그곳에서 조각상은 평화의 시기, 전쟁의 시기에 행해진

용감한 행동을 찬양한다. 모든 위험은
끝났다. 부둣가가 우리의 짧은 서사시를 멈출 때, 녹색 해안이
나타나고, 우리는 우리의 이름을, 우리의 짐을 되찾는다. 도착하는 데
아무런 빚도 남지 않았다. 우리는 낯선 이방인들과 갑판을 걷는다.

풍경

오렌지색 타일의 옥상과
   굴뚝 통풍관 사이로,
늪지대 안개가 미끄러진다,
   쥐들처럼 회색빛인,

플라타너스 나무의
   알록달록한 가지 위에
까만 까마귀 두 마리가 구부정하게 앉아
   음울하게 응시한다,

밤을 기다리며,
   담녹색의 눈으로
쓸쓸히, 늦게,
   지나가는 사람을 향해 꽁지를 곤추세운 채.

여왕의 탄식

어중이떠중이와 말장난이나 하는 궁정 사람들 안으로
이 거인은 느릿느릿 나타난다, 정말이다, 그녀가 있는 현장에서
기중기 같은 두 손에,
까마귀 떼처럼 어둡고 잔인한 표정으로.
어째서, 그가 슬며시 들어올 때 모든 유리창이 다 부서졌는지.

그녀의 자그마한 영지로 그는 사납게 돌진했고
그녀의 온순한 비둘기들을 거칠게 다루었다.
나는 모른다
어떤 분노가 쓸모 있는 그녀의 뿔 달린 양을
죽이라고 그를 부추겼는지.

그녀는 그의 귀에 대고 심하게 나무랐다
그가 그녀의 울음에 약간의 동정심을 보일 때까지.
화려한 옷을 벗겨
그는 그녀의 맨 어깨가 드러나게 만들고
그녀를 위로했지만, 수탉 우는 소리에 그녀를 떠났다.

수수한 옷차림으로 모든 용맹한 남성을 징집하기 위해
그녀는 수백 명의 전령을 파견했다
그 남성들의 군사력은 적합할 것이다
그녀의 잠의 형상, 그녀의 생각에,

저 녹색 뿔의 운명 어느 것도 그녀의 빛나는 왕관과 안 어울렸다.

그렇게 그녀는 이 지독한 곤경에 빠진다
태양과 돌풍을 가로질러 피 흘리며 힘겹게 걸으며
당신에게 이렇게 노래한다,
"얼마나 슬픈 일인가, 아,
나의 백성이 그렇게 적게, 적게, 줄어드는 것을 보는 일은."

테드에게 바치는 송시

내 남자의 장화가 저벅저벅 밟는 소리 아래에서
녹색 귀리 싹이 돋아난다.
그는 댕기물떼새의 이름을 짓고, 산토끼를 몰기 시작하며
가장 민첩한 토끼의 다리를
딸기나무 가지로 만든 울타리에 매달아놓고는
붉은 여우, 간교한 족제비를 좇는다.

진흙 덩어리, 그가 말하길, 두더지는
깊게 파인 벌레 우글거리는 곳을 피한다,
푸른 털을 지닌 두더지. 허옇게 벗겨진 부싯돌을 들고서
그는 혹 모양의 수정을 돌덩어리로 쪼개어 열어젖힌다.
빛바랜 색상이 변한다,
갑자기 햇빛 속에서, 화려한 갈색으로.

그가 거의 눈길을 주지 않아서, 대지가 빈약하게 줄어들었다.
손가락 모양으로 밭고랑이 난 들판은 각각
줄기, 잎사귀, 과일 조각 같은 에메랄드를 쌓아놓는다.
반짝이는 곡식은 쉽게 자라지 못하고
일찍이 그는 자신의 의지로 유인한다,
그의 손의 굳건한 명령에 따라, 새가 집을 짓는다.

산비둘기는 그의 숲 안에 가지런히 앉아서,

그가 한가로이 돌아다니는 분위기에
걸맞은 노래를 곁들인다. 대부분의 여성이 기꺼이
이 아담의 여자가 될 수 있다
그의 말이 명령을 내려 온 세상이
이러한 남성의 피를 찬양하기 위해 도약할 때!

1956년 4월 21일

불 노래

우리는 풀잎으로 태어났다
이 허술한 정원에,
그러나 얼룩덜룩한 잡목림 안에서, 두꺼비처럼 사마귀투성이로,
홧김에 우리 관리인을 몰래 쫓아가,
그의 올가미를 써서,
수사슴, 수탉, 송어를 잡아올린다, 대부분이
피 흘리며 비틀거릴 때까지.

이제 우리의 주된 임무는 그의 난잡한 쓰레기 더미에서
입을 만한 천사 모양의 옷을 난도질하는 것이다
모든 것이 너무 잘못되어 있어
어떤 공정한 조사도
심술궂은 하늘이 감춘 망쳐버린 진흙으로
우리의 현명한 행동을 막아버리는
간교한 계략을 밝혀낼 수 없다.

달콤한 소금은 우리가 줄기 끝 부분에 달아놓은
잡초의 줄기를 휘어놓는다.
붉은 태양에 타들어가며
우리는 혈관의 가시 묶음 안에 걸린, 둥근 부싯돌을 들어 올린다,
용감한 사랑, 그토록 강렬한 불꽃이
멈추리라 꿈도 꾸지 마라, 하지만 오라,
내 상처에 기대라. 불타오른다, 불타오른다.

여름날의 노래

내 스스로 시골 풍경에 애정을 품고서
늪지와 농가를 따라 걷노라면
천천히 무리지어 움직이는 소 떼를 본다
하얀 소가 한가롭게 산책을 한다.
부드러운 풀잎이 소가 먹을 수 있게 자라오른다.

대기는 주변을 둘러보기에 화창하고
저 멀리 푸르고, 드높다,
구름은 반짝이는 새 떼를 이끌었다.
경쟁하듯이 날아오르는 종달새는
내 사랑의 찬미를 위해 도래했다.

정오 태양의 광휘는
내 심장을 강타했다
내 사랑의 찬미에 자극받아
마치 끝이 뾰족한 녹색 잎사귀가 되어
열정적으로 타오르듯이.

그리고 이렇게, 함께, 이야기하며,
일요일의 감미로운 공기 속으로
우리는 걸었다 (그리고 여전히 그곳에서 걷는다,
태양이 준 멍든 상처에서 벗어나)
저녁 안개가 피어오를 때까지.

페르세포네의 두 자매

두 처녀가 있다. 집 안에
한 명은 앉아 있고, 다른 한 명은, 집 밖에.
하루 종일 그림자와 빛의 이중주가
이들 사이에서 연주된다.

널빤지를 댄 어두컴컴한 방 안에서
첫째는 계산기로
문제를 푼다.
무미건조한 똑딱 소리가 시간을 알려준다

그녀가 합산을 할 때마다.
이 무익한 작업을 하면서
생쥐같이 날렵하게 그녀의 사팔뜨기 눈이 움직인다,
빈약한 몸은 뿌리처럼 창백해진다.

흙처럼 구릿빛인, 둘째는 누워 있다,
밝은 대기 속 꽃가루처럼
똑딱거림이 금빛으로 흩날리는 소리를 들으며. 마음을 가라앉히고
양귀비 화단 근처에서,

태양의 칼날에 노출된 채
그녀는 핏빛 꽃잎의 붉은색 비단 불길이

어떻게 타오르는지 본다.
저 녹색 제단 위에서

거리낌 없이 태양의 신부가 된, 그녀는
씨앗을 품고서 쑥쑥 자란다.
풀에 웅크린 채 산고를 자랑스럽게 치르며
그녀는 왕을 낳는다. 여느 레몬처럼

씁쓸하고 누르스름해진,
첫째는, 끝까지 심술궂은 처녀로 남아
황폐해진 육체로 무덤에 간다,
구더기를 남편으로 삼지만, 온전한 여자는 되지 못한 채.

허영의 시장

서리가 짙게 내린 날 내내
이 마녀는 살며시 다가간다, 손가락들을 구부린 채, 마치
상황이 계속되기만 하면
그녀를 천국으로 보낼 것 같은
위험에 놓인 것처럼.

질투 어린 눈 주변에
까마귀의 발은 얼룩진 잎사귀 줄무늬를 그대로 찍어낸다,
냉정한 사팔뜨기 눈이 하늘의 색깔을 훔친다, 종소리의
잠음이 신성한 사람들을 불러내는 동안, 그녀의 혀는
두개골의 쓰레기 더미 위로

공기 중에 보송보송한 털을 날리는
갈까마귀에게 말대꾸를 한다. 어떤 칼도
그녀의 날카로운 표정과 대적할 수 없다, 어떤 계략이
숨어 있다가 교회에 가는, 순진한 처녀들을 습격하는지,
그리고 어떤 심장의 오븐이

모든 요염한 바보와 방황하는 가운데 반죽된 요리가
풍부한 맛으로 잘 되기를 몹시도 갈망하는지,
값싼 장신구를 걸치고, 기꺼이
싸구려 침대 위에서 늦은 시간까지 방탕하게 지내며,

참회하지 않은 육체를 지닐 준비가 되었는지 예견하며.

처녀의 기도에 맞서서
이 마녀는 거울을
아름다움에 대한 생각을 충분히 혼란시키도록 만들어놓는다.
처음 좋아하게 된 노랫가락에 상사병이 난
허영심 많은 처녀들은 심장의 불길 너머에

불꽃이 없음을, 어떤 책에도
관 뚜껑이 닫힌 뒤 태양이 영혼을 들어 올린다는 징표는 없음을
믿으라고 강요받는다.
그래서 그녀는 모든 처녀를 지하의 왕에게 보냈다.
가장 단정치 못한 처녀는

악마의 아내로서 불을 지필 권리를 놓고
최상의 여왕과 겨룬다.
대지에 거처한, 저 수백만 명의 신부는 비명을 지른다.
자부심이 강한 마녀 집회에서 화형에 처해져,
어떤 이들은 빨리 타버리고, 어떤 이들은 오랫동안 탄다.

창녀의 노래

흰 서리도 녹고
모든 몽롱한 마음 상태가 큰 가치 없을 때,
벌이가 시원찮은 하루 일을 마친 뒤
시간은 저 더러운 창녀를 찾아 돌아온다.
그녀에 대한 소문만이 거리에 가득하고
마침내 모든 남자가,
얼굴이 붉거나 창백하거나 어둡거나 간에,
단정치 못한 그녀에게로 몸을 돌린다.

잘 보라, 나는 외친다. 폭력을 행사하기
안성맞춤인 저 입술,
가혹한 해年마다 얻어맞아
얼룩과 상처 자국과 흉터가 비스듬히 나 있는
저 꿰맨 얼굴을. 저기 걸어가는 남자는
산속에 있는 거무스름한 작은 호수와 도랑과 컵으로부터
가장 정숙한 나 자신의 눈에 이르기까지
다 쳐다보는
이 지독히 찡그린 얼굴을 사랑의 소인으로 깁기 위해
숨죽일 줄 아는
그런 사람은 아니다.

땜장이 잭과 단정한 아낙네들

"오세요 아주머니, 광택이 사라진
주전자를 가져오세요
어떤 팬이든지 이 수선 전문가가
원래대로 고칠 수 있습니다.
은 접시에 생긴
흠집도 바로잡을 수 있어요
벽난로 곁에 놓아두는
구리 주전자도 피처럼
선명하게 광택을 낼 수 있어요.

오세요 아주머니, 윤기가 사라진
얼굴을 가져오세요.
흐릿한 눈 안에 세월의 그을림은
적은 비용으로
반짝반짝 빛나게 될 수 있어요.
어떤 모습도 그렇게 엉망은 아니에요
등이 굽었거나 안짱다리거나,
땜장이 잭은 꼬부랑 할머니에게서도
아름다움을 만들어낼 수 있어요.

엄청난 화재로 생긴
상처라도

잭이 손만 대면
멀쩡하게 되지요.
어떤 상처가 심장을
산산조각 내든
잭은 고칠 겁니다.

만일 여전히 쾌활하고,
여전히 아름다운
젊은 아낙들이 있어,
힘든 세상일에도 그들의 피부가
아직 그을리지 않았다면,
잭이 떠나기 전에
그들의 백열에
불을 붙이게 하라."

목신

목신처럼 웅크린 채, 그는
달빛이 빛나고 늪지대에 서리가 내린 작은 숲에서 술에 취했다
잔가지가 울창한 숲에서 모든 올빼미는
불길하게 날개를 퍼덕이며 이 남자의 방문을
바라보고 곰곰이 생각했다.

강둑을 따라 자기 집을 흔드는
술에 취한 검둥오리의 소리 말고는 아무런 소리도 없었다.
별들은 물속에 매달렸다, 그렇게 두 배로 늘어난 별은
나란히 늘어서
올빼미가 앉았던 가지를 밝혔다.

둥그렇게 빙 둘러싼 노란 눈들은
그가 변하는 모습을 지켜보았다,
발부터 발굽이 딱딱해지고, 염소 뿔이
갑자기 나타나는 것을 보았다. 어떻게 신이 일어나
그 모습으로 숲 속으로 질주하는지 주시했다.

거리의 노래

어마어마한 기적으로, 일상의 소란함 사이를
아무런 방해받지 않고 지나간다
사람들로 붐비는 보도와 거리,
시끄럽게 흥정하는 상점,
아무도 눈 하나 깜박하지 않고, 놀라서 입을 벌리거나
울지도 않는다. 살코기에서는
푸줏간 주인들 큰 식칼의 악취가 나고
심장과 내장이 갈고리에 걸려 있고
소의 조각난 몸통이 하얀 재킷을 입은 암살자들에게
덩어리로 나누어질 때처럼 피에 젖어 있는데.

오 아니다, 나는 혈기 왕성하여 어리석게 도망친 바보로서
피하는 것이 현명하다 생각하며 뽐내며 걷기 때문이다.
포도주와 빵,
노란 투구 모양의 국화꽃을 사면서
나 자신을 가장 그럴듯한 품목으로 무장한다.
모든 수단을 동원해서라도, 거친 손과 발, 머리,
그리고 껍질이 벗겨진 부분에서
붉은 피가 쏟아지는
큰 상처가 야기하는
의혹을 막기 위해서.

내 망가진 신경조직이
상처 난 부분을
보행자의 귀에 떨리는 목소리로 말할 때조차,
나는 너의 부재로 인해 말문이 막혀 슬퍼할 따름이다,
목이 바싹 마른 듯한 태양의 비명,
녹초가 된 별의
몰락과 충돌,
세상 모든 거위보다 더 어리석은
이 분열된 세상의 끊임없는 지껄임과 야유만을
들을 수 있을 뿐이다.

순수주의자에게 보내는 편지

시샘하는 바다의 공격을 향해
우뚝 걸터앉아 있는
저 웅장한 조각상은
(파도에 따라,
조수에 따라,
끊임없이 그를 원 상태로 돌리려고 애쓰며)
너와는 무관하다,
오 나의 사랑,

오 나의 멋진 바보,
발 하나가
살가죽과 뼈로 만든
(말하자면) 거름 덫에 빠진 채,
밖으로 나가는 다른 통로가 두려워 떤다
물불을 가리지 않는 사람들의
험난한 지역에 있는 구름 뻐꾸기[1]는
오점 없이 완벽한 달을 물끄러미 바라본다.

유아론자의 독백

나?
나는 혼자 걷는다,
자정의 거리가
발아래서 빙빙 회전한다,
눈을 감으면
이 꿈꾸는 집들은 모두 사라진다.
내 기분에 따라
박공벽 위로 천상의 양파 같은 달이
높이 걸려 있다.

나는
멀리 감으로써
집을 오그라뜨리고
나무를 축소한다. 내 표정이 띠는 엄격함은
자신이 어떻게 작아지고,
웃고, 입 맞추며, 술에 취하는지 알지 못하고,
내가 눈을 깜박이기라도 하면
죽게 될 것임을 상상하지 못하는
꼭두각시들을 허공에 매달아놓는다.

나는
기분이 좋을 때

풀잎에 녹색을 부여하고
하늘을 파랗게 꾸미며, 태양을
황금빛으로 만든다.
하지만, 기분이 우울할 때, 나는
색깔을 거부하고 꽃의 자태를
금하는
절대 권력을 지닌다.

나는
네가 생생하게 내 곁에
나타나는 것을 안다,
내 머릿속에서 네가 나온 것임을 부인하며,
육체가 실재함을 증명하기에 충분히 강렬한 사랑을
네가 느낀다고 주장하며,
너의 모든 아름다움, 모든 재치는, 나의 사랑이여,
바로 나에서 받은
선물임이 분명하긴 하지만.

유령과 신부의 대화

사제관 정원에서 저녁 산책을 하다가
숀 신부는 빠르게 걸었다. 추운 날, 축축함이 밴
음울한 11월이었다. 비가 흩날린 뒤
이슬이 나무줄기와 가시나무에 싸늘하게 맺혀 있었고,
젖은 땅에서 피어오르는, 푸르스름한 안개는
전설 속 백로처럼 어두운 물갈퀴 모양의 나뭇가지에 걸려 있었다.

혼자 외로이 있는 가운데 갑자기 무언가 나타나
그의 머리칼이 쭈뼛해지고,
숀 신부는 그 안개에서 모습을 드러낸
유령을 알아보았다.

"어떻게 지금," 숀 신부는 저쪽에서 흔들리며,
얇은 천으로 감싸고, 장작 연기 풍기는 유령에게 냉정히 말했다,
"그대는 무슨 용건이 있나?
창백한 안색을 보니, 지옥에서도 불타는 곳이 아니라,
꽁꽁 언 황무지에 있구나. 하지만 어리둥절한 표정과
고상한 생김새로 판단해보자니, 아마도 최근에 천국을 떠나왔나?"

싸늘한 목소리로
유령이 신부에게 말했다
"천국도 지옥도 제가 다니는 곳이 아니지요.

지상이 저의 거처랍니다."

"자, 자." 숀 신부는 조바심 어린 어깨를 으쓱거리며
"나는 그대에게 화려한 하프나 고통스러운 불길에 대해
터무니없는 이야기를 지어내라는 것이 아닐세. 단순하게 말해주게
그대의 삶이 끝난 뒤, 어떤 맺음말로 하느님이 삶을 마무리하라
명하셨는지. 호기심 많은 노인의 질문에 답하는 것이
그렇게 어려운가?"

"인생에서, 사랑은 내 피부
하얀 뼛속까지 갉아먹었어요.
그때 사랑이 그랬듯이, 지금도 사랑이 갉아먹어요,
날 철저하게 갉아먹어요."

"어떤 사랑이," 숀 신부는 물었다. "완벽하지 않은 지상의 위대한
육체적인 사랑이 불행한 상황을 야기할 수 있나?
그대는 저주받은 상태로구먼.
세상을 뒤로하는 것은 생각하지 않으면서, 그대는
살아 있는 사람처럼, 충동적인 인간을 유혹한 죄를 지은 유령으로서
회개하고자 그러한 고통 안에서 점점 오그라든 채."

"심판의 날은

아직 오지 않았죠.
그날이 올 때까지
유해를 담은 항아리가 나의 집이죠."

"상냥한 유령이여," 충격받은 숀 신부는 외쳤다,
"이러한 고집이 있나,
폭풍에 휘둘리는 마지막 잎사귀처럼
죽은 나무를 움켜쥔 자제력 잃은 영혼이여?
자비로운 고등법원에서 심판의 날에 최고의 것을 얻으라.
회개하고, 떠나라, 하느님의 승리 나팔이 하늘을 가르기 전에."

희미한 안개 속에서
유령은 신부에게 엄숙히 말했다.
"인간의 붉은 심장이
바로 고등법원이에요."

대식가

배고픔에 집착하고, 좀처럼 허기를 달래기 어려운 그는,
내 불행에 딱 들어맞는다
(어떠한 사내도 유지하기 힘든
열정과 친절함을 지닌 채)
모든 가치는 고기의 양념을 잘 재웠는지
그가 어떻게 평가하는가에 달려 있다.
피로 만든 묽은 스프는,
그의 손에 닿자마자 사라지고,
뜨겁게 요리된 음식이 마련된 것에 건배를 제안하며,
재빠르게 컵을 입에 가져간다.
중요한 자질은 풍성한 식사를 입에 쑤셔 넣는 것이지만,
그는 남기지 않을 것이며
자신의 욕구를 줄이려 하지도 않을 것이다 마침내
자루에 든 모든 식료품이 바닥을 드러내며 다 없어질 때까지.

새벽 세 시의 독백

모든 신경세포에 금이 가고
분노가 머리에 가득한 채,
생생하게 피가 흥건한
소파와 카펫, 마룻바닥과
뱀 모양을 한 달력을 가진
네가 이곳에서 수백만 개의
신생 행정구역이라 단언하는 것이,

아무런 말없이 앉아, 따끔따끔 찌르는 별 아래서
살을 꼬집으며,
빤히 쳐다보고, 욕이나 하면서
시간을 허비하고
작별을 고하며, 기차가 떠나게 만들어
나, 매우 관대한 바보가 나의 유일한 왕국에서
스스로 괴로워하는 것보다 낫다.

드레이크 양이 저녁 식사 하러 가다

울퉁불퉁한 탁자와 망가진 의자에
담긴 적대감을 누그러뜨리기 위한
정교한 의식에
초보자는 없다,
병동에 새로 온 여인은
보라색 옷을 입고, 조심스럽게 발을 내딛는다
연약한 벌새와 달걀 껍데기의 비밀스러운 결합 속으로,
그녀를 질질 끌고 가
카펫 문양 속으로 삼켜버리는,
꽃잎을 천천히 여는
서양 장미 사이에서
생쥐처럼 흙빛 안색으로
발길을 옮기면서.

새처럼 민첩한 눈으로
비스듬히 등을 곧추세우며
그녀는 때마침 어떻게 위험한 주삿바늘이 바닥에 쌓여서
가시 돋친 계략을 보여주는지 알아차릴 수 있다.
이제 무언가 매복된 듯한 분위기를 지나,
깨진 유리잔의
빛나는 파편으로 눈이 부신 상태에서
뾰족한 모서리와 이빨을 막아내며

그녀는 조심스러운 숨결로
조금씩 나아간다.
마침내, 옆으로 돌면서
그녀는 물갈퀴 발을 한 발 한 발 들어 올리며
환자 식당의 조용하지만 무더운 기운 속으로 들어간다.

철회

"내가 포기한 찻잎과
여왕의 손바닥 위
굽은 선은
이제 내 관심사가 아니다.
내 우울한 순례에서
달처럼 곰보 자국이 난 이 수정 공은
도움이 되기도 전에 깨질 것이다.
앞으로 닥칠 일을
침울하게 말하기 전에
내가 좋아하는 갈까마귀는 날아가버렸다.

"맹세하건대 그러한 냉정한 시각적 기교를
나는 핏속에 담긴 비유적 표현에 반대하여
가르쳐왔다.
부유함이나 현명함은 결코
단순한 혈관이나
정직한 입술보다
우위에 존재하지 않는다,
시간이 다 끝나기 전에
네 참신한 젊음의 시절로 가라
그리고 너의 하얀 두 손으로 좋은 일을 하라."

때까치

어두운 밤이 되자
왕의 꿈들이 이 남자를 향해 손짓한다
지상의 아내를 떠나
매우 독특한 자태의
고요한 깃털이 덮인 날개로,
그가 높이 비상하는 동안,
질투심 많은 신부, 그녀는
그를 따라갈 수 없기에,
멍한 갈색 눈을 크게 뜨고 굶주린 채
누워 있다,
발톱 같은 손가락을 지닌 그녀는
두개골로 만든 새장 안에서 부들부들 떨면서
엉켜진 침대보 안에서 욕설을 퍼붓고,
날아가버린 남편의 박제된 형상은
달 모양의 깃털이 있는 낯선 이방인들 사이로 사라졌다.
아주 굶주린 상태에서, 그녀는 분개하며 기다려야만 했다
새들의 소음이 이는 새벽까지
때까치 같은 그녀의 얼굴은
자물쇠로 잠긴 뚜껑을 부리로 쪼개 열며,
밤사이 내내 자신의 남자를 빼앗은
왕관과 왕실을 삼켜버리기 위해 얼굴을 기울인다
빨간 부리를
저 꾀부리는 심장에 꽂아 마지막 피 한 방울을 빨아들인다.

알리칸테[1] 자장가

알리칸테에서 그들은 갈팡질팡하며
자갈 덩어리 위에 통을 굴린다
노란 파에야 식당을 지나서
다 쓰러져가는 뒷골목 발코니 아래로,
    옥상 정원에 있는
    수탉과 암탉 무리가
서둘러 닭 볏을 다시 챙기며 요란하게 떠드는 동안에.

금귤 색 전차는
전선에서 뿜어져 나오는
쏴쏴 하는 쪽빛 소리 아래로 승객을 밀고 가며 땡땡거린다.
바다 물결이 부딪는 항구를 따라 연인들은
    네온 불빛이 빛나는 야자나무에서
    확성기를 통해 들려오는, 귀를 막아도 소용없는
룸바와 삼바를 듣는다.

아 재즈와 싸움의 여신, 불협화음이여,
백파이프와 심벌즈로 목이 쉰 애인이여,
너 자신이 힘차게, 변주곡으로 연주하고,
점점 강하게, 화려한 무반주곡으로 연주하고, 빠르게, 아주 빠르게
연주하게 하라,
    베개를 벤 내 머리는

(여리게, 아주 여리게)
살랑거리는 리라와 비올라 소리에 잠잠해진다.

조개 캐는 사람들과 망상에 잠기기

이 망상은 해안 절벽 주변 나뭇잎과, 천사들이 불어준 맑은 공기로,
선명하게 나타났다. 그녀는
이른 아침에 해안가 고향 마을로 돌아왔다
지겨운 인생의 여정을 겪은 뒤 상처받고, 지친 상태로.

고향으로 돌아온 충격에, 그녀는 맨발로 서 있었다,
유리처럼 빛나는 지붕에
더운 아침에 해 가리개를 아래로 친
이웃집 근처에서.

어떤 변화도 그녀를 맞이하지 않았다. 정원 테라스는, 여름 내내
녹아내리는 타르에서 톡 쏘는 향이 났고,
파랑 속으로 뛰어들게 해안가로 경사져, 하얀 불꽃을 머금은
전경은 이 배회하는 사람을 향해 환영의 불꽃을 태웠다.

하늘 높이 기대어, 갈매기가 소리 없이 선회하며
세 아이들이 놀고 있는 광대한 간석지 위를 날아갔다
진흙으로 뒤범벅이 된 녹색 바위 위에 고요하게 빛나는
아이들의 멋진 전성기는 끝이 없다.

미끌미끌한 녹색의 바위와 더불어, 정교하게 만든 스쿠너가
주름진 조개껍질로 장식되었고,

선원들은 발목 주위로 물거품이 일어날 때까지 항해했다
아름다운 배가 가라앉자, 그들은 저녁 먹으러 집에 갈 채비를 했다.

상당히 소박한 전경에 갑자기 기운이 난
허름한 여행복 차림의 그녀는
물가 쪽으로 걷기 시작했는데, 그녀의 침입에 그곳에서,
한 사람씩, 조개 캐는 사람들이 어두운 갯벌에서 일어섰다.

엉클어진 해초와 거센 파도 사이에서 기다리며
첫사랑의 경험에 제멋대로 구는 이 처녀를 꼼짝 못하게 가두려고,
이무기처럼 음울하게 바다 경계에 쭈그리고 수년을 보냈기에
쇠꼬챙이와 쇠스랑을 쥐고 그들은 나아갔고, 반짝이는 눈은 살인에 고정되었다.

결혼식 화환

어떤 연두색 잎사귀는 단 한 번 만들어진
서약의 유일한 증인이고, 점잔 빼는 목소리로
단지 "예"라고 답하는 것이 중요할 때, 암소 같은 저음을 지닌
사제는 승인한다. 광휘에 쌓인 태양은 이 한 쌍의
경직된 행동에 앞으로 두 배의 행운이 함께하도록,
축복하려고 밝게 비춘다.

손을 찌르는 쐐기풀이 자란 한적한 장소에 비스듬히,
그들은 하루 종일 누워 있다. 꽃꽂이 풀잎이 저마다의 감각을
맹렬히 자극하는 곳에서. 콘스턴스 호수[1]와 같은 순수함의 상징인,
그들은 이렇게 결혼했다.
이 한 쌍은 둘만의 전투에서 단일한 주州를 만들었다.
사랑의 고상한 교회에서 이루어진 결혼식을 위해
양심의 가책이 되는 질문은 적당히 받아넘기고 이제 성스러운 서
약을 해야 한다.

나부끼는 깃발을 품고 주변을 경계하는 새들 모두
잔가지로 만든 통로로 불러들여라, 동물의
알아듣기 어려운 언어를 성가대로 인도하라. "새의 날갯짓이
명예를 수호하는 것을 보라!" 언어로 반짝거리는 장식을 한
밤이 클로버의 행운이 담긴 풀잎을 축복하게 하라
천사처럼 잠자리에 들면서, 둘은 하나로 열정을 불사른다.

이 성스러운 날로부터, 흩뿌려진 꽃가루는 모두
바람에 실려 아주 진귀한 씨앗으로 멀리 날아갈 것이며
충만한 숨결이 대지에
과일이나 꽃이 자라게 하며, 다툼의 무수한 씨앗을 제거하는
군단에서 가장 사랑스러운 아이들이 자라게 한다. 이 서약을 말
하며,
육체를 굳건하게 하고, 발걸음마다 지금부터 명성을 찾으라.

불과 꽃의 묘비명

너는 추락을 막거나,
수정 속에 부드러운 공기를 가두려면
전파의 출력을 최대로 높이는 것이 나을지 모른다,
천사들의 시기심에 불을 붙이고 어떤 성냥으로도 그을려서
재가 될 수 있는 그들의 사랑에 빠진 심장을 멈추게 할
손길로부터 가장 연약한 연인을 보호하고자
너의 두개골을 부수는 것보다는.

흑백사진 속 각자의 얼굴에 일시적으로 나타나는 광채를
포착하려고 카메라의 무표정한 정확함을 추구하지 말고,
사후의 표정을 관리하고자 입에서 순간에 뿜어 나온 불꽃에
얼음을 올려놓아라.
별은 꽃잎을 흔들고, 태양은 씨를 뿌리지만,
머릿속에 꿀처럼 저장된
정겨운 기억의 파편을 붙들기 위해 너는 땀 흘릴 것이다.

이제 차분한 조개껍질처럼, 그들 언약의 본질에
너의 귀를 기울여라. 몹시 감탄한 후손이
볼 수 있게 다이아몬드 박물관에 안전히
보관하여 자물쇠를 채울 수 있는
유리가 얼마나 오래되었는지, 이들 연인이 예언한 것을 들어보라. 그들은 한 시간 내에

재의 왕국을 정복하려 애쓰고,
신앙을 화석에 안전하게 보전한다.

그들은 바위에 힘줄을 고정하고
불사조보다 더 오래 타도록,
모든 풍향계 입맞춤이 발화를 늦추게 한, 순간 자극은 민첩한 피를
너무 빠르게 움직여 소망을 묶어둘 수 없게 한다.
밤사이 내내 그들은
심장박동이 타는 듯한 상태로 질주한다, 붉은 수탉이
혜성이 떠오르는 것에 흥분해 털을 다 뽑을 때까지.

새벽은 별이 다 소진한 심지를 꺼버리고,
사랑의 바보들이 상록수를 보고 환호할 때,
밀랍 같은 권태는 아무리 강렬하게 불이 켜졌더라도
혈관을 얼어붙게 하고, 변하는 불빛 안에서 확실한 계약들은
파기되기도 하고 원 상태로 돌아가기도 한다. 빛나는 사지는
사랑하는 연인의 눈 안에 있는 재를 날려보내고, 열망하는 표정은
육신을 뼈까지 까맣게 타들게 하고 그들을 삼켜버린다.

성 대축일 멜론

베니도름에는 멜론이,
당나귀 수레에 한가득

타원형이나 원형 모양
멜론이 셀 수 없이 있다,

밝은 연두색과 거북이같이
어두운 녹색 줄로 장식된

깨지기 쉬운 멜론.
달걀 모양이나 공 모양의 멜론을 고르고,

집으로 가는 길에 맛을 보려고 하나를 굴린다
매우 무더운 정오에.

반들반들한 허니듀 멜론,
분홍빛 과육의 엄청나게 큰 멜론,

껍질이 울퉁불퉁한 오렌지 속
캔탈로프 멜론.

각각의 쐐기는 새하얀 씨앗이나

까만 씨앗으로 만든 샛기둥을 두르고 있다

멜론을 먹으며
성 대축일 행사에 가는

사람들의 발아래
색종이처럼 흩뿌리기 위해

유혈 낭자

경기장은 네 마리 황소의 혼탁하게 붉은 피로 부식된 먼지가 자욱하고
관중의 잔인함 속에 결말이 좋지 않은 오후,
매 순간 죽음의 의례는 땅에 떨어진 망토와 잘못된 찌르기로 망쳐졌다,
가장 확고한 의지는 예식을 향한 의지일 것이다. 육중하며, 술과 깃, 끈으로 화려하게 장식된 노란색 옷을 입은, 까무잡잡한 기마 투우사는

다섯 번째 황소를 넘어뜨리려고 그의 창을 단단히 잡고 천천히
황소의 구부린 목 깊숙이 가져간다. 성가신 일상, 예술 행위는 아니다.
예술적 재능은 황소의 뿔이 관중의 침묵 속에서 사람 모양의 덩어리를 받아 올릴 때
시작된다. 모든 행위는 춤추듯 능숙하게 형식을 갖춰 행해진다.
완벽하게 난 구멍에서 쏟아지는 피는 더러운 공기, 상스러운 대지를 구원한다.

거지들

해 질 녘, 냉정한 눈이 무화과와 닭처럼
불행에 덤벼들고, 매일매일 불평하며
조물주의 편파적이고 엉터리인 판정을 비난하는

이 음란한 비극 배우들을
낙심시키지는 않는다.
하얀 벽과 무어식 유리창 아래에서

세월에 손상된 슬픔의 진솔한 찡그림은
그 자체를 희화화하고 연민의 동전을
낙으로 삼는다. 거지는

달걀과 식빵 사이에 멈춰 서서,
목발의 다리 버팀대에 기대어
마음씨 좋은 아주머니들 앞에 양철 컵을 흔든다.

결핍과 상실로 이런 거지들은
가장 고결한 범위의 양심을 초월하여,
고통으로 단단해진 그들의 마음보다

더 연약한 마음을 빼앗는다.
　　　　　　　　　해 질 녘은

만灣의 순수한, 진하디진한 푸른색과
하얀 집, 아몬드 숲을 희미하게 한다. 거지들은

자신의 가장 불길한 별보다 오래 살아남아, 빈정대듯이
남을 속이는 재주로
음울한, 동정 어린 눈을 어리둥절하게 한다.

거미[1]

민간설화에 등장하는 색이 검고 참견하기 좋아하는 아나시 거미,
큰 망치처럼, 불끈 쥔 주먹처럼,
둔감한 너는 사리사욕의
충동을 서둘러 포기한다
게다가 가장 사악한 악마가
너의 떠들썩한 잔치를 이야기해보라 유인하기라도 하면,
너는 광대한 거미집을 짓고, 그 중심에서 곁눈질로 흘끗 본다.

지난여름 나는 염소 치기의 오두막 뒤
눈에 띄는 노상강도 귀족,
네 스페인계 사촌을 우연히 만났다.
개미가 다니는 길 위에 작은 스톤헨지 근처에서,
거의 보이지 않는 밧줄처럼 가느다란 다리로,
그는 삼 분의 일 크기의 개미를,
넘어뜨렸다. 요새의 경사지 주변으로

그는 가느다란 실을 민첩하게 풀었고,
매 순간 그 개미가 숨을 쉴 수 없게 하며,
이미 돌로 만든 회색 실패를 가린
고치를 더 단단하게 조인 채,
붙잡힌 개미는 무력한 경고 속에서 다리를 휘적이며, 똬리를 틀거나
침착하게 누워 있기도 하고

살아 있는 동료들의 투쟁을 묵묵히 견뎠다.

그러자 밧줄에 묶인 개미들로 재빨리 제단의 층을 가늠하고,
졸려 고개를 끄덕이며
야만적인 상황을 목격하고
몸서리치면서도,
그는 다음번 희생 제물과
탐욕의 철저한 목표를 선택했다. 한 번 더
검은 민첩성으로 자신의 포로를 단단하게 묶었다.

한 무리로 왔다가, 한 무리로 가는 개미들은
무리로 이동하는 여정을 계속했다
어떤 망설임도 방해할 수 없었다,
민첩한 검은 기계 장치 신[1]이 나타나
무대 뒤를 휩쓸고 악명 높게 마무리할 때까지
본능의 질서에 굴복하며.
그들은 이것 때문에 주저하지는 않는 것 같았다.

노처녀

이제 이 특별한 처녀는
가장 최근의 구혼자와 함께
예의를 갖춘 4월의 산책을 하는 동안
갑자기 불규칙하게 지저귀는 새소리와
나뭇잎이 어지럽게 흐트러진 모습에
참을 수 없는 충격을 받았다.

이런 소란에 마음이 심란해진 그녀는
애인의 몸짓이 대기의 균형을 깨뜨리고,
그의 걸음걸이가 야생에서 무성하게 자란
고사리와 꽃 사이에서 비틀거리며 헤매고 있음을 알아차렸다.
그녀는 무질서하게 흐트러진 꽃잎과
계절 전체가 단정치 못하다고 판단했다.

그때 얼마나 겨울을 기다렸던가!
희고 검은
얼음과 바위가 지나치리만큼 엄격한 질서를 지키고
모든 감정은 분명한 정도를 지닌,
마음의 서릿발 같은 규율이
눈송이 하나하나처럼 정확한 그런 겨울을.

하지만 이제는 제멋대로 싹이 나서

그녀의 당당한 오감을
천박한 잡다함으로 내몰기에 충분한 지금,
반역은 견딜 수 없다. 아수라장의 봄날에
백치나 눈이 핑핑 돌게 하라.
그녀는 우아하게 물러났다.

그리고 집 주위에 그녀는
반란을 일으키는 날씨에 대비해서
폭동을 꾀하는 어떤 남자도 욕설이나 주먹, 협박,
혹은 사랑으로도
부술 엄두를 못내는
가시와 견제로 바리케이드를 쳤다.

압운

내겐 황금 알을 몸속에 품었지만
하나도 낳지 않는 고집불통
거위가 한 마리 있다.
혼란스러운 거위 기질을 지닌 그녀는,
남자들에게 추파를 던지고
밝은 웃음으로 주름을 자글자글하게 만들며

커다란 돈 가방을 댕그랑거리는
긴 손톱의 마녀처럼
헛간을 뽐내며 걷는다.
내가 시시한 티끌을 먹는 동안
그녀는 가장 질 좋은 곡식으로 살찌운다.
이제, 내가 칼을 갈자, 그녀는 용서를 청하고,

매우 황송하게도 용서받았다.
나는 이러한 잔악한 행위로 생겨난
이익 앞에서 이 날카로운 쇠붙이에
눈길을 돌릴 것이다. 하지만, 깃털은 참으로 빼어나구나!

그녀의 심홍색 배설물은
김이 모락모락 나는 째진 상처에서 빠져나간다.

떠남

안뜰의 무화과 열매는 초록색이다.
붉은 벽돌색 현관 타일을 그늘지게 하는
초록색 덩굴에 달린 포도 역시 초록색이다.
돈은 완전히 바닥났다.

이 사실을 눈치챈, 자연은 얼마나 그녀의 괴로움을 가중하는지.
재능도 없고, 슬퍼해주는 사람도 없는 우리의 이별.
태양은 여물지 않은 옥수수 위에서 빛난다.
고양이는 옥수숫대 수풀 안에서 장난친다.

회상은 이러한 궁핍을,
태양의 녹쇠, 달의 강철에 낀 녹청,
세상의 납 찌꺼기를 누그러트리지 못할 것이다.
게다가 바다 바깥쪽에서 거센 파도가 부딪친다,

끝도 없이 무지막지한 사나운 파도의 기운에 맞서서
마을의 푸른 만을 보호해주는
울퉁불퉁한 바위가 후드득 떨어지는 것을 늘 드러낸다.
갈매기가 더럽힌 돌 오두막은

침식되는 날씨에 아래쪽 상인방上引枋을 노출한다.
황토색 바위의 돌출부를 가로질러

털이 수북한 뚱한 염소들은
바닷소금을 핥으려고 비틀거리며 간다.

눈물을 자아내는 현실

생리통을 앓으며 얼굴이 핼쑥해져
진흙으로 만든 매트리스에서, 잠꼬대하는 숫처녀는
고통이 없는 남성 성기로 동성애적 성향을 지닌
달의 남자, 잭에게 악담을 퍼붓는다.

쭉 들이켜기 안성맞춤인 붉은 포도주 큰 통을 지니고서
배꼽 근처에 고통을 느끼지 못하는, 그는 왕으로 군림한다,
하지만 핀으로 꿰맨 피부를 대가로 치르며
생선 꼬리를 단 처녀들은 각각 하얀 다리를 구입한다.

결심

안개 낀 날, 흐린 날

쓸모없는
두 손으로, 난
우유 차를 기다린다

귀가 하나뿐인 고양이가
회색 발을 포개 앉아 있고

석탄 불꽃이 밖에서

타오른다, 작은 울타리의 나뭇잎은
이제 완전히 노랗게 되고
우유에 생긴 얇은 막은
창틀 위에 있는 빈 병들을 희미하게 한다

어떠한 영광도 내려앉지 않는다

두 개의 물방울은
이웃집 장미 덤불의 활모양
녹색 줄기 위에 균형을 유지한다

오 가시의 구부러진 화살

고양이가 발톱을 드러낸다
세상은 돌고 있다

오늘
오늘 난
검정 가운을 입은 열두 감시관의 마법을 풀거나
바람의 냉소 안에서
주먹을 불끈 쥐지는 않을 것이다.

집주인

마당 없이 좁은, 세 든 다락방에서
공기에 떠다니는 먼지를 제외하고 내 것을 떠올려보면,
똑같은 회색 벽돌과
오렌지색 지붕 타일과 오렌지색 굴뚝으로 지은 집들의
음산한 경관에 울화가 치밀어,
거울 사이처럼,
무의미한 모조품의 유령 복도를 만들어,
조잡하게 사람들이 모여 사는
첫 번째 집을 살펴본다.
                    하지만 집주인들은
양배추 뿌리, 별을 위한 공간,
그들만의 독특한 평화를 소유하고 있다. 이러한 본질은
내 눈길을 사로잡는 생각을 유령의 눈길을 끄는 생각으로
전환한다. 그 눈길은 부러워하며, 죽음을 토지 한 필지 위에 있는
눈에 띄는 뿌리로 규정하고,
삶을 덧없이 이리저리 떠도는 것으로 정의 내린다.

엘라 메이슨과 고양이 열한 마리

서머셋 테라스에서 다소 떨어진
다 허물어져가는 집에서,
엘라 메이슨 할머니는 고양이를 열한 마리나 키운다,
이웃집에서 고양이가 들썩거리는 것을 보고
사람들은 "그렇게 많은 고양이를
키우는 여인은 뭔가 문제가 있다"라고 말한다.

그녀는 수박처럼 얼굴색이 붉고, 이미 오래전부터
목소리가 제대로 나오지 않았다. 엘라 메이슨은
아무런 이유 없이
테비와 톰과 주인 놀이를 하고 입맛이 까다로운
고양이들에게 크림과 닭 내장을 듬뿍 넣은
식사를 제공한다.

마을 사람들 이야기는 오래전으로 거슬러 간다
엘라는 깍쟁이처럼 마르고 도도하며
패션 감각이 뛰어난 미인으로 여기저기 활보했다,
에메랄드 빛 눈으로 신사들 마음을 사로잡았지만,
지금은 살이 쪄, 고양이 말고는
아무도 문에 들이지 않는 노처녀다.

어린 시절 우리는 접시가 즐비한 부엌에서 졸고 있는

메이슨 양을 염탐하려고 몰래 들어간 적이 있다.
장식 달린 덮개 위에서,
탁자 위에서, 찬장 받침대에서, 고양이들은 뻔뻔스럽게 빈둥거렸고
털북숭이 목구멍에서 거친 음색의 가르랑거림이 새어나왔다.
그렇게 목소리가 큰 고양이들이라니!

찌르고 낄낄거리면서 서둘러 도망칠 채비를 하고서
거미줄로 뒤덮인 문을 곧장 가로질러 나갈 때
우리는 그들의 주인 주변에서 웅크린 채 감시하는 고양이들의
노랗게 빛나는 눈이 보고 싶어졌다.
엘라는 교활한 기질의 고양이 가운데 가장 멋진 스핑크스 암컷을
매끈한 얼굴에 구레나룻처럼 두르고 앉아 졸고 있었다.

"봐! 저기 그녀가 간다, 고양이 여사 메이슨!"
우리는 고양이들의 장을 보려고 그녀가
서머셋 테라스 아래로 휘청거리며 내려올 때
더 거대해지고 얼굴이 뚱뚱해진 그녀를 보고 비웃었다.
"엘라 양은 고양이 열한 마리를 한꺼번에 키우다가
정신이 돌았나 봐."

하지만 시간이 지나면서 이제 우리는 친절해졌고, 메이슨 양을
녹색 눈을 깜박거리고 혼기를 앞둔 외로운 처녀로 여긴다.

새침데기 처녀, 연약한 처녀에게,
허영심 많은 헤픈 처녀는 도둑고양이로 될 저주 때문에
결혼 첫날밤에 혼자서 부루퉁해진다는
교훈은 더 이상 필요 없다.

수정 점쟁이

게르드는 어두컴컴한 천막 안에서 물레의 끝자락에 앉아 있다.
장사가 잘 되지 않아,
야윈 얼굴은 점점 누렇게 변하고,
손마디 뼈가 드러날 정도로 피골이 상접하다. 세월의 흔적 없이
세월의 세 가지 영역을 융합한 렌즈, 반짝반짝 빛나는 공이
그녀의 손안에 번쩍이며 걸려 있다.

막 결혼한 두 남녀가 들어와 그녀의 시선을
끈다. "우리가 어떻게 살게 될지, 좋을지
나쁠지 말해주세요." 게르드는 곁눈질로 이들을 보았고, 둘은
더없이 사랑하는 표정으로 서로를 보고 있었기에 험난한 인생에도
적합한 배우자들이었다.
천천히 그녀는 공을 돌린다.

"나뭇가지로 엮인 튼튼한 사과나무
두 그루가 보이네요,
견실한 묘목이 싹을 터서
이 집에는 나무가 자라는 시기에
많은 수확물을 가져다줄 것이고
편안한 노년에는 많은 추수를 이룰 거예요."

"그렇다면 어떤 어려움도 없나요?" 남자가 물어보았다. "우리는

하고 싶은 것을 다 하면 되나요, 사실대로 말해주세요."
신부도 남자의 말을 반복했다. 그때,
게르드는 공을 빙빙 돌려 빛을 발했다. 그녀는 "힘든 폭풍우가
연약한 가지를 망가뜨리는 혼란을 가져올 수도 있지만,
그 덕분에 과수원이 더 단단해질 것"이라고 단언한다.

그들은 복채를 조금 지불하고,
인생의 전성기를 빨리 즐기기 위해
태양이 충만한 바깥으로 나갔다.
무심한 듯이, 지혜로움이 고갈된 채 쭈그리고 앉아서, 게르드는
일전에 그녀 자신의 점괘를 볼 때, 짧은 순간에 첫 광경을 감지했던
투시력 있는 수정체를 자세히 관찰한다.

그때, 자유롭게 놀러 다니던 말괄량이 게르드는
여성의 기질로 주어진 것보다
더 많은 통찰력을 갈망했다. 애인의 믿음과
두 사람의 미래 운명을 알아내고자, 그녀는
악마를 고용한 저 비뚤어진 맹세를 이해하려고
교회의 저주에 용감히 맞섰다.

세상이 무너지는 듯한 섬광이 밤의 어둠을 앗아간다.
모든 시간을 하나에만 초점을 맞추어

신의 창조물은 저 섬광 안에서 단단히 고정되었다
그래서 궁핍해진 게르드는 자신의 시선을,
시간의 핵심을 간파하는 사람들의 심장을
돌로 만드는 힘을 지닌 고르곤의 시각으로 고정한다.

그때 게르드가 본 것은 달처럼 공허함에 심란한
그녀의 마음에 새겨졌다. 뿌리부터 시들어
재로 변한 모든 봉오리,
맹목적으로 불타올라 완전히 파괴된 모든 사랑,
수정체 중심에 고정되어, 거칠게 피식 웃으며.
삶의 변치 않는 활력은 해골을 의미한다.

11월의 묘지[1]

풍경은 단호하게 펼쳐져 있다. 인색한 나무는
지난해의 나뭇잎을 모아두고, 애도하려 하지 않으며,
삼베옷을 입거나 우아한 숲의 요정에게 의지하려 하지 않는다
침울한 잔디는 풀잎의 무정한 녹색만을 간직한다
하지만 호언장담하기 좋아하는 마음은
불모 상태를 조롱할 것이다. 죽은 사람의 어떤 눈물도

묘지에 깔린 돌 사이에 핀 물망초를
꽃 피게 할 수는 없다. 심장의 혈관을 풀어버리고,
가공架空의 혈관이 없는 뼈를 깎아낸다는 것은
있을 수 없는 일이다. 완전한 해골 하나가
진짜로 부각할 때, 모든 성인의 혀는 조용해진다.
햇빛 안에서 파리 떼는 부활을 관찰하지 못한다.

자연의 경치를 바라보라, 바라보라
너의 눈이 바람 속에 현혹되는 광경을 억지로 떠맡을 때까지.
수의를 입고 황무지를 가로질러 절규하며
제기랄, 갈 곳 잃은 유령들이 갑자기 나타날지라도,
휑한 방과 멍하게 빈 대기를 가득 메우는
허기진 마음을 속박하는 것에 열변을 토해보라.

장마철의 까마귀 떼

저기 뻣뻣한 나뭇가지 위에
젖은 까마귀 한 마리가 웅크리고 앉아
빗속에서 깃털을 다듬고 또 다듬는다.
나는 어떤 기적이나
우연이

내 눈 안에 그 광경을 불붙여주리라고
기대하지 않으며, 변덕스러운 날씨에
어떠한 의도를 찾지도 않는다,
다만 얼룩진 나뭇잎이 아무런 예식이나 전조 없이
떨어지듯이 떨어지게 할 뿐이다.

인정하건대, 나는 이따금씩
말없는 하늘에서 말대꾸가 있기를
바라지만, 정말로 불평할 수는 없다.
어떤 작은 불빛이
부엌 식탁이나 의자에서

빛을 발하며 날쌔게 움직일지도 모른다
마치 천상의 불길이 이따금씩
가장 무딘 사물을 소유하려 하는 것처럼,
그리하여 관대함과 명예

또는 사랑이라는 것을 줌으로써

무관한 것이었을 막간을
신성하게 하며. 어쨌든 나는 이제
조심스럽게 걷는다(이 무료하고 황폐한
풍경에서도 그런 일은 일어날 수 있기 때문이다), 회의적이지만
교활하게. 어떤 천사가 갑자기

내 팔꿈치를 불타오르게 할 수 있다는 것을
모른 채. 나는 단지 까만 깃털을 정돈하는
까마귀 떼가 아주 환하게 빛나서
나의 오감을 사로잡고, 눈꺼풀을
끌어 올리며, 철저한 중립 상태에 대한

두려움에서 벗어난 짧은 휴식을
허용할 수 있다는 것만을 안다. 운이 좋으면
이 피로의 계절을 끈질기게 버텨나가,
대수롭지 않은 내용을
기워 맞출 수 있으리라.

만약 당신이 저렇게 밝게 빛나는 발작적인 장난을
기적이라고 부르고 싶어 한다면,

기적은 일어난다. 기다림은 다시 시작되었다,
드물게 느닷없이 하강하는
천사에 대한 그 오랜 기다림이.

1957

이해에 플라스는 케임브리지대학교에서 석사 학위를 받았다. 6월에 남편과 미국으로 이주했다. 이들은 여름을 케이프코드에서 보냈고, 10월부터 플라스는 모교인 스미스 대학에서 강의를 시작했다.

황무지에 있는 눈사람

깃발을 펄럭이며, 관계는 막다른 궁지에 몰려 있다.
그녀는 모욕과 불명예의 소문이 계속 울려 퍼지는
방에서 빠져나왔고

이글이글 타는 불꽃을 노려보던 그를
화가 나서 내버려두었다. "나를 찾아봐," 그녀의 마지막 조롱.
그는 찾지 않았고

냉혹한 싸움을 지키면서 앉아 있다.
문 앞 계단에서
겨울에 꺾여 활기 없이 수척해진 데이지는

그녀에게 바람이 몰아치는 언덕과 안개가 뒤엉킨
바깥으로 서둘러 나가지 말고,
술수가 있는 예의를 갖추고

집 안에 머무르라며 경고한다
하지만 그녀는 쫓겨난 유령처럼
끈질기게 집 근처를 어슬렁거렸다

황무지를 가로질러
까마귀 떼 발자국과 산토끼 흔적이 새겨진 설원이 있다.

그녀는 그에게 무릎 꿇고 빌어야 한다.

그가 경찰과 사냥개를 보내 그녀를 데려오게 하라.
자신의 분노를 어루만지면서
까만 돌의 출입 계단 위로 황량하게 흩날리는 야생 헤더 사이로

세상의 하얀 절벽으로
그녀는 돌아와서, 고집불통의 남자에게 복종하고
길고 괴로운 시간에 참여하는 지옥을 경험한다.

갑자기 불쑥 불꽃이 터지는 삼지창 꼬리를 한 악마는 아니다,
자존심 때문에
날카로운 물건과 채찍으로 저 여자를 길들이려고 황무지에 쌓인

엄청난 눈 속에서 활화산처럼 폭발할 것 같은 열정적인
악마는 아니다. 오히려, 음산하게 녹아내린 눈처럼
냉정하고 시체처럼 창백한

거인이 돌도끼를 들고, 하늘 높이 멀리서
한숨을 내쉰다, 그의 꼬여 있는
턱수염에 눈이 하얗게 날리고, 그의 발소리에

근처에 숨어 있던 새
열두 마리가 울타리 근처에서 갑자기 죽었다. 오 그녀는
그의 눈에서 어떠한 사랑도 느낄 수 없다,

설상가상으로, 뾰족한 못이 박힌 허리띠에서
여자들의 해골 한 다발이 대롱대롱 매달려 있는 것을 보았다.
슬퍼하면서 바짝 마른 혀는 자신들의 죄를 읊는다.

"우리의 기지가 왕들과 길들지 않은 그 아들들을
바보로 만들고, 우리의 능수능란함이
궁정을 즐겁게 했죠.

그런 허풍 때문에, 우리는 쇠로 만든 허벅지에 매달려 있죠."
심한 눈보라의 중심에서 권좌에 올라,
거인은 죄를 읊는 포로들에게 고함을 질렀다.

그녀는 날카로운 도끼의 공격에
옆으로 피해 섰다. 하얀 발포! 거인은 집요하게 쫓으며
맹렬한 속도로 나아가며 부숴버렸다.

그러자 굴욕감을 느끼며 울던 그녀는
애교 어린 이야기를 가득 안고,
순순히 복종하며 집으로 갔다.

메이플라워호

음산한 겨울 내내, 빨간 산사나무는 침울한 하늘에서
흩날리는 눈송이의 공격을 잘 버텼고,
뿌리가 단단하고 의지만 굳다면, 핏방울처럼 선명하게,
용감한 나뭇가지는 절대 죽지 않음을 입증했다.
이제, 신선한 수액이 뾰족한 나무로 올라오면
요셉의 지팡이가 튀어 오르듯
하얀 꽃송이가 즐비한 울타리는 우리의 눈을 깜짝 놀라게 하고,
최상의 아름다움이 어떻게 역경에서 탄생하는지 보여준다.

그래서 섬에서 온 고집 센 조상들은 암울하고 불확실한
대서양을 건너 그들의 순례 길을 경작하려고
모국의 안식처를 저버리기를 선택했을 때,
참고 견디는 의지를 품고, 산사나무에 난
순백의 승리에 찬 나뭇가지를 기억하며
그들은 5월의 꽃을 따라 배 이름을 지었다.

암퇘지

우리 이웃이 어떻게 거대한 암퇘지를
키우려고 애쓰는지 아무도 모른다.
그 교활한 비밀이 무엇이든, 그는 그것을 감추었고

같은 방식으로
암퇘지를 키웠다. 사람들 시선을 피해 우리에 가두고,
멋진 리본을 달고 돼지 쇼를 한다.

하지만 해가 질 무렵 우리의 호기심은
미로 같은 헛간의 손전등 불이 켜진 곳을 통해
주저앉은 돼지우리 문의 상인방을 둘러보도록 자극했다

그 광경에 놀라서 입이 떡 벌어졌다.
장미와 미나리아재비가 그려진 도자기로 키우는 것도 아니고
좁은 통로에서, 최상의 고기와 훌륭한 잔금무늬가

무럭무럭 자라는 아이들을 위해
높이 평가되는 순간에
바보 같은 돼지가 먹기에 알맞도록 난도질당하는 것도 아니었다.

빈약한 후광 안에서
진흙에서 뒹굴며, 살찌고 불그스레한 얼굴로

꿀꿀거리며 엉겅퀴와 질긴 풀을 씹고,

탱탱한 젖을 뽐내며
움직이고, 어린 새끼들에 둘러싸여
큰 몸집으로 괴성을 지르며,

연분홍 젖꼭지를 새끼들에게 빨리려는
평범한 헛간에 사는 암퇘지가 아니었다. 아니. 이 어마어마한
거인국 암퇘지는

검정 퇴비 위에 배를 깔고 편히 누워 있었고,
지방으로 울퉁불퉁한 눈은
꿈을 꾸듯이 흐릿했다. 오래전부터 내려오는 돼지에 대한 상상은

이 위대한 할머니에 전적으로 의지했으리라!
우리의 놀라운 암퇘지는 갑옷으로 무장하고,
투구를 쓴 기사를 만들어냈다

음산하게 쭈뼛해지는 털로
전투에서 적을 패배시키고 초토화한
수퇘지는 저 암퇘지의 발정을 자극하기 충분할 만큼 멋졌다.

그런데 농부가 휘파람을 불며,
장난치듯이 주먹으로 여물통과
녹색 잡목림 더미를 툭 쳤다

전설을 마른 진흙 덩어리처럼 털어낸 채, 돼지는 한숨을 내쉬고,
천천히 꿀꿀거리며
희미한 불빛 위로 다가가 모습을 드러낸다

원하는 대로 폭식하는
거대한 기념비는
사순절을 부엌의 구정물과 절제하지 못하는 식욕에

의존했고,
계속해서 게걸스럽게
칠대양만 한 여물통에 담긴 엄청난 양의 음식을 먹어치웠다.

영원한 월요일 [1]

> 그대는 영원한 월요일을 얻어
> 달 안에 서게 될 것이다.

나무 막대기 꾸러미 아래에 몸을 숙인 채,
달의 남자가 은신처에 서 있다.
창백하고 냉정한 달빛이
우리의 침상 위에 내린다.
그의 치아는 비늘로 덮인 산꼭대기와
활동을 멈춘 화산의 분화구 사이에서 딱딱 맞부딪친다.

그는 또한 불길한 서리에 맞서서
나무 막대기를 들고, 그 자신의 불 켜진 방이
일요일 태양의 그림자보다 밝게 빛날 때까지
쉬지 않으리라.
달의 둥근 형상 안에서 지옥 같은 월요일이 시작된다.
열정이 사라진, 그의 발목을 휘감은 차가운 칠대양.

하드캐슬 크랙[1]

그녀의 발은 시끄러운 거리의
소음이 부싯돌처럼 울려 퍼지는 것에 놀라,
까만 돌로 지은 도시에서 벗어나
푸른 달빛이 비추는 계곡을 향했다
그녀는 민첩한 공기가 부싯깃을 점화하고

어둡고 작은 오두막집들의 벽에서 벽으로
메아리의 불꽃이 흔들리는 소리를 들었다.
하지만 메아리는 벽이 들판과 달빛을 가득 품고,
지칠 줄 모르며,
고정되어 달과 밀접한 바다가 밑바닥으로 움직이는 것처럼

바람에 날리는 풀잎의 부단한 열정에 자리를
내어주듯이 그녀의 뒤에서 사라졌다. 희미한 안개가
균열된 계곡에서 솟아올라 어깨 높이로,
눈앞에 걸려 있었지만, 안개는 가족의 형상을 한 유령도,
그녀가 빠져든 멍한 느낌을

표현할 구체적인 언어도
풍성하게 만들지는 못했다. 과거에는
꿈으로 가득한 마을이었지만, 그녀의 눈은 어떤 꿈도 품지 못했다.
잠 귀신[1]의 모래 먼지는

발바닥 아래에서 빛을 잃었다.

그녀를 작은 불꽃으로 축소하는
강렬한 바람은 나선형 모양의 귓불 안에
묵직한 휘파람 소리를 불어댔다,
숟가락으로 퍼낸 호박 왕관처럼
그녀의 머리는 엉망진창이었다.

크지만 대수롭지 않은 선물과
심장의 박동 소리에 대한 답례로,
밤이 그녀에게 준 것은 언덕과 까만 돌을 차곡차곡 쌓아
경계를 만든 목초지에 둥글게 생긴 사심 없는 강인함이다.
헛간은 비밀리에

병아리와 돼지 새끼를 보호했다. 소 떼는
돌멩이처럼 말없이
초원에 무릎을 꿇고 앉아 있었다,
양 떼는 양털의 덤불숲 안에서 돌을 향해
졸고 있었다,

나뭇가지에서 잠자는 새들은
나뭇잎처럼 보이는 그들의 그림자인

단단한 깃털을 두르고 있었다.
시선에 의해 변하지 않고,
고대 세계가 림프와 수액의 최초의 영향력 안에 있던 것처럼

전체 풍경은 전적으로 어렴풋이 보이기 시작했다
그녀의 작은 온기를 재빠르게 없애버릴 수 있지만,
돌의 무게와 돌의 언덕이
무자비한 빛 안에서 그녀를 돌가루로 부숴버리기 전에
그녀는 되돌아왔다.

야윈 사람들

영화에 나오는 창백한 사람들처럼
빈약한 체구의 야윈 사람들,

그들은 언제나 우리 곁에 있다. 우리는
그들이 비현실적이라고 말한다.

단지 영화 속에서였다고, 단지
우리가 어릴 때 불길한 머리기사를 붙여줬던

전쟁 때뿐이었다고,
평화가 가장 인색한 식탁 밑에 있는

쥐들의 배를 불룩하게 만들 때조차
그들은 굶주려 야위어가고

줄기처럼 가는 팔다리를 다시는 살찌우려 하지 않았다.
굶주림과의 오랜 전투 끝에

그들은 야윔 속에서 견디는 재능을 발견했고
훗날 우리의 악몽 속에 나타나는

재능도 있다, 그들의 위협은

총이나 욕설이 아니며

희미한 침묵이다.
벼룩에 뜯긴 당나귀 같은 피부로 몸을 감싼 채,

불평하지 않고, 늘
양철 컵으로 식초를 마시며. 그들은

제비뽑기로 뽑힌 희생양의 참을 수 없는
후광을 두르고 있었다. 하지만 너무 야위고,

너무 호리호리한 종족은 꿈속에만 머무를 수는 없었고,
머릿속의 소인국에서

이국적인 희생자로 남아 있을 수도 없었다.
밤마다 달이 뜰에 떠오를 때

진흙 오두막에 사는 노파는
조그만 빛의 껍질로 남을 때까지

칼로 달을 잘라낸다
인심 후한 달의 옆구리에서

통통한 고기 조각을 잘라내는 일을 그만둘 수 없듯이.
새벽의 희미함이

푸르스름해지고 붉어지며, 이 세계의 윤곽이
또렷해지고 선명한 색깔로 가득할 때

야윈 사람들은 자신의 흔적을 없애지 않는다.
햇빛 비치는 방에서 끈덕지게 살아간다. 분홍색 장미와

수레국화가 그려진 벽지는
얇은 입술의 미소와

그들의 시들어가는 권위 아래서 창백해진다.
그들은 얼마나 서로를 지탱하고 있는지!

우리에겐 용맹한 군대에 맞서
요새가 되어줄 풍요롭고 깊은 황무지가

없다. 보라, 어떻게 나무줄기가 편편해지고
멋들어진 갈색을 잃어버리는지

야윈 사람들이 그저 숲 속에 서 있으면
그들이 뼈 하나 꼼짝하지 않더라도,

이 세상은 말벌의 둥지처럼 야위고 창백해진다.

나무 요정을 불러내는 어려움에 대하여

뭉툭한 연필과 장미 가지가 그려진 커피 잔,
우표와 책꽂이에 꽂힌 책들의 요란한 소리,
이웃집 닭 우는 소리 같은 골동품을 황폐하게 하며,
모든 자연의 풍부한 말대꾸,
    으스대는 마음은
    바람의 즉흥적인 연설을 무시하고
    그 자체의 질서를
    강요하려고 애쓴다.

고집 센 머리는 "내 상상력만으로"라며 허풍을 떤다,
까마귀 떼가 수다 떠는 공간과
양 떼의 초목과 물고기의 폭포 사이에서 거만하게,
"나는 하늘이 정신을 잃게 하는 위기를 시로 쓸 것이며, 미치도록 지껄이는
    송어와 닭과 숫양을
    내 질투 어린 시선 안에서
    아주 얌전하게,
    스스로 만족하게 만들 것이다."

하지만 연분홍색 혈색을 지닌 풋내기 천사의 마술도
진부한 눈을 현혹할 수 없다,
"의사 선생, 내 문제는 이겁니다. 나는 나무를 보는데,

저 빌어먹을 신중한 나무가 시야를 현혹하는
　속임수를 실행하려 하지 않는다는 것.
　예를 들어, 빛의 움직임이
　다프네를 만들어내지만,
　나의 나무는 그저 나무로만 있는 것.

내 온화한 의지를 위해 나는 고집스러운 나무껍질과 밑동에
고통을 가하지만, 어떤 밝은 형상도 나무 요정 같은 허구를
노골적으로 거부하는 정직한 지구를 속이려고
팔다리와 눈, 입술에서 광채를 내며 나오지 않는다,
　냉철한 통찰력은
　손바닥에 감춘
　어떠한 가짜 모조품도
　허용하지 않을 것이다.

이제 확실히 꿈이 있는 가을에 달의 눈빛과
별의 행운을 지닌 신통력 있는 남자는
바람둥이 여인이 돈을 써대고, 황금 잎사귀 저장소가 도랑을 깊게 파고,
풍요로운 대기에 씨앗이 가득한 것을 지켜보고 있다,
　이 빈약한 두뇌는
　재산도 축척하지 못하고,

나뭇잎과 풀잎으로부터
도둑질을 한다."

다수의 나무 요정에 대하여

순수한 성인이 고결한 마음에만 보이는
전형적인 아름다움을
극찬하는 말에 귀 기울이며,
나는 기이하게 생긴 마디와 혹으로
사랑을 받는
사과나무에 시선을 보냈다.

고기를 먹거나 술을 마시지도 않은 채,
도끼가 잘라버릴 수 있는 것보다
조잡스러운 나무에 더 깊이 박혀 있고
내 세속적인 시선으로부터 숨은
형이상학적인 나무의 빛나는 나뭇결을 발견하고자
나는 상상력을 간절히 갈망하며 앉아 있었다.

하지만 무결점의 영혼으로 볼 수 있는
내 감각이 마비되기 전에,
각각의 독특한 깊은 홈은 나를 황홀하게 했다,
모든 곰보 자국과 얼룩은
사랑의 흔적으로 망가진 여느 육체의 살보다
더욱더 아름답게 부각되었다.

그러나 바벨의 언어 속에서 나는 잎사귀의 소란함과

흔들림을 그러모을 것이고,
황갈색 나무껍질에 생긴 줄과 얼룩을
없애려고 고군분투할 것이다,
어떤 예시적인 번개도
내 단단한 눈꺼풀을 꿰뚫을 수 없다.

그보다는 오히려, 눈과 귀와 미각과 촉각과 후각에 탐닉한 채,
바람둥이 여자가 현란한 감각을 따로따로
질질 끄는 것이 어울린다.
이제, 이 놀랄 만한 예술에 현혹되어
나는 낮이고, 밤이고
지상의 불타는 회전목마를 탄다.

이런 먼지 티끌이 내 눈을 망가뜨린다
어떤 신성한 나무도 유혹적인 붉은색, 녹색, 파란색의 흐름 아래서
병반을 참고 견디지 않을 때까지
나는 행실이 단정치 않은 나무 요정이
신성한 숲 속에서 다채로운 비단옷을
홱 잡아당기는 것을 지켜보아야 한다.

다른 두 사람

여름 내내 우리는 둥근 지붕의 반짝이는 내부에서 울려 퍼지는
메아리 소리 가득한 멋진 별장에서 지냈다.
까만 염소의 힘찬 발걸음이 내는 종소리와 발굽 소리가 깨웠다.
우리의 침대 곁에 있는 고급스러운 가구는
연한 청록색의 이국적인 빛을 띠었다.
잎사귀 하나도 청명한 대기에서 시들지 않았다.
우리는 완벽한 것을 꿈꾸었고, 우리는 완벽했다.

어스름하게 우둘투둘한 무늬와 육중한 다리로,
밋밋한 하얀 벽과는 대조적으로, 가구는 단단히 고정되어 있었다.
한 공간 안에 우리 둘은 열 사람 이상의 의미가 있었다.
우리의 발소리는 어두운 방에서 울려 퍼지고
우리의 목소리는 깊은 울림을 냈다.
호두나무로 만든 연회용 탁자와 의자 열두 개는
두 사람의 미묘한 몸짓과 닮아 있었다.

우리가 아닌, 조각상처럼 묵직한 형상이
창유리나 문이 없는 장식장의
광택 나는 목재 안에서 무언극을 펼쳤다.
그는 그녀에게 가깝게 밀착하려고 팔을 올렸지만
그녀는 그의 손길을 피했다. 그는 침울한 기분에 빠져 있다.
그녀가 감정을 상하게 하자, 그는 얼굴을 돌렸다.

상투적인 비극이 그러하듯 그들은 평정심을 지키며 비탄에 잠겼다.

달처럼 창백하고 냉정한 그와 그녀는
마음을 풀고 누그러뜨리려 하지 않았다. 우리에게 다정함의 일례는
왕성한 발자국을 남기지도 않고 물결 모양도 내지 않은 채,
암흑 속에 삼켜진 우주선이나 돌처럼
그들의 연옥에 뛰어드는 것이었다.
밤마다 우리는 그들을 황량한 곳에 남겨두었다.
불이 꺼지자, 그들은 잠을 자지 않고 시샘하며 우리를 괴롭혔다.

우리는 그들의 말다툼과 괴로워하는 목소리를 꿈에서 보았다.
우리는 포옹했지만, 그들은 결코 포옹하지 않았고
우리와는 너무 다르게, 호된 곤경에 처했다.
그렇게 고민하면서 우리는 싸움을 부추기는 것 같았다,
우리 자신이 유령이고 그들은 살과 피를 지닌 사람 같았다.
사랑의 폐허 위에서 우리는
마치 그들이 절망 속에서 꿈꾸던 천국 같았다.

여인과 토기 두상[1]

불그스레한 진흙으로 구운, 견본 토기 두상頭像은
어디에도 어울리지 않는다. 벽돌 가루가 섞인 채, 뻑뻑한 눈꺼풀 아래서 말똥말똥 쳐다본다.
화나서 경직된 그녀의 표정을 흉내 내기라도 하듯이,
기다란 책꽂이 위에서 그것은 두꺼운 산문집을 지탱하며
완고하게 서 있었다. 가장 바람직한 것은
벽난로 받침돌에서 형편없는 그 머리를 즉시 제거하는 것이지만
여전히, 그녀는 그것을 폐기하는 것이 내키지 않았다.

조각상이 괴롭힘을 당하지 않고 살아갈 수 있는
공간은 없는 듯했다. 난폭한 사내아이들은
해가 되지 않을 정수리를 살펴보면서,
잿더미에서 만들어진 시무룩하고 젠체하는 조각상을 노려보고
손으로 조각상을 꽉 쥔 채
인질의 머리를 충격적인 방식으로 학대하며
조잡한 모조품과 결합된 원형의

은밀한 신경세포를 자극하려 할 것이다. 그때 그녀는
정확한 방향을 맞추려고 두꺼운 모래로 막혀 있고
해초로 뿌옇게 된 산속의 어두침침한 작은 호수를 생각했다,
하지만 지느러미로 장식된 물기 많은 아스픽을 제거하고
음란하게 손짓하며

모조품이 방향을 선회하자, 그녀의 용기가 흔들렸다.
그녀는 물에 빠진 사람처럼 창백해졌고,

와이 자형의 갈대숲과 나뭇잎으로 만든
초록색 둥근 지붕 속으로
더욱더 예를 갖추어 모조품 두상을
숨기기로 결심했다.
음산하고 차분히 가라앉은 날씨에
잔디로 덮기에는 조금씩 투박한 형상이 된 것을
종소리처럼 지저귀는 새들이 새까만 깃털 속에서 노래하게 하라.

하지만, 그녀가 두 손 모아 눈물 흘리며 기도했음에도,
선반 위에 모셔진, 무서운 형상은 끝까지 버텼다. 사라져라!
형상은 고집불통의 사악한 눈초리로
바위의 단층과 돌풍과 거센 파도 사이로 곁눈질을 했다,
칼로 마무리하기에는 너무 단단한 오래된 마녀의 머리가
무섭게 쏘아보는 사랑의 눈초리로
작아지는 것을 거부하면서.

죽은 소중한 사람들 모두

캠브리지 대학의 고고학 박물관에는 여성과 생쥐와 뒤쥐의
해골이 담긴 서기 4세기에 돌로 만든 관이 있다.
여성의 발목뼈는 약간 갉아 먹혔다.

단단한 부지깽이를 등에 메고
의연하게 웃는
이 고대 박물관의 여인은
하루 동안 그녀의 발목뼈를 먹고 살찐
생쥐와 뒤쥐의 번드르르하기만 한
유골과 함께 누워 있다.

이제 정체를 드러낸 이 셋은
상스러운 먹기 게임을 지루하게 목격했다
우리는 마치 별이 조금씩 조금씩
곡물을 가루가 될 때까지
갈아버리는 것을 듣지 못한 것처럼
눈감아줄 것이다.

이 죽은 조개삿갓들이
어떻게 우리를 시종일관 꽉 쥐고 있는가!
여기 이 여인은 나의 친척은 아니지만
동족이다. 그것을 증명하기 위해 그녀는
피를 빨아먹고 골수를 깨끗하게 비울 것이다.

내가 이제 그녀의 머리를 생각할 때,

수은으로 덮인 유리에서
어머니와 할머니, 증조할머니가
나를 그 안으로 잡아끌려고 마귀할멈 같은 손을 내밀고,
정신이상의 아버지가 머리를 흩날리며
오렌지 모양의 오리발로 내려간
양어장의 수면 아래로 어렴풋이 보이는 모습이 하나 있다.

사랑하는 사람들은 모두 오래전에 떠났다,
그들은 곧 다시 오리라, 깨우거나 또는 결혼이나
출산, 가족 바비큐 파티를 빌미로 그들을 오게 하리라.
어떤 촉감과 미각, 톡 쏘는 맛은
집으로 돌아오거나
성역으로 가는 그 무법자들에게 적합하다.

이제 성소로 향한다. 시계의 똑딱 소리를 들으며
안락의자를 빼앗고,
각각의 해골 마크로 만들어진 걸리버가
유령과 이해하기 힘든 말을 주고받을 때,
마침내 우리는 요람이 흔들리듯이 조상을 선택하며,
꼼짝없이 유령과 눕기 위해 떠난다.

자연스러운 유래

'군주의 정신'을 지닌 저 고상한 군주는
귀족 태생으로 야만적인 나라에서 군림했다.
흰 담비 털로 잠자리를 만들고, 구운 고기를
폭식하며, 자신이 좋아하는 '순수철학'에만 몰두했고,
신하들이 돈이 없어 굶주리는 동안에
별과 천사와 소통했다

마침내, 군주의 소신小神 같은 태도에 염증이 나
혼연일체가 된 평민들이 봉기를 일으켜
왕실에 고통을 주었다
'인텔리 왕'은 그의 왕국이 날카롭게 분열되고,
왕관이 야만적인 '아야 왕자',
천민에 의해 강탈당하는 것을 지켜보았다.

위든스에서 본 두 가지 풍경[1]

나선형의 호리호리한 가시금작화와
양의 발처럼 평평해진 풀잎 위로
돌벽과 마룻대가
도보 여행자는 거의 접근하지 않는
배후지에 자욱한 안개 사이로
뱃머리처럼 솟아난다.

붙잡을 수 없는 현명한 암탉과
날쌘 산토끼의 집,
그곳에서 허리까지 닿는 장화는
언덕을 넘고 넘으며,
토탄기 섞인 물을 지날 때 도움이 된다.
나는 황량한 황무지를 발견했다.

색깔 없는 날씨와 함께,
'에로스의 집'은
낮은 상인방이 있고 궁궐은 아니다.
좀 더 운이 좋으면, 당신은
친절하게도 하얀 기둥과
파란 하늘, 유령을 목격한다.

고상한 석류석[1]

공기의 흐름과 녹색 불빛을 따라
우리는 황무지의
정상에 도달했다
그 안에 세워진 돌 농장,
새벽빛도 밤빛도 아닌 빛에서

색깔이 바뀌는 풀의 골짜기,
도자기같이 투명한
우리의 손과 얼굴,
계곡에서 사라진 땅의 소유권과 무게감.
그러한 변모는 여덟 명의 순례자를 그것의 원천,

고상한 보석으로 접근시킨다. 종종 볼 수는 있지만,
결코 가질 수 없는 보석, 감춰져 있지만
동시에
황무지의 정상이나 바다의 심연에서 볼 수 있는 보석,
태양도 달도 별도 아닌 다른

빛으로만 인식할 수 있으며,
한번 알려진 방식은 완전히 다른 방식이 되어
천사가 명백히 떠다닌다고,
책상과 의자 사이를

떠다닌다고 소문난 곳에서

우리 자신을 낯설게 하고, 변화시키며, 정지시킨다.
땅보다 다루기 쉬운 요소들이
들어 올려지고
표류하는 것 속에서 중력은 사라진다.
하지만 우리가 만들 수 없는

근사한 것은 아무것도 없다.
하지만 가까이 다가간다는 것은 거리를 둔다는 것이다.
일상적인 귀가에 빛은 사라진다.
의자와 책상이 아래로 떨어지며
몸은 돌처럼 무겁다.

아기 방에 어울리는 언어

장미 봉오리, 벌레 한 무리,
첫 다섯 개 모양 틀의
계승자, 나는 시작한다.
다섯 개 달 모양 초승달은
밝게 비추는 눈이 되어
내가 움켜쥘 수 있는 것으로 안내한다,
우유병 주둥이, 큰 손가락,
이들 유연한 갈고리에
다리를 양보하는
많은 사다리.

훌륭한 서커스 개, 나는
어떻게
움직이고 시중들며 음식을 나르는지,
화살표를 표시하는지 배운다,
으뜸이면서도 서툰 조력자이고
내 주인에게 물건을 가져다주며
가려운 곳을 채찍질하고,
조는 내색을 절대로 하지 않는
나는 이 청록색 장난감의
열쇠를 잠가버린다.

다섯 개 뿔 모양의
가지처럼 퍼진
예민한 더듬이로
나는 엉겅퀴와 비단,
차가운 막대와 뜨거운 음식의 배치를 냄새로 알아낸다.
늙은 역사학자인
내가 역사에서 주목하는 것은
세 개의 둑길이 교차하는 이 사막인데
다섯 개의 나선형 모래톱이 있는
가죽같이 질기고 나무가 없는 곳이다.

등은 갈색,
배는 하얀색 넙치처럼 나는 '생동하는 바다'를
헤엄친다,
몸종이 왼편에 있다.
내 과거의 모습.
인구 조사원, 수술실 간호사,
선장의 당번병,
이곳에서 나는 가슴 깊이
동전과 단추와 방아쇠와
그의 애인 몸을 간직한다.

시대가 나를 거칠게 대하면
그는 불친절하게 시중받을 것이다
(의자 팔걸이와 탁자 위에서
낮잠 자려는 바닷게와
어둠 속에서 흔들리는
심지 없는 촛불 다섯 개처럼)
그리고 죽음이 이 장미와
야윈 까마귀를 먹이려고
상자 안에 넣어둔 벌레 다섯 마리와 함께
찾아오면, 그는 더 형편없이 시중받게 된다.

마음을 어지럽히는 뮤즈[1]

엄마, 엄마, 어떤 교양 없는 이모에게
어떤 볼품없고 흉측한 사촌에게
현명하지 못하게 나의 세례식을 알려주지 않아서, 그녀가
그녀 대신 달걀 모양의 머리를 지닌
여인들을 보냈나요?
내 침대의 왼쪽에서
발과 머리를 향해 고개를 끄덕이고
끄덕이고 끄덕이는.

엄마, 엄마는 믹시 블랙쇼트[1]의 영웅적인 곰 이야기를
지어보라고 주문했지,
엄마, 엄마의 마녀들은 항상, 항상
생강 과자로 변하지, 나는 엄마가
마녀를 보았는지, 그 세 여인을 쫓아내려고
말을 건넨 적이 있는지 궁금해
입도 없고, 눈도 없으며, 바늘로 꿰맨 대머리로,
밤에 내 침대 주변에서 고개를 끄덕이는.

폭풍우 치던 날, 마치 금방이라도 터질 것 같은 물방울처럼,
아빠 서재의 열두 개 창문이
부풀어 올랐을 때,
엄마는 남동생과 나에게 쿠키와 오발틴[2]을 주었고

우리 둘이 합창하라고 부추겼지.
"비를 내리는 신 토르³는 화가 났다, 꽝 꽝 꽝!"
"비를 내리는 신 토르는 화가 났다, 우리는 아무렇지도 않다!"
하지만 저 여인들은 유리 창문을 부수었지.

여학생들이 발끝으로 춤을 추고,
손전등이 반딧불이처럼 깜박이고
개똥벌레 노래를 부를 때,
반짝이 드레스를 입은 나는 발을 들어 올릴 수 없었지
발걸음이 무거워서, 옆에 서 있었지
그림자 속에서 음침한 머리를 한
대모들의 마법에 걸렸고, 엄마는 울고 울었지.
그림자는 점점 커졌고, 빛은 꺼졌지.

엄마, 엄마는 날 피아노 교습에 보냈고
아라베스크와 트릴을 칭찬했지만
모든 선생님들은 내가 악보계에 맞추어 연습을
많이 하는데도 손놀림이
이상하게 뻣뻣하고, 내 귀가
음치라서, 그래요, 가르칠 수 없다는 것을 발견했지.
나는 배웠지, 나는 배웠지, 나는 다른 곳에서 배웠지,
사랑하는 엄마, 엄마가 고용한 적 없는 뮤즈에게서.

어느 날 나는 깨어나 엄마를 보았지,
푸른 하늘 안에 내 위로 떠다니는
밝은 초록색 공 위에 있는
결코, 결코, 어느 곳에서도 발견되지 않는
수많은 꽃과 파랑새와 함께.
하지만 작은 행성이 갑자기 움직였지
비눗방울처럼 엄마가 소리쳐 부를 때, 이리 와!
그리고 나는 내 여행 동반자들을 대면했지.

낮과 밤, 머리맡에서, 옆에서, 발치에서
그들은 석상의 가운을 입고 보초를 서지,
결코 밝아지거나 어두워지지 않는
지는 해 아래서
그들의 그림자는 길어지지.
이곳은 엄마가 나를 출산한 왕궁,
엄마, 엄마. 하지만 내가 아무리 찡그려도
우리 관계를 배신하진 않을 거야.

야간 근무

멀리서 들리는 우뢰같이
요란한 소음을 잠재우는 것은 심장박동도 아니었고,
밤에 지속되는
미열을 고조하는

귓불이 달아오른 피도 아니었다.
소음은 외부에서 왔다.
폭발적인 쇠붙이는
확실히, 조용한 교외 변두리

특성에 맞았다. 쿵쿵거리는 폭발음이 지반을
흔들어도, 그것 때문에
놀라는 사람은 없었다.
내가 도착하자 정착했고

마침내 쿵쿵 소리의 원인이 드러나,
서투른 추측을 당황시켰다.
소음은 메인 거리의 은 공장 창문 안에서
생겨났는데, 거대한

망치를 들어 올리고, 바퀴를 돌리며
일정한 구획 안에 수톤의 철과 목재를

수직으로 쌓아놓았다.
뼛속까지 놀라게 했다. 둥그렇게 말린

하얀 속옷을 입은 남자들은 쉬지 않고
기름에 더러워진 기계를 살폈으며,
무디고 지칠 줄 모르는 것을
쉬지 않고 살피고 있었다.

점판[1]

그것은 냉정한 신, 그림자의 신이며,
어두운 심연에서 유리로 떠오른다.
아직 태어나지 않은 이들, 아직 이루어지지 않은 일들이
나방의 가녀린 창백함과 그 날개의 시샘하는 듯한 푸른빛과
유리창에 뒤엉켜 있다.
석탄 불꽃 속의 주홍색과 청동색을 띤 태양은
그들을 충분히 위로하진 않을 것이다.
붉게 물들이거나 다시 요구하게 될 피의 온도에
암흑처럼 깊은, 그들의 사무친 허기를 상상해보라.
유리 입술은 집게손가락에서 피의 열기를 빨아들인다.
답례로, 늙은 신은 그의 말을 똑똑 떨어뜨린다.

또한 늙은 신은 문체가 과장된 화려한 시를 쓴다,
진부한 형식에, 상스러운 어형 변화를 사용하는 연대기 작가마냥
별 볼일 없는 소재 안에서 두서없이 지껄이며.
메뚜기 같은 단어가 어두운 대기에 요란하게 울렸고,
깨끗하게 다 먹은 옥수수 속이 덜거덕거리게 내버려두었을 때
시대, 산문의 시대는 그가 빠르게 말하는 것을 늦추고,
극단적인 기질을 누그러트렸다.
예전에는 푸르고 경건하며 거만한 자태를 띤 하늘은
진흙과 뒤섞인 먼지로 자욱하고,
우리 위로 혼탁해져 희뿌옇게 내려앉는다.

그는 숫처녀의 눈물보다 더 짜디짠 최음제를 지닌
황금 머릿결의 타락한 여왕을 찬양한다. 저 죽음의 음란한 여왕과
그녀의 비굴한 시종은 그의 곁에 있다.
여전히 그는 짜릿한 열매, 그녀의 분비물을 노래한다.
나는 각질이 인 피부에 다부진 그가
부싯돌이 쟁기 날 위를 향하는 것의 의미가
그녀 사랑의 진중한 표시임을
이해하는 걸 알았다
그는 신의 뜻에 순종한 채, 비틀거리며 이 편지에서
간결한 가브리엘 천사의 어투가 아닌
화려한 문체로, 그의 애정 어린 그리움에 주문을 건다.

신탁의 몰락에 관하여[1]

아버지는 항해하는 배를 닮은 두 개의 청동 책꽂이 곁에
지붕처럼 생긴 조가비를 하나 놓아두셨다
내가 귀를 기울이자, 그것의 차가운 이빨은
자신이 들을 수 없는 바다의 목소리를 듣기 위해
조가비를 들고 있던 뵈클린 영감[II]이 그리워한
애매모호한 바다의 목소리로 시끄러웠다.
그는 바닷조개가 귓속에 들려준 이야기를
알았지만, 농부들은 알지 못한다.

아버지는 돌아가셨고, 돌아가실 때
책과 조가비를 없애버리라고 유언하셨다.
책은 다 불태워졌고, 바다는 조개를 가져갔지만
나는 아버지가 내 귀에 심어놓은 목소리들을
간직하며, 뵈클린 유령이 슬퍼하는
그 보이지 않는 푸른 파도의 모습을
내 눈에 간직한다.
농부들은 연회를 즐기며 점점 그 수가 늘어간다.

쇠꼬챙이에 꽂힌 황소를 덮어 가리고, 나는
좀 더 완고한 시대의 문장紋章인
놋쇠로 만든 백조나 불타는 별도 보지 못하고
세 남자가 앞마당에 들어와

계단을 올라오는 모습만 본다.
백해무익한 그들의 수다스러운 모습은
조잡한 연재만화처럼
은둔자의 눈에 우르르 몰려들고,

우연히 일어나는 일의 방향으로
지금 세상은 돌아간다. 삼십 분 안에
나는 허름한 계단을 내려가 올라오는
그 세 남자를 만날 것이다. 현재나 과거보다
더 무가치하다, 이 미래는.
한때 트로이의 탑들이 무너지는 것을 발견하고,
북쪽에서 악이 출몰하는 것을 본,
이제는 침침해진 눈에 그러한 통찰력은 가치가 없다.

뱀 부리는 사람

신들이 한 세계를 창시하고, 인간이 또 다른 세계를 창시했듯이,
뱀 부리는 사람은 공상에 잠긴 눈으로 입에 피리를 물고,
뱀의 세계를 창시한다. 그는 피리를 분다. 녹색을 불고, 물을 분다.

피리 연주로 물이 녹색이 되고 마침내 녹색 물이
가늘고 긴 피리 길이와 목과 몸의 요동으로 흔들린다.
그의 곡조가 녹색을 엮어낼수록, 녹색의 강은

그의 노래 주변으로 이미지를 형상화한다.
그는 서 있는 장소를 연주하는 것이지, 바위나
마룻바닥을 연주하는 것은 아니다. 실룩거리는 녹색 혀의 물결이

그의 발을 지탱한다. 그는 뱀에 근원을 둔 마음의 심연으로부터
흔들거림과 똬리의 세계, 뱀의 세계를 연주한다.
그리고 이제 단지 뱀들만이

눈에 보인다. 뱀의 비늘은 나뭇잎이 되었고
눈꺼풀이 되었으며, 뱀의 몸은 나뭇가지와
인간의 가슴이 되었다. 이 뱀 집단에서

그는 가느다란 피리에서 울려 퍼지는
애잔한 곡조와 함께 뱀다운 기질과 힘을 분명히

보여주는 뱀의 몸부림을 다스린다. 에덴의 중심에서 쫓겨났듯이

이 녹색의 둥지에서 나와 뱀 세대의
계보를 읽는다. 뱀이 있게 하라!
뱀은 있었고, 있고, 있을 것이다. 하품이

이 피리 부는 사람의 진을 빼고, 그가 음악에 싫증나서
뱀의 날실과 뱀의 씨실의 단순한 섬유조직으로
되돌아간 세계를 연주할 때까지. 그는 뱀의 옷이

녹색 물에 녹아버린 것을 연주하여, 마침내 어떤 뱀도
머리를 보이지 않으며, 녹색 물은 물로,
녹색으로 되돌아가서 뱀과 같지 않게 된다.
그는 피리를 들고, 공상에 잠긴 눈을 감는다.

복수에서 얻은 교훈

외풍이 드는 지하실과 외풍이 드센 성이 있고,
이야기의 얼개와 상관없이 살아 숨 쉬는 용이 있던
침울한 시대에,
성인聖人과 왕은 기적이나 위엄 있는 수단이 아니라
벌컥 화를 낸다거나 과도하게 엄지손가락을 조이는 고문 같은

학대를 이용해서
방해 세력의 주먹을 펴게 만들었다. 힘에 구속된 영혼과
물에 빠진 하얀 말 한 마리와, 신의 도시와 바빌론 도시의
정복되지 않은 모든 뾰족한 산봉우리는
기다려야만 한다, 그러는 동안 여기 수소[1]의

손은 압정과 바늘을 갈고,
천국을 음미하고자
그 자신의 붉은 핏물 상처를 닦아내고,
무자비하게, 뾰족한 말총 끝으로 말의 호색적인 허벅지에 앉은
벼룩을 일격에 내리친다.

한편 분개한 키로스[2]는 그 말을 삼켜버린
긴데스 강을 훈계하는 데
한여름의 시간과 영웅들의 힘을 아깝게 낭비한다.[3]
그가 강을 삼백육십 개 실개천으로 나누었기에

소녀는 정강이를 적시지 않고도 건너갈 수 있었다.

여전히 후대의 현자들은,
이러한 행동에 미소 지으며
고상하고 우아하게 불신이나 배수의 진으로 적을 굴복시키고,
그들의 선조가 그랬던 것처럼, 부실한 원기로 강바닥의 찌꺼기에서
낄낄 웃는 저 악마에게 결코 관심을 두지 않는다.

1958

이해 초 몇 달 동안 플라스는 스미스대학에서 강의를 계속했고, 그의 남편은 매사추세츠대학교에서 강의했다. 봄에 이들은 강의를 그만두고 작가로서 생계를 유지하기로 결정했다. 여름에 다시 케이프코드에서 얼마간 지내다 보스턴에 있는 아파트로 돌아와, 그곳에서 이듬해 6월까지 지냈다. 이 시기에 플라스는 글쓰기의 어려움에 봉착한다. 주제를 정해놓고, 스타일을 교묘하게 연습하며, 난관을 극복하려 애썼다.

나무 안에 있는 처녀[1]

얼마나 이 짜릿한 이야기가 교훈을 주고
풍자하는가! 속담 선집에는
도덕적인 쥐덫에 관한 패러디가 있는데
쫓기는 여인들이 나무에 도달해
나무껍질로 된 검정 수녀복을 입고

사랑의 화살을 피했다며 그럴듯하게 말한다. 나무 칼집 속으로
처녀의 형상을 감싸는 것은
호색한이건 금욕자건 간에
추격자들을 혼란스럽게 했기 때문이다. 처음 다프네[1]가
자신의 아름다운 등을 나무껍질로 변화시킨 이래로, 존경은 아이비같이

단단한 팔다리와 연결되었다. 금욕적인 입술은
울부짖는다. "시링크스[2]를 찬양하라 그녀의 침울한 얼굴은
개구리 색깔의 피부와 창백함의 진수와
갈대의 물이 풍부한
꽃밭을 지니게 했다. 보라,

솔잎으로 된 갑옷은
숲의 신 판[3]의 공격으로부터 지켜주는 동정심을 자아낸다! 그리고 시대가

나뭇잎 많은 왕관을 떨어뜨리고,
명예가 비상할지라도
에바와 클레오, 트로이의 헬렌을 덮어 가려야 한다.

나무로 만든 거들 안에 하얀 몸을 옥죄고, 머리부터 발끝까지
무표정하며 윤곽이 뚜렷하지 않고, 암흑을 걸러내는
베일에 가려진 젖꼭지 모양의 꽃들을 지닌 패션을 대변하는
사람들을 위해서?
냉정함과 성스러움을 간직한 그들만이

순결한 봉사를 위해 팔다리와 입술을 봉헌하는
풋풋한 처녀들을 유혹하는 성소를 만든다.
예언가처럼, 설교자처럼,
아무쪼록 그들은 처녀의 차분한 천사 같은
미모를 노래한다."

눈의 내밀한 창문에
불안해하는 이 처녀를 각인할 때
그러한 계약은 추한 노처녀와 생식 능력 없는 남자를
지배하며 모든 영광을 지키려는 것임을
확실하게 하라.

무르익었지만 아직 잡아 뽑히지 않은 그녀는
구부러진 가지 위에 너무 오래 비스듬히 누워 있었다.
전성기를 지나 이제는 침울한 얼굴 표정으로, 그녀의 손가락은
나뭇가지처럼 뻣뻣하고, 몸은 나무처럼
휘어 있어서, 비록 최후의 심판 날에 핀 꽃봉오리지만

온몸에 통증을 느끼며 깨어날 것이다. 레몬 맛이 나는
축 늘어진 그녀의 입술에 누구도 관심을 보이지 않는다.
입을 대지 않으면, 모든 아름다움의 산뜻한 과즙은 시큼해진다.
꼬인 나무는 풍자의 나뭇가지가 꺾일 때까지
이 육안 해부학[4]을 모방할 것이다.

페르세우스
고통에 대한 기지의 승리

수세기 동안 홀로 견딘 것을 참아내는 경이로운 행동에서
머리만이 너를 드러낸다.
슬픔의 거대한 조각상 맘모스는
고래의 창자를 벌집 구멍처럼 만들 만큼 피폐해졌고
소금기 있는 바다에서 그에게 중상을 입힌다.
헤라클레스는 저런 마구간을
청소하며 한가하게 보냈다. 아기의 눈물로도 청소하려 할 것이다.
그러나 누가 라오콘[1]과 죽어가는 갈리아 사람,
유럽의 교회와 박물관과 지하 무덤의 희미한 벽에서
썩어가는 수많은 피에타를
집어 삼키려고 자청하겠는가? 너.
      너는
너의 발을 위해 납이나, 발톱을 빌려오는 것이 아니라
깃털을 빌려왔고, 안전하게
뱀 달린 머리를 보려고 거울을 빌려왔기에
인간 고통에 대한 고르곤의 찡그림을 노려보며 꼼짝 못하게 만든다.
바실리스크[2]의 눈 깜박임도 아니고 두 쌍의 악마 눈도 아니면서,
팔다리를 마비시키는 표정이지만,
이러한 피범벅이 된 경기장과
눈을 돌로 만드는 쉿 소리 내는 이집트 독사 때문에
모든 사적인 고통과 기다란 코브라의 몸부림이 일으킨 마을의 재난과

두꺼운 똬리를 트는 거대한 아나콘다로 인해 제국의 몰락에 관한
백만 개의 비극 공연을 종결짓는
겹겹이 쌓인 최후의 불평과 고통에 찬 신음,
울부짖음과 영웅 이행시.
　　　　　　　　　상상해보라, 세계가
태아의 머리에 주먹질하고, 약탈하며, 임신의 고통을
봉합하고, 바로 네 손안에 세계가 있다는 것을.
눈 안의 먼지나 아픈 엄지손가락은
누군가를 움찔하게 할 수 있지만,
슬픔의 전 세계적 표현은, 왕처럼, 신들을 바위로 바꾼다.
깨지고 닳아버린 바위는
스스로 웅장하게 자라나서
지구의 어두운 얼굴에 절망을 드리운다.
　　　　　　　　　　　　따라서 기쁨을 삼켜버릴 만큼
커다란 배가 없다면, 죽음의 경직성이 세상 만물을
경화할 것이다.
　　　　　　너는 이제 들어간다,
날기도 하지만 간질이기도 하는 깃털로 무장한 채,
비극의 뮤즈를 침울한 인형의 참수당한 머리나 땋아 늘인 머리,
터무니없는 입처럼 축 늘어져
더러워진 뱀으로 바꾸는
도깨비 집 거울은 애처롭게 걸려 있다. 고집 센 안티고네[3]의

고전적인 팔다리는 어디 있는가?
페드라[4]의 붉은, 왕의 가운은? 말피의 유순한 공작 부인[5]의
눈물에 현혹된 슬픔은 어디 있는가?
        우주적 웃음이
영원한 고통을 당하는 사람의 엄청난 상처를 제거하는 것처럼,
승리에 찬 너의 얼굴과
근육과 뭉친 힘줄을
꽉 쥔 깊은 경련 속으로 사라져버렸다.
          너
승리의 페르세우스여, 정신의 온전함으로 광기를 저울질하는
천상의 균형을 시간이 멈출 때까지
유지하고 또 유지하기를.

전투 장면
희극 오페라 판타지 「항해자」 중에서[1]

이것은 현혹한다,
핑크색과 라벤더색 옷을 입고
다채로운 물결을 지닌
바다를 상징하면서 흥겹게 항해자를 응원하는
부드럽게 경사를 이룬 옥색 타일의
표면 위에 등장하는
이 어린 오디세우스는 흥겹게
흥겹게, 흥겹게
살구빛 분홍색 옷과 갑옷을 입고
항해자로 태어났다.

부서지기 쉬운 손전등과
종이로 만든 곤돌라를 타고
신드바드는 양어장으로 항해한다
그는 독을 품은 끔찍한 머리가 달린
강바닥에서 위로 일어선
핑크빛 보라색
세 괴물을 향해 청색 창을
쥐고 있다.
고래와 상어와 오징어는
조심하라, 조심하라.

하지만 소용돌이무늬 바다 짐승의
아가미와 비늘은
지렁이도 해초도 낚시질하지 않는다.
아가미와 비늘은 마상 창 시합을 위해 광택 내고
아가미와 비늘은 부활절 달걀 껍데기와
장미와 자수정처럼 빛이 난다.
에이허브 선장[2]이여, 너의 허영심을 충족하라,
사연 있는 머리를 집으로 들고 가라.
누구는 찌르고, 누구는 찌르고,
누구는 찌르고, 그들은 빠르게 도망간다.

이야기는 이렇게 전개된다.
모든 아이들은 난해하고,
위험하며 길게 이어지는
그들의 목욕탕 전투를 노래하지만,
아, 현명한 어른들은 소파에 맞는
바다 용과 두꺼운 종이에 어울리는 뱀의 독아와
자다가 열병에 걸린 이에게 어울리는
세이렌의 노래를 알고 있다.
현자의 웃음이, 웃음이
우리를 깨운다.

백합 사이의
붉은 소파에 앉은 야드비가[1]
루소에게 바치는 세스티나[1]

야드비가, 한때 직해주의자들은 어떻게 네가 붉은 벨벳으로
감싼 이 바로크풍 소파에 앉아서
동물 우리에서 벗어난 호랑이의 눈과
열대풍 달의 눈 아래 있게 되었는지 의아하게 여겼고,
잘 자란 백합과는 달리, 거대한 크기의 백합이
개오동나무 잎사귀 같은 녹색 하트 모양의 나뭇잎과 복잡하게 엉킨

야생에 네가 놓이게 되었는지 기이하게 생각했다.
일관성 있는 비평가들은 네가 밀림의 녹색 세계와
너를 빛나게 해줄 달이 없고, 너의 까만 눈과
백합의 주름 장식보다 더 하얀 몸에 의해 차분해지는
호랑이의 눈이 없는,
단아한 골동품이 놓인

붉은 소파의 상류사회 사교계 중에서 선택하기를 원했다.
그들은 노란색 비단으로 달빛을 가렸을 것이고,
잎사귀와 백합은 네 뒤에서 종이처럼 또는
밀방앗간꽃으로 수놓은 양탄자처럼 납작해졌다. 하지만 소파는
밀림 안에 고집스럽게 있다,
녹색과 대비되는 붉은색,

오십여 가지 다채로운 녹색과 대비되는 붉은색,

소파는 진부한 눈을 빛을 발하며 노려본다.
따라서 루소는 어째서 붉은 소파가
백합과 호랑이, 뱀과 뱀 부리는 사람, 너,
천국의 새, 둥근 달과 함께
그림에 집요하게 나타나는지 설명하기 위해

어떻게 네가 녹색의 모자이크식으로 꾸며진 침실 안에서
붉은 소파 위에 앉아
달빛으로 가득한 꿈에 빠져들었는지 묘사했다.
플루트 소리를 들으며, 연한 청색의 밀림을 비추는
달의 눈 안에서 너는 너만의 꿈을 꾸었고,
빛나는 달과 백합이 소파 곁에서 꽃잎 머리를 끄덕이는 꿈을 꾸었다.

그것이 바로, 루소가 비평가들에게 밝힌 네가
소파와 함께 있는 이유다. 그러자 그들은 달이 있고,
뱀 부리는 사람의 노래와 거대한 백합이 있는 소파에 수긍했고,
신기해하며, 녹색의 많은 그늘을 세어나갔다.
하지만 남몰래, 루소는 친구에게, 너, 야드비가가 자세를 취한
타오르는 듯한 붉은 소파에 자신의 눈이 매료되어,

붉은색으로 눈을 만족하려고
너를 소파에 앉혀두었다고 고백했다. 그러한 붉은색! 달빛 아래

모든 녹색과 저 멋진 백합 사이에 있는 붉은색.

1958년 3월 27일

겨울 이야기

보스턴 코먼 공원에는 키 큰 미국산 느릅나무에
철사로 엮인 붉은 별 하나가
반짝 빛난다. 지붕이 둥근
주 의회 의사당 근처에 동방박사의 별이 빛난다.

요셉 할아버지는 등산용 지팡이를 들고 있다.
창백한 황소 두 마리가 아이들을 피해 지나간다.
까만 양 한 마리가 양치기의 양 떼를 이끈다.
마리아는 온화해 보인다.

천사들은, 본위트나 제이[1]의 모델보다
더 여성적이고 차분해 보이고
시리우스처럼 후광을 밝게 빛내며,
금색 나팔을 큰 소리로 울린다.

피어스 상점[2] 근처에서, 피어스 상점 근처에서
코가 빨갛고 파란 망토를 입은
여인이 돈을 구걸한다. 주님, 군중은 사납습니다!
윈터가와 템플 구역에

크리스마스 노래가 울려 퍼진다.
일꾼들은 필레네[3]의 진열창에서

과자를 굽는다. 우리에게 은총을,
도너와 블리첸[4]과

공원 위원회의 허락을 얻어
한때 보스턴의 소들이 먹던
풀을 뜯어 먹는 모든 산타의 사슴을 허락하소서.
조화롭게

핀크니와 마운트 버넌과 체스트너트[5]에
화환으로 장식한 문들이 군중을 향해 열려 있다.
크리스마스! 크리스마스! 어떤 입도 닫혀 있지 않다.
곡조가 맞지 않고 우렁차게

주민들은 기이한 보랏빛 판유리
창틀을 향해 노래를 부른다.
오 언덕 위에 작은 도시!
종 치는 사람과 노래 부르는 사람의

애정 어린 곡조는
동상에 걸린 비둘기를 날아오르게 했고,
찰스가에서 관세청까지
남쪽 역에서 북쪽 역까지 소용돌이치며 퍼진다.

우각호 위로

여기 진지한 대학이 모인 이 계곡 안에는
산은 없지만,
애디론댁[1]과 북쪽 모내드녹[2]으로 뻗어서
작은 바위 언덕이 에버리스트로 향하는
꼭대기가 완만한 작은 언덕이 있다.
여전히, 바위 언덕들은 높은 언덕의 정수를 보여준다.
코네티컷주의 뒤편에 약간 가라앉은 은회색을 띤
해들리 농장의 강과 높이가 같은 평지와 비교하면,
언덕이기보다는 높은 지대라고 불리기에 충분하다
초록색, 완전한 초록색으로 하늘에 기대어
울퉁불퉁한 등마루를 지탱한다. 메인에 있는
플리젠트가 위쪽에 있어 우리가 남쪽을 향해 바라보는 것이다.
코담배와 검붉은 벽지를 두른 아파트 사이에 형상을 유지하며,
그것들은 우리의 시야로 여름의 서늘함을 가져다준다.

계곡 밑에 사는 사람들에게
작은 언덕과 산등성이의 풍경 안에 솟아오른 오르막은
등산하기 알맞게 보인다.
시작한 지점과 끝난 지점이 같으니
내려오기 위해 올라간다는 독특한 논리는,
하지만 정상에 서면 완전히 달라진다. 평평한 땅을
간절히 갈망함에도 우리를 구불구불한 길로

인도할 수 있고, 마지막 절벽의 돌출 부분은 공간에 대한
우리의 편협한 생각을 없애며, 시야 너머 수평선을
확 트이게 만들고, 가늘게 뜬 눈을 최대한 펼쳐서
수평선 너머 시야를 사방으로 흩뜨린다.
초록빛 하늘 아래, 초록에 눈이 가린
우리는 나뭇잎으로 가려진 급경사면을 올려다볼 수 있다는
희망을 품고 등반한다.

정상은 이제 더 높이 바라볼 것이 없는
장소로 자신을 규정한다. 아래 내려다보이는 풍경은
나뭇잎이 쌓인 언덕 위로 어떤 잎사귀도
높이 흔들려 움직이는 것을 볼 수 없기 때문에,
바람이 잠시 쉬는 중이라 우리는 생각하지만
바람은 공기 소용돌이가 지어내는 고리 모양의 길을 따라
검정 화살 뒤를 쫓아가듯 급류처럼 흐른다.
페인트가 벗겨진 백 년 된 호텔은
사방으로 트인 베란다와 예전에는 멋졌던 케이블카에
가로놓인 목재 위로 볼거리를 제공하고, 시간 속으로 사라진
관광객과 시간과 함께 사라진 우아함을 다 쓰러져가는 건물 안에
보존한다.
주州 전망 관리자는 비탈진 언덕을 관람하는 데 오십 센트를 받고,
소다수를 팔며, 관찰하기 좋은 위치를 자랑한다.

불그레한 천창은 장미가 거울에 진홍색 구멍을 뚫는 것처럼

회색 우각호를 채색하고,
창백하게 구비 도는 강의 고요한 흐름을 채색한다.
유유히 흐르는 물살의 흐름, 파도 끝의 변화가 그려낸
독특한 점묘법은 판판하게 펴져서,
하늘 가득한 전경의
단순화된 배열 속으로 사라졌다.
지도처럼, 멀리 보이는 들판은
정확한 녹색 선과 누구나 지니는 씨 없는 아스파라거스 꽃으로
구획됐다. 자동차는 오래된 도로에 부드러운 색의 배기가스를 뿜
으며
달리고, 사람들은 갓 핀 잔디를 가로지르며 한가히 산책한다.
저 아래에는 평화와 절제만이 있다. 얼마 전까지만 해도 우리는
뜨거운 지붕의 그늘 아래에 살았고
어떻게 우리가 시원하게 움직일지 결코 알 수 없었다. 이번만은
높은 곳에 있는 고요함이 귀뚜라미의 울음소리를 잠재운다.

시금치 채집자의 회고록

사람들은 그곳을 '전망대 농장'이라 불렀다.
         돌이켜보면 그때, 태양은
그렇게 빨리 지지 않았다. '만능' 램프인
태양이 사물을 어떻게 비췄는가!
       사람들이
시금치 밭 끝에 백여 개의 광주리를 나에게
남겨놓았을 때, 축축한
잠자리 날개 한 쌍이 선명한 셀로판처럼,
잎사귀 위에 내려앉았다.
       곧게 뻗은 시금치 꼭지의
녹색 다발들이 둥그렇게 묶여
층층이 쌓여 있고, 너에겐 순수한 잎사귀인
상추 꽃처럼 나무랄 데 없는
광주리가 있다. 하루가 끝날 때까지 광주리 백 개를 채워야 한다.

태양과 하늘은 시금치의 녹색을 반사했다.
광주리 줄이 시작되는 지점에 우물물이 시원하게
노란 종이가 그림자를 드리운 양철 양동이 안에 보관되었다.
물은 철분 맛이 났고, 심지어 공기는
금속 냄새가 났다.
      낮이고, 밤이고,
나는 가죽으로 무릎을 덧댄 거친 무명천 옷을 입고,

최고급 장미꽃 무더기 속 귀부인처럼 뽐내며, 잘 여문 통꽃을 따면서 몸을 구부리고 있었다.
내 세계는 꽉 찬 광주리들이 피라미드를 만들었다.

나는 단지 야생에 발만 내딛으면 되었고,
엄청난 양의 시금치 꽃이 내 손 쪽으로 기울었다.

유령의 작별

새벽 다섯 시경에 으스스한 무인 지대,
아무런 색깔 없는 진공상태에 들어가보아라,
그곳에서는 잠 깬 머리가 꿈속에서는 몹시 의미심장했을
유황 냄새 나는 꿈 풍경과 희미한 달빛 수수께끼의
쓰레기를 쫓아내버리고,

의자와 장롱과 잠자며 헝클어놓은 침대보와 같은
기성품을 대면할 준비를 한다.
이곳은 사라져가는 환영,
작별을 상징하는 손으로 전형적인 침대보 뭉치를
들어 올린 채, 삐쩍 마른 다리로 서서 한 뭉치 빨랫감으로

사그라지는 수수께끼 같은 유령의 왕국이다.
두 세계와 전혀 양립할 수 없는
두 시간 사이의 이 이음매에서
우리의 일상적 사고의 재료는 거룩한 계시의
후광을 띤다. 그리고 그렇게 떠난다.

의자와 장롱은 잠 깬 머리가 무시한
어느 거룩한 말투의 상형문자다.
이 구겨진 침대보는, 얇아져서 무無로 변하기 전에,
잃어버린 세계의 수화로 말한다,

우리가 단지 잠에서 깸으로써 잃어버린 세계.

속세의 시야 가장 바깥쪽에서만
비밀을 폭로하는 누더기를 질질 끌면서
이 유령은 손을 높이 쳐들고, 잘 가, 잘 가 하며
땅의 돌투성이 모래주머니 속이 아니라
우리의 두꺼운 대기가 엷어진,

신만이 알 수 있는 곳으로 간다.
감탄 부호 하나가 별 모양의 당근처럼
선명한 오렌지 색깔로 그 하늘을 표시한다.
제자리를 떠난 둥근 녹색 점은
첫 번째 지점, 초승달의 곡선 곁에 있는

에덴의 출발점 옆에 매달려 있다.
가라, 우리 어머니와 아버지의 유령, 우리의 유령,
우리 꿈의 자식인 유령아, 우리의 탄생과
죽음을 알리는 저 침대보에 싸여,
채색된 바퀴와 원시시대의 알파벳과

네가 지금 항해해 가는 저 또렷한 초승달 끝처럼
새로운 달 위로 껑충 뛰면 음매 음매 소리 내는

암소들이 있는 구름 뻐꾸기 나라로 가라.
어서 와, 잘 가라. 안녕, 잘 가라. 오 불경한 성배,
꿈꾸는 해골을 지키는 사람이여.

조각가[1]

레너드 배스킨을 위하여

형체가 없는 것들은 그의 집으로
비전과 지혜를, 그의 몸처럼
만질 수 있고 무게 있는
형체들과 끊임없이 교환하러 간다.

움직이는 손은 사제의 손보다
더 사제처럼 움직이고, 빛과 공기의
헛된 영상이 아니라
청동과 나무와 돌 안에 확고한 정착지를 만들어낸다.

결이 조밀한 나무로 만들어진, 완고한
대머리 천사는 희미한 빛으로 모양을 뜨고
형체를 만든다. 팔짱을 끼고
그의 복잡한 세계가

바람과 구름의 공허한 세계를 가리는 것을 지켜본다.
생명력 없는 청동 조각상은
반항적인 태도와 건장한 모습으로 바닥을 점령하고,
우리를 왜소하게 만든다. 그가 없이는,

그들의 형체가 불가능해지는

장소와 시간, 그 두 눈 속에서 우리의 형체는
소멸을 향해 희미하게 깜박거린다.
시기심 많은 혼령들은 내분을 일으키고,

들어가려고 애쓰다가, 악몽으로 들어간다.
그의 끝이 우리보다 더 활기찬 생명력을
죽음의 휴식보다 더 알찬 휴식을
그들에게 남길 때까지.

바닷속 깊은 곳에[I.1]

아버지, 당신은 거의 표면에 나타나지 않았어요.
당신은 조수가 밀려올 때 오셨어요
바다가 차가운, 거품으로 뒤덮인 것을

씻어낼 때. 하얀 머리와 하얀 수염과 멀리 친
그물망이 파도가 물마루를 이루듯
요동쳤어요. 먼 길을 오면서

흩날린 당신의 머리는 반달 모양으로
묶은 다발을 길게 쭉 뻗었고, 머릿속에는
주름진 실타래가 매듭져 얽혀 있었죠,

상상할 수 없는
태생에 관한 오랜 신화가 남아 있어요. 당신은
북쪽의 전복된 얼음산처럼

근처를 표류하여 깊지 않은 곳으로
향해 가죠. 모든 애매모호한 상태는
위험에서 시작하죠.

당신이 보여준 위험이 너무 많아요. 나는
당신의 형상이 기이한 부상을 입어

고통을 받고 죽을 것 같아 보이는 것 말곤

아무것도 보이지 않아요. 그렇게 안개는
새벽 바다에 맑게 개죠.
당신의 장례에 대한

애매한 소문은 나를 반신반의하게
만들었어요. 당신이 다시 나타난 것은
소문들이 깊이 없음을 증명했죠,

당신의 나뭇결무늬 얼굴에 난
오래된 깊은 주름이 작은 수로 안으로
시간을 흘려보냈기 때문이죠.

나이는 대양의 정복되지 않은 해협 위에
빗물처럼 울려 퍼져요. 그렇게 현명한 유머와
인내심은 대지의 공간과

하늘의 버팀목을 없애기 위한
소용돌이죠.
허리 아래로, 당신은 관절과 정강이뼈,

두개골 사이로 깊게 뿌리를 내리기 위해
엉킨 미로를 둘둘 감을 거예요.
불가사의한,

자신의 머리를 지킨 누구에게라도 단 한 번
보이지 않은 어깨 아래쪽으로 둘둘 감을 거예요,
당신은 질문을 무시하고,

당신은 다른 신성을 무시하죠.
나는 아무런 이득 없이 추방된
당신 왕국의 경계 위를 무미건조하게 산책해요.

나는 껍질이 다 벗겨진 당신의 침대를 기억해요.
아버지, 이 혼탁한 공기는 살인적이네요.
나는 물로 숨 쉬겠어요.

로렐라이[1]

물에 빠져 죽을 만한 밤은 아니다.
보름달과 부드러운 거울에 빛나는 광채 아래
거무스름하게 변하는 강물,

어부가 잠자고 있는데도,
그물망처럼 몇 마씩 떨어지는
파란 물안개,

아주 조용한 유리 안에서
스스로를 두 배로 늘리는
육중한 성탑. 하지만 이러한 형상은

차분한 얼굴을 괴롭히며, 나에게로
떠내려온다. 까마득한 밑바닥에서
살이 쪄 육중해진 팔다리와

대리석 조각상보다 더 무거운 머릿결을 지닌 채
그들이 떠오른다. 더없이 충만하고
맑은 세계를 노래한다.

자매들이여,
여기, 균형 잡힌 통치자가 다스리고

모든 것이 잘 되어가는 나라에서

너희의 노래는 귓바퀴 달린 귀가 듣기에는
너무 진지한 주제를 담고 있다.
세속적인 질서를 넘어선

화음으로 교란하며,
너희의 목소리는 공격한다. 너희는
악몽의 경사진 암초 위에 머무르고,

안전한 피난처를 약속한다.
낮에는, 무기력의 경계에서,
높은 유리창의 돌출 부분에서

들려오는 노랫가락. 미칠 것 같은
너희 노래보다 더 나쁜 것은
너희의 침묵. 너희의 그

냉정한 마음에서 나오는 외침의 근원은,
술에 취한 거대한 심해.ⁿ
오 강이여, 나는 본다

네 은빛 소용돌이 속에 깊이 떠도는
저 위대한 평화의 여신들을.
돌이여, 돌이여, 나를 저 아래쪽으로 건너게 해다오.

락 항구에서 홍합 잡는 사람[1]

나는 수채화가들이
희망봉의 불빛을 얻으러 오기 전에
이곳에 왔다 그 불빛은
모래 가루를 씻어 수정체처럼 반짝이게 하고,
강을 거슬러 올라가는 뱃길의 강둑 위에
얹혀놓은 낚싯배 세 척의
둔탁한 선체를 닦고 닦아 매끈하게 만든다.

나는 공짜 낚싯밥을 얻으러 왔다. 푸르스름한 홍합은
조수 간만이 있는 물웅덩이 녹색 해초
가장자리에 있는 구근식물처럼
한 덩어리로 엉켜 있었다.
새벽의 조수가 잠잠해졌다. 나는 고약한 진흙과 조개 창자와
갈매기의 배설물 냄새를 맡았다.
나는 기이하게 두껍고 딱딱한 긁기가 멈추는 소리를

들었고, 분화구 같은 물웅덩이의
고요한 가장자리 근처에 있었다.
홍합은 흐릿한 푸른색을 띠고
눈에 잘 띄게 걸려 있었지만,
마치 교활한 세계로 통하는 문의 경첩이
나에게 닫혀 있는 것처럼 보였다. 모두 꼼짝 않고 있었다.

내가 얼마 안 되는 짧은 시간을 셌는데도

나를 감시하는 신중한 내세의
통행증을 얻는 데 필요한 신뢰를 쌓는 데는
충분히 오랜 세월이 흘렀다.
풀잎이 발톱을 앞으로 내밀고,
작고 둥근 진흙 덩어리가, 밑에서 쿡쿡 칠 때,
어린 기사가 투구를 벗는 것처럼
둥근 지붕을 옮긴다. 게는

진흙 덩어리의 매우 작은 구멍에서,
참호용으로 파놓은 진흙 웅덩이에서,
갈색과 녹색의
알록달록한 등으로 변장을 한 채, 천천히 움직인다.
모든 게는 그 자체를 방패로 쓸 만큼 크게
부풀어 오른 발을 하나씩 갖고 있다. 어떠한 농게의 팔도
직업상 가르강튀아[1]처럼 거대하게 자라지 않았고,

다만 나의 추측을 뛰어넘는 쓰임새로
오싹하게 자랐고,
오싹하게 태어났다. 귀에 거슬리는 소리를 내며
무리 지어 다니는 농게 무리는

물웅덩이 입구 쪽으로,
한 곳에 모인 개울 안에서 강둑 위쪽에 있는
조류 수로를 다시 덧그리는 바다의 가늘고 느린 물줄기를

만나거나, 나를 피하기 위해
옆 걸음질 쳤다. 그들은
마르고 습한 소리를 내면서,
빛나는 한 줄기 물방울과 함께
비스듬히 움직였다.
내가 맨발가락 사이에서
느끼는 것처럼

그들도 발아래 진흙을 기분 좋게 느낄 수 있을까?
그 질문은 의구심을 종결했다. 나는 일단, 완전히
소외되어 서 있었다.
아는 바가 전혀 없는
가족의 이름으로
알려진,
핼리혜성의 명백한 흔적이 내 궤도를

침착하게 피해가자
당황했던 것처럼,

농게 무리가 완전히 낯선 질서로 이동하는데
갈피를 잡을 수 없었다.
그렇게 자신들의 소임을 다 하고 있었고,
결코 빈둥거리지 않았다. 나는 큰 손수건에
푸르스름한 홍합을 가득 채웠다.

만일 게 무리가 볼 수 있다면
그들이 보았을 때, 나는
다리가 두 개 달린 홍합 채취하는 사람이다.
조밀한 풀잎으로 엮은
공기가 잘 드는 초가지붕 위에서, 나는
농게 껍데기를 발견했는데,
모양이 전혀 손상되지 않았고,

기이하게도 그의 진흙 세계 위쪽에서
정처 없이 길을 헤매고 있었다.
초록 색깔과 내장은
극심한 태양과 바람에 의해
어디론가 날려 버려졌다.
그가 속세를 떠나 외롭게 죽었다거나 자살했다거나
고집 센 콜럼버스 게라는 증거는 어디에도 없다.

저기 껍데기 속에 각인된 게 얼굴은
두개골이 찡그리듯이 찡그리고 있다.
동양적인 표정으로,
예술을 위해서가 아니라 신을 위해서
호랑이 이빨 위에 새긴
사무라이 데스마스크를 지녔다.
바다에서 멀리 떨어진,

붉은 반점이 있는 게의 등과 발,
죽은 게의 몸통과 창백하게 뒤집힌 부석부석한 복부는
파도가 들고 나는 소리에 맞춰
위태로운 왈츠를 추며,
조금씩 친숙한 영역을 상실했다,
조금씩, 이 유물은 저 뻔뻔한 태양을 대면하려고
체면을 지켰다.

달이 뜨는 시간

유충이 하얗게 덮인 뽕나무가 나뭇잎 사이에서 붉어진다.
나는 밖으로 나가서 그들처럼 아무것도 하지 않으면서
하얀 옷을 입고 앉을 것이다. 7월의 촉촉함이 나무 마디를 감싼다.

이 공원은 바보 같은 꽃잎으로 가득하다.
하얀 개오동나무 꽃은 쓰러질 듯이 높이 솟아 있고
죽어가면서 둥글고 하얀 그림자를 드리운다.

비둘기 한 마리가 꼬리를 내린다. 공작비둘기는 하얀색이다.
충분한 소명, 폈다가 지는
하얀 꽃잎, 하얀 공작비둘기, 하얀 열 손가락.

반달을 만들기에 충분한 손톱은
붉어지는 노력 없이 손바닥에서 붉어진다.
하얀색은 색을 띠려고 멍들고, 망가진다.

딸기가 붉게 물든다. 순백의 몸은
썩었고, 몸이 깨끗한 리넨 시트에서 걸어 나오는데도
묘비 아래에는 썩은 냄새가 진동한다.

나는 그 순백을 여기, 돌 아래에서
작은 개미가 알을 굴리고, 유충을 살찌우는 곳에서 냄새 맡는다.

죽음은 태양 안에서나 밖에서 하얘질 수 있다.

죽음은 알 안에서나 밖에서 희게 된다.
나는 이 순백에서 어떤 색깔도 볼 수 없다.
하얀색, 이것은 마음의 복잡함이다.

나는 분수가 폭포의 육중한 이미지에
대비해서 지어진 것처럼, 하얀 나이아가라 폭포가
바위 밑바닥에서 만들어진 것을 상상하며, 녹초가 된다.

탄생의 여신 루키나[1], 피골이 상접한 어머니,
전구처럼 빛이 나는 하얀 별들 사이에서 출산하며
당신의 솔직한 표정은 하얀 뼈가 드러나게 하얀 살을 깎아내고,

하얀 수염을 하고 지쳐 있는 우리의 고대 아버지를
바로 뒤에서 질질 끌어당긴다. 딸기는 멍들고
피 흘린다. 새하얀 위胃는 튼튼해질 것이다.

가을 개구리

여름은 늙은 냉혈한 엄마를 만들어낸다.
벌레는 별로 없고, 바짝 말랐다.
이렇게 졸음이 오는 집에서, 우리는
개골개골 울다가 시들어간다.

아침은 졸음을 쫓아버린다.
태양은 알맹이 없는 갈대 사이에서
늦게 밝아온다. 파리는 우리를 피해 달아난다.
늪지대는 못 쓰게 되었다.

서리가 심지어 거미를 떨어뜨린다. 확실히
풍요로움의 천재는
어딘가 다른 곳에 거처한다. 우리 종족은
통탄할 만큼 수가 줄어든다.

미다스[1]의 나라에서

황금 먼지로 된 목초지. 코네티컷의 은빛 물결은
호밀 끝 부분을 하얗게 만드는
강 가장자리 농장 아래
부드러운 물결 안에서 바람을 일으키며 굽이쳐 흐른다.
타들어가는 유황의 정오에

모든 것은 희미한 빛을 발하며 반짝인다.
우리는 하늘의 멋진 종 유리 아래
조각상의 권태로움을 지닌 채 움직이고
잠깐 동안 지푸라기 들판과 황금 잎사귀 위로
미역취에 팔다리의 이미지를 각인한다.

이 정적인 풍요로움은 아마도 천국이리라.
나뭇가지 위에 있는 황금 사과,
황금 되새, 황금 물고기, 황금 호랑이 고양잇과 가축.
여전히 거대한 양탄자 안에서
비둘기처럼 사랑스러운 연인들과 있다.

그러나 이제 수상 스키를 타는 사람들은
무릎 보호대를 착용하고 경기를 한다. 보이지 않는 밧줄 위로
그들은 강의 녹색 녹청을 가르며 나아간다.
거울은 산산이 조각났다.

그들은 서커스의 광대처럼 곡예를 한다.

우리는 초목이 하얗게 변하는 이 호박색 둑에서
멈추려 했지만, 그렇게 우리는 내쳐졌다.
이미 농부의 수확이 끝난 다음
8월은 미다스가 손으로 만지는 것에 모든 것을 맡겨버린다,
바람은 더 견고해진 풍경을 드러낸다.

진퇴양난

산 위의 두더지는 뛰지는 않았지만
우둔하게 보기 흉한 고사리 밭으로 허둥지둥 갔다가
흙 담장에 기대서 있던 나와 정면으로 마주쳤다.
그녀는 누런 두더지 이빨로 캐스터네츠처럼 덜걱덜걱 소리 냈고,
웅크린 나를 향해, 저 신중하게 달각달각 소리 나는 애정의 몸짓을
주고받으려 하지 않았다. 발톱은 그녀의 평판이 아니라
궁지에 처한 나의 평판을 긴장시켰다.

이런 만남은 동화에서는 일어나지 않는다
동화에서는 사랑에 빠진 두더지가 답례로 입맞춤을 하고
애정이 있는지 적대감이 있는지 솔직한 대화는 기본이며
퉁명스러운 동물일지라도 잘못 해석되지 않는다.
내가 잃은 우아함. 언어는 기이하고,
몸짓은 아무런 말도 하지 않았다. 카나세[1]에게 명확히 말했던 매는
조잡해진 귀에 대고 알 수 없는 말을 지껄인다.

어린이 공원의 돌[1]

햇빛이 들지 않는 하늘 안, 녹색이 검은색으로 보일 정도로 그늘진
  소나무 아래에,
    어떤 조상님이 이런 둥글고, 뒤틀린 돌들을 갖다놓았다
  거대하거나 멸종된 동물의
까맣게 탄 무릎뼈처럼

어두운 잎사귀로 가려진 그늘 아래
  희미하게 보이는 돌은
    분명히 다른 시대에서 왔거나 다른 행성에서 왔다.
  신성한 진달래의 오렌지색과 모닥불 같은 적자색은
옆으로 맞닿은 채,

이러한 돌은 어두운 휴식을 보호하고
  그들의 형상을 원형 그대로 보존한다
    태양이 장미와 아이리스의 그림자를,
  길게, 짧게, 길게, 불 켜진 정원 안에서 바꾸고
진달래의 혼탁한 색깔에

색채감을 주는,
  하루를 마무리하는 화염에 불을 붙인다
    불꽃이 최대한 빨리 타버리는 동안.
  빛의 색조와

자정과 정오의 강렬함과

다양한 날씨의 공격을 따라가는 것은
 돌의 차분한 마음을 이해하는 것이다.
  겨울의 추위에 대한 몽상에서 벗어나는 데
 여름 전체를 보내는 돌, 서리가 생기는 것처럼
중심부까지 따듯해지는 돌.

어떤 남자의 쇠 지렛대도
 돌을 뿌리째 뽑을 수 없다. 그들의 수염은 영원한
  녹색이다. 백 년에 한 번 정도일까, 그들은 강물을 마시려고
 아래로 내려가지 않는다.
어떠한 갈증도 돌의 화단을 방해하지 않는다.

올빼미[1]

시계는 열두 번 종을 쳤다. 메인가는 작은 숲의
주변과는 다른 모습을 보여주었다.
사람은 없어도
불 켜진 후광은 웨딩 케이크의 진열대와

다이아몬드 반지, 꽃병에 꽂힌 장미,
밀랍으로 만든 마네킹 위에 불그레한 여우 가죽을
풍요의 유리로 만든 장면 안에 간직했다.
깊게 가라앉은 지하실로부터

무엇이 창백한 맹금류 올빼미를,
벽과 벽 사이에서
나룻배가 다니는 해류를 조절할 수 있는
길이의 날개에

겉보기에도 대단히 부드러운 깃털이 많은 배를 지닌 올빼미를
가로등과 전선 위에서 큰 소리로 울부짖게 만들었는가?
쥐의 이빨이 올빼미의 울음소리에 진동한
도시를 파괴한다.

1958년 6월 26일

내가 기억하는 순백[1]

순백은 내가 샘에 대해 기억하는 것.
순백과 멋진 경주는
그가 내게 준 것이다. 그 후 나는 아무 데도 가지 않았고
간다고 해도 위험하지 않게 경로를 벗어나는 것뿐이었다.
전령관의 종마가 지닌 순백은 아니었다,
마구간 말의 회색빛을 띤 하얀색으로 더할 나위 없이
평범한 이력이었고,
그의 믿을 만한 침착함은
초보자나 소심한 사람도 빌려 탈 수 있게 했다.
하지만 그 순백을 확실한 회색으로 만드는 얼룩덜룩한 색채는
그의 기질을 결코 어정쩡하게 만들지는 않았다.

나는 융통성 없고, 고집이 센,
처음으로 내 소유가 된 지붕처럼 높은 하얀 말, 그를 보았다.
그 능숙하고 빠른 걸음걸이는 나의 긴장된 평형감각을 자극하고,
전원의 산울타리와 젖소 목초지에
깊게 뿌리박힌 풀잎을 현기증 날 정도로 흔들며
불안하게 만들었다. 그때 심술궂은 의도에서든
나를 시험하기 위해서든 그는 갑자기 녹색 초원을
빠르게 질주했다. 강가의 회색빛 제방과
짚으로 만든 초가집을 망가뜨리지 않았다. 흔들림이 심한 공간으로 밀어 넣는

충격을 주는 모루와 쇠망치 네 개로 만든 말발굽과
완성되지 않은 등자와 적절한 예의를 갖추고,

울퉁불퉁한 길로 나를 인도한다.
그는 채찍 내려치기, 이름 부르기, 지나가는 사람들의
외침으로는 속도를 줄이려 하지 않는다. 교차로 교통 체증은
그가 오는 보도를 가로막았다,
세계는 그가 달려오는 것을 진압했다.
나는 그의 목에 매달려 있었다. 확고한 의지는
나를 단순하게 만들었다. 말 타는 기수는
위험한 상황 위에, 땅의 기반암에 크게 울리는 말발굽 위에
매달려 있었다. 내동댕이쳐질 듯, 내동댕이쳐지지는 않았다.
두려움과 지혜가 하나되어 그의 순백 안에서
침착해지도록 빙빙 돌아가는 모든 마음 상태.

1958년 7월 9일

진달래 도둑들의 우화

공원에서 사람들이 많이 가지 않는
장미 화단으로 꾸민 정원을 걸었다. 색깔이 풍부한
정원의 유물을 집 안에서 상상하려면
장미꽃 한 송이가 필요했다.

벽에 새겨진 돌 사자 머리는
느린 녹색의 타액을 돌 세면기에
떨어뜨렸다. 나는 오렌지색 장미 봉오리를
싹둑 잘라, 주머니 안에 넣었다.

내 화병에서 오렌지색 봉오리가 피어났을 때,
천한 불그레한 색깔로 나타났다. 다음에는 빨간 장미를 골랐다
나는 시들어서 죽게 놔두는 것보다는 덜 붉은 꽃밭을 훔치는 것이
양심에 올바른 행위라고 주장했다.

사향은 코를 즐겁게 하고, 붉은 꽃은 눈을 즐겁게 한다,
꽃잎은 내 손가락을 보드랍게 자극한다.
나는 맹목적인 대기와 완전한 빛의 소멸로부터
내가 구제한 시를 상상했다.

하지만 오늘, 손에 노란색 꽃봉오리를 들고,
나는 월계수 숲에서 들리는 요란한 바스락거림에

갑자기 멈춰 섰다. 아무도 가까이 오지 않았다.
경련이 진달래 꽃밭에서 일어났다.

소녀 셋이 선홍색과 분홍색의 진달래꽃 더미를
비틀어 잡아떼는 데 몰두해 있었고,
펼쳐놓은 신문지 위에 꽃을 산처럼 쌓아놓았다.
그들은 뻔뻔하게 꽃을 땄고, 양심의 가책 때문에 속도를 줄이지 않았으며,

내가 빤히 쳐다보는데도 멈추지 않았다.
오히려 나를 멈추게 했고, 내 장미를 비난했는데,
도덕적 엄격함은 애정이 문제인지, 아니면 전반적으로 하찮은 도적질이 문제인지
혼란스러웠다.

신화 만들기의 죽음

두 천사가 종마와 경주마를 타고
　우리의 칼과 가위를 갈러 간다.
턱이 홀쭉하고 얼굴이 긴 이성과 땅딸막한 상식이 있는데,
이성은 모든 분야의 의사들 비위를 맞추고,
　상식은 가정주부와 장사꾼들 비위를 맞춘다.

나무는 쳐서 잘라냈고, 푸들은 털을 다듬었으며,
　노동자의 손톱은 단정하게 잘라냈다
저 공무원 두 사람이 무딘 칼날에
숫돌을 단단히 고정하고
　혼란스러운 악마를 얕잡아 보았기 때문이다.

울퉁불퉁한 숲 안에 있는 악마의 올빼미 눈은
　임신한 엄마들을 겁주어 유산시키고,
움찔한 개들이 낑낑거리게 만들며,
농장 일꾼의 기질을 탐욕스럽게 바꾸고
　가정주부의 기질을 산만하게 바꾼다.

윈스롭 만에 있는 녹색 바위[1]

어떤 설득력 없는 변명도 부서진 부두, 조수의 경계에
꽉 막힌 바지선의 타르에 겉치레를 할 수 없다.
나는 훨씬 더 잘 알았어야 했다.

나와 만 사이의 십오 년은
기억을 축척했지만,
옛 풍경을 없애버리고

목가적 풍경의 내 이상향을 포기하는
전경의 조악한 임시변통을 만들었다. 푸르름은 사라졌다,
인색한 상태로

이제는 해롭게 되었다. 우리가 배나 집으로
잘 사용했던 거대한 녹색 바위는
타르로 더러워진 퇴비와 총알고둥의 껍데기가 쌓여

까맣게 되었고, 평범한 크기로 줄어들었다.
쓰레기 더미를 뒤지는 갈매기의 울음소리는
로건 공항의 반대편

비행기들의 교통량 안에서 가냘프게 들린다.
갈매기는 더 강철 같은 비행기의 그늘 아래서 회색 원을 그

린다.
상실은 이익을 무효로 만든다.

만약 네가 이 화려하고 값싸 보이는 항구를
돌보지 않는다면, 나는 눈에 거슬리는 것을
금으로 도금하는 거짓말쟁이가 되거나

빠져나갈 구멍을 찾고서,
작아진 바윗덩어리, 흙투성이 쓰레기
무례한 환대를 세월 탓으로 돌려버린다.

친근한 병

갑자기 경련을 일으키는 코끝처럼 오래된 불완전함.
원통함이 심술궂은 친절함으로 바뀔 때까지
불평하지 않고 참아내는
얼굴에 난 여드름처럼 이제는 참을 만하게 되어,

진창에 있는 영혼을 깜짝 놀라게 하는
신의 자극처럼 처음에는 파헤쳐지고
마구간 같은 곳에 거처하고, 오랫동안 이용되다가
영혼의 무절제로 맺어져, 다정한 주인의 사랑받는 동반자가 되었다.

나는 원한다, 나는 원한다

입을 벌린 채, 아기의 머리를 하고 있지만
육중한 몸을 지닌, 머리카락이 없는 아기 신은
어머니의 젖꼭지를 향해 울부짖는다.
메마른 화산은 깨지고 지글거렸다.

모래가 젖을 먹지 못한 입술에 찰과상을 입힌다.
그러자 아기 신은 아버지의 피를 향해 울부짖는다
아버지는 일하려고 말벌과 늑대와 상어를 준비하고
부비새의 부리를 교묘하게 다루었다.

눈물이 마른, 지독한 가장은
도금한 전선의 꼭대기에 있는 철사와
핏빛 장미 줄기에 난 가시처럼
피골이 상접한 그의 가족을 부양했다.

시와 감자

가상의 선만 자주 나타날 수 있는
질서 안에서, 의미를 분명히 하는 단어는 말 못하게 막혀 있다.
명시된 선은 애매모호한 선을 배척하고,

흉악하게 번성한다. 감자와 돌처럼 강건하고,
뻔뻔하게, 약간의 여지를 준다면
단어와 선은 끝까지 버틴다. 그들이 철두철미하다는 것이 아니라

(다시 생각해봄은 종종 그들을
우아하고 균형 감각 있게 바꾸기도 하지만),
그들이 끊임없이 나를 속인다는 것이다. 어찌 되든지,

그들은 여전히 만족하지 못한다.
시도 아니고, 그림도 아닌 감자는
질이 좋은 거대한 종이 위에
울퉁불퉁한 갈색을 다발로 모은다, 뭉툭한 돌도 마찬가지다.

시대는 잘 정돈되어 있다

난감한 기록을 보유한 이 마을에서
운이 없게도 태어난 영웅
마을에서는 가장 신중한 요리사들이 직업을 잃었다
그러자 시장市長의 꼬치구이는
저절로 뒤집어졌다.

최근에는 활동을 하지 않아
그 자신이 얇은 꽃잎처럼 쇠한 채,
도마뱀의 등을 타고 달리는 모험에는
출세란 없다.
역사는 위험한 요소를 무찔러버렸다.

따듯한 허브티를 좋아하고, 말하는 고양이와 함께 지낸
여든 해 이상을 사신 할머니는
불에 타서 돌아가셨지만,
후손들은 훨씬 더 오래 살았다,
젖소는 일 센티 두께로 유지방을 만들었다.

1959

플라스와 남편은 보스턴에서 1959년 6월까지 살았다. 이 시기에 그녀는 매사추세츠 종합병원에서 사무직으로 일했다. 또한 그녀의 오랜 상담사였던 루스 뵈셰를 만나기 시작했으며(「황폐한 얼굴」 주석 참고), 앤 섹스턴, 조지 스타벅과 함께 로버트 로웰의 글쓰기 강의를 수강했다. 7월에 실비아 플라스와 테드 휴스는 미 대륙 주변을 여행했다. 캐나다에서 샌프란시스코, 뉴올리언스까지 아홉 주 동안 캠핑을 하며 지냈다. 9월에 이들은 사라토가 스프링스 근처에 예술가 마을이라고 알려진 야도에 초청되어 지내러 갔다. 이해에 테드 휴스는 구겐하임 재단이 수여하는 상을 받았고, 12월에 이 상금과 두 사람이 강의와 다른 일로 모아놓은 돈을 합해 유럽 여행을 떠났다.

벤디로의 황소[1]

검정 황소가 바다 앞에서 울부짖었다.
그때까지 차분하던 바다는
벤디로에 맞서 파도를 굽이쳤다.

뽕나무밭 정자에 앉아 있던 여왕은
카드에 그려진 여왕처럼 뻣뻣한 태도로 빤히 쳐다보았다.
왕은 수염을 손가락으로 만지작거렸다.

사각 뿔 모양의 황소 다리를 한 푸른 바다,
잠잠해지지 않으려는 황소 주둥이 모양의 바다는
정원의 문 앞에서 거세게 요동쳤다.

이글거리는 태양 아래 상자 모양으로 줄을 그은 보도를 따라
귀족과 귀부인들은 소란스러운 울부짖음을 향해
달려갔다가 다시 돌아왔다.

거대한 청동 문에 금이 가기 시작했고,
바다는 갈라진 모든 틈 사이로 침입해
어지럽게 짙은 쪽빛을 물들였다.

황소는 가만히 있지 못하고 날뛰었다,
데이지 화환이나 학식 있는 사람도

진정시키지 못했다.

오 왕의 정돈된 영토는 바닷속에 잠겨버렸다,
황소의 배 속에 있는 왕실 장미와
왕의 공도公道 위에서 활보하는 황소도.

눈의 티

햇살처럼 떳떳하게 나는 서서 바라보았다,
플라타너스의 녹색 배경을 등지고
고개를 숙인 채, 갈기를 바람에 휘날리며
꼬리를 흔드는 말 떼를. 태양은 휘황찬란했고
말과 구름, 바다에 있는 갈대처럼
교회 첨탑이 지붕 위 높은 곳에 위치하고

나뭇잎은 왼쪽으로 기울어져 있는 듯하지만
단단하게 고정되어 있을 때,
나뭇조각이 날아와서 내 눈에 박혔고,
아무것도 보이지 않게 되었다. 그러자
뜨거운 빗물 안에 녹아 있는 형체들이 보였다.
말은 변하는 녹색 위에

혹이 두 개 달린 낙타나
유니콘처럼 희한한 모습으로,
형편없는 흑백사진의 가장자리에서 풀을 뜯는
평화로운 시간, 오아시스의 동물처럼 흐릿하게 보였다.
내 눈 주변의 붉은 재는
말과 행성과 첨탑을 빙빙 돈다.

눈물을 흘리거나 눈 주변을 닦아내는 것으로는

작은 조각을 없애지 못했다.
그것은 박혀 있다, 일주일째 박혀 있다
나는 미래와 과거에 눈이 먼 채
현재의 가려움을 피부로 지니고 있다.
나는 내가 오이디푸스라고 상상한다.

되돌리고 싶은 것은
나를 이 휴식 시간 속에 고정한 채
침대에 눕기 전과 수술용 칼을 사용하기 전,
안전핀을 두르기 전과 연고 바르기 전의 나 자신이다.
바람 속에서 거침없이 놀고 있는 말 떼,
마음에서 떠나버린 장소와 시간.

포인트 셜리[1]

급수탑 언덕으로부터 붉은 벽돌로 지은 감옥까지
바다의 붕괴 아래서 자갈이
빠르게 흐르다가
붕 하며 요란한 소리를 낸다.
눈덩이가 깨져서 뒤죽박죽되었다. 올해
삐걱 소리를 내는 파도가 제방 위로 솟구쳐
백합 껍데기 무덤 위로 떨어지며
나의 할머니 집 모래 앞마당 안에

하얗게 변한 소금기로 곤죽이 된 얼음덩어리를 남겨놓았다.
칠칠치 못하게 요동치는 바다에 맞서서 집을 지켜온
할머니는 돌아가셨고,
그녀의 빨래가 떨어져서 여기에 얼어붙었다.
돌풍 파도가 한 번 춤추자
배가 지하실 유리창을 관통하여 대들보를 받는다.
창에 맞아 꼬리 잘린 상어가
제라늄 화단에 어지럽게 흩어져 있다.

할머니는 집요한 악천후의 잔해를 짚으로 만든 빗자루가
닳을 정도로 문지르다 녹초가 되었다.
이십여 년 동안
할머니 손을 떠난 집은 여전히 단조로움과

회반죽으로 만든 소켓 구멍과
보랏빛 달걀 모양 돌을 간직했다. 그레이트 헤드[1]의 둥근 언덕부터
꽉 채운 해협까지
바다는 자신의 차가운 모래주머니 안에 둥근 것들을 으깼다.

할머니가 식빵과 사과 케이크를
식히려고 내어놓는,
두꺼운 판자로 막아놓은
유리창 뒤에서
아무도 겨울을 춥게 보내지 않는다.
무엇이 이 부서진 고집스러운 자갈 더미 위에서
생존하며 슬퍼하는가? 파도가
내뿜은 잔재는 바람 속에서 한 덩어리가 된다.

짤막한 목을 지닌 솜털 오리 떼가 회색빛 파도를 탄다.
사랑의 노동, 그 노동은 사라져버렸다.
변함없이 바다는
포인트 셜리에서 침식한다. 할머니는 축복받으며 돌아가셨고,
나는 잠시 들렀다
뼈, 단지 뼈들은 거칠게 다루어져 개 얼굴을 한 바다로
던져졌다.
태양은 핏빛 붉은색의 보스턴 아래로 잠긴다.

나는 이런 마른 젖꼭지 모양의 돌멩이들에서
당신의 사랑이 채워진 우유를 얻을 거예요.
검정 오리가 물에 뛰어들었어요.
당신의 친절이 물결칠지라도
나는 생각해요.
할머니, 돌은 저 거품을 가장 많이 내는 비둘기에게
집이 될 수 없어요.
선반과 탑을 향해 음산한 바다가 흘러요.

쏙독새[1]

　늙은 염소 치기들은 밤새 어떻게 그들이
어둠 속에 일어나 새벽까지 부지런히 일하며
염소 젖통에서 젖을 모두 빨아 먹어치우는 새들이
경고하는 윙윙 소리와 쌩쌩 하는 소리를 듣는지 단언한다.
달이 충만하고, 어스름할 때, 소심한 낙농장 농부는
그의 가장 살찐 가축이 악마 새라 불리는 쏙독새의 발톱에 베어
열병에 걸린 채 숫자가 점점 줄어드는 상상을 한다,
쏙독새의 눈은 섬광처럼 빛나고 루비 같은 불꽃의 조각 같다.

　이렇게 전설은 쏙독새가 깜깜한 대기 안에서 마녀 옷을 날개로 두르고
　깡패처럼 밤에 날아다니며, 이름은 좋지만 평판이 나쁘고,
　사람들의 시선으로부터 위장한 채 움직인다고 말한다,
　하지만 쏙독새는 결코 염소의 젖을 먹지 않았고, 젖소의 죽음에도 관여하지 않았다
　동굴 같은 입을 거친 털로 장식한,
　왕풍뎅이와 창백한 녹색 멧누에나방에 그늘을 드리울 뿐이다.

그랜체스터 초원의 수채화[1]

저기, 봄날의 양 떼가 우리로 몰려온다. 유리잔에 담긴
물처럼 고요하고 은도금된 대기 속에는
어떤 사물도 크지 않고 멀리 떨어져 있지 않다.
조그만 뒤쥐가 풀밭에서 찍찍거리는
소리가 들린다.
엄지손가락만 한 새는
멋진 색깔로 덤불 속에서 재빨리 날아오른다.

구름 조각과 온화한 그랜타 강 위로 기울어지는
올빼미 둥지가 움푹 들어간 버드나무는
얕은 물 아래에서 흰색과 녹색의 세계를 갑절로 늘리고,
강물의 흐름을 거꾸로 고정한다.
삿대질하는 선수는 깃대를 낮춘다.
바이런의 연못[1]에는
유순한 새끼 백조가 나아가는 곳에서 부들이 갈라진다.

그곳은 아기 식판에 그려진 그림의 나라다.
태양으로 빛나는 미나리아재비의 후광 위에 배가 불룩해진
점박이 암소들은 턱을 돌리고 붉은 클로버 잎을 뜯어먹거나
비트를 갉아 먹는다.
온화한 아르카디아 초원에
산울타리를 치며

핏빛 열매가 달린 산사나무는 흰색으로 가시를 숨긴다.

우스꽝스러운 채식주의자 물쥐가
갈대를 톱질하며 나긋나긋한 수풀에서 나와 헤엄치는 동안에
학생들은 사랑의 꿈결 같은 나른함 속에서
손을 꼭 잡고 거닐거나 앉아 있다.
검정 가운을 입고, 하지만 어떻게 그런 온화한 대기 속에서
올빼미가 자신의 작은 종탑에서 몸을 굽히고,
쥐가 비명을 지르는지 알지 못한 채.

1959년 2월 19일

겨울 배

이 부두에 떠벌릴 만한 거창한 선착장은 없다.
빨간색과 오렌지색의 거룻배는 구식으로 된
겉만 번지르르하고 언뜻 보아 파괴될 것 같지 않은
선착장에 사슬로 매여 기울어지고 거품이 인다.
바다는 기름의 얇은 막 아래서 고동친다.

갈매기 한 마리가 선술집 마룻대 위에서 자세를 잡는다,
재로 된 재킷을 차려입고 숲처럼 차분하게
바람의 물결을 타고 날아가며,
평평한 항구 전체가 누르스름하고 동그란 단추같이
둥글게 부푼 곡선[1] 안에 닻을 내렸다.

소형 비행선이 낮달이나 물고기의 스케이트 링크 위에
양철로 만든 시가 상자처럼 떠 있다.
시야는 부식된 동판화처럼 흐릿하다.
그들은 새끼 게 세 통을 내려놓는다.
저 멀리서 부두의 말뚝은 흔들리는 창고 건물과

기중기와 굴뚝과 다리와 함께
무너질 것처럼 보인다.
우리의 주변은 물이 주르륵 흐르고
엉터리 사투리로 험담을 퍼뜨린다

죽은 대구와 타르의 냄새를 나룻배에 싣고 가면서.

저 멀리서, 파도는 얼음 조각을 우물우물 씹을 것이다,
공원 노숙자나 연인들에게는 비참한 달.
우리의 그림자조차 추위로 창백하다.
우리는 태양이 떠오르는 것을 보고 싶었지만,
까끌까끌하고 거나해진 얼음으로 골이 진 이 배와,

사나운 날씨의 잔존생물, 서리 맞은 알바트로스[2],
하나같이 유리로 된 막에 쌓인
권양기와 버팀목을 마주 대할 뿐이다.
태양은 즉시 서리를 사라지게 할 것이다.
파도 끝 하나하나가 칼처럼 반짝거린다.

후유증

재난의 자석에 이끌려
그들은 어슬렁거리며 불에 탄 집이
자기 집인 것처럼, 아니면 어떤 추문이
연기 자욱한 벽장에서 새어나와
만천하에 드러날 수 있다고 생각하는 것처럼 빤히 바라보았다.
어떤 죽음도, 어떤 엽기적인 손실도
가혹한 비극의 핏자국인
오래된 고기를 좇는 이 사냥꾼들의 허기를 채워줄 수 없다.

녹색 작업복을 입은 엄마 메데이아[1]는
숯덩이가 된 구두와 물에 흠뻑 젖은 실내 장식품을
눈여겨보며, 여느 가정주부처럼 조심스럽게
폐허가 된 자신의 아파트를 돌아다닌다.
장작더미와 고문대를 용케 벗어난
군중은 그녀의 마지막 눈물을 남김없이 빨아 마시고 등을 돌린다.

시체실의 두 광경

(1)

그녀가 해부실을 방문하던 날
그들은 타버린 칠면조처럼 까맣고 이미 반쯤 신경이 마비된
남자 넷을 뉘어놓았다. 시체 통의
식초 증기가 그들에게 달라붙어 있었다.
흰 가운을 입은 젊은 남자들이 작업을 시작했다.
그가 담당한 시체의 머리는 움푹 패어 있었고
그녀는 두개골의 조각과 낡은 가죽 속에서
아무것도 알아낼 수 없었다.
누르스름한 끈 하나가 그것을 묶었다.

유리병 안에는 달팽이 코 아기들이 멍하니 바라보며
빛난다.
그는 깨진 가보처럼 도려낸 심장을 그녀에게 건넨다.

(2)

브뤼헐의 연기와 살육의 파노라마[1] 안에서
두 사람만이 썩은 고기를 먹는 군대를 보지 못한다.
그녀의 푸른 새틴 치마의 바다에 둥둥 떠서,
그는 그녀의 맨어깨를 향해 노래를 부른다,

그러는 동안 그녀는 악보에 운지법을 표시하며
그를 향해 몸을 굽힌다,
두 사람 모두 자신들의 노래를 불안하게 하는
해골에 들려진 바이올린 소리를 듣지 못한다.
오랫동안은 아니지만, 이 플랑드르 연인은 잘 살아간다.

하지만 페인트 속에 정지된 황량함은
어리석고 섬세한 작은 나라를 오른쪽 구석 아래에 남겨놓는다.

에그 록[1]의 자살자

그의 뒤에 있는 공용 석쇠 위에서 핫도그는
반으로 갈라져서 냄새를 발했고, 황톳빛 소금밭과
가스탱크와 공장 굴뚝은 (그의 내장까지 일부가 된
불완전함의 정경)
투명한 상승기류 속에서 물결치며 고동쳤다.
태양은 지옥에 떨어뜨리는 천벌처럼 물을 강타했다.
기어들어갈 그늘의 구덩이도 없이,
그의 피는 존재를, 존재를, 존재를 알리며
낡은 북을 두들겼다. 아이들은 바람에 찢겨 밀려오는
물결이 부서지고 물보라가 뒤엉킨 파도의 물마루에서
꽥꽥 소리를 지르고 있었다.
똥개 한 마리가 전속력으로 질주하려고 다리를 부지런히 움직이며
모래톱으로 갈매기 떼를 서둘러 쫓아버렸다.

귀먹고, 눈이 멀기라도 한 듯이, 그는 복받쳐 올랐다,
그의 몸이 영원히 숨 쉬고 고동치는 기계가 되어
바다의 쓰레기와 함께 해변으로 끌어 올려진 것처럼.
죽은 홍어의 눈구덩이 속으로 줄지어 들어가는 파리 떼는
윙윙거리며 아치형의 뇌실을 공격했다.
그의 책에 있는 단어들은 종이 위를 구불구불 기어가버렸다.
모든 것이 백지처럼 반짝거렸다.

푸른 쓰레기 더미 위의 에그 록을 제외하고
모든 것은 부식시키는 태양 광선 안에서 오그라들었다.
그는 물속으로 걸어 들어가며 들었다.

건망증이 심한 파도가 저 튀어나온 바위에 물거품을 일으키는
소리를.

황폐한 얼굴[1]

서커스처럼 별나 보이는 황폐한 얼굴이
시장 거리를 행진한다,
창백하고 말할 수 없는 원한에 찌들었으며
눈물이 잘 나는 눈에서 부풀어 오른 코까지 우울한 표정으로.
가느다란 두 다리가 대중 아래에서 비틀거린다.
슬프게도 피멍이 든 입술은 고통의 신음에 일그러졌고,
집으로 향하는 길에 사람들을 지나치며, 모든 분별력을 잃어버렸다.
나 자신, 나 자신! 음탕하면서도 우울한 나 자신.
아무것도 느끼지 못하는 남자의 냉정한 표정보다
백치의 노골적인 곁눈질이 더 낫다,
벨벳 옷을 입은 부유층은 재빨리 몸을 비켜 위선자를 피한다.
소심한 어린이들이나 거리의 창녀에게
훨씬 더, 훨씬 더, 환영받는다.
오 오이디푸스. 오 예수 그리스도. 당신들은 나를 학대한다.

1959년 3월 19일

은유

나는 아홉 음절로 된 수수께끼입니다,
코끼리, 육중한 집,
두 넝쿨손 위에 한가로이 매달린 멜론.
오 붉은 과일, 코끼리 상아, 질 좋은 목재!
발효되느라 크게 부풀어 오른 이 빵 덩어리.
이 두둑한 지갑에 담긴 새로 주조된 돈.
나는 수단이고, 무대며, 새끼를 밴 암소입니다.
내릴 수 없는 기차에 올라탄 채,
나는 풋사과 한 자루를 다 먹어치웠습니다.

1959년 3월 20일

진달래 길의 엘렉트라[I,1]

당신이 돌아가신 그날 나는 먼지 속으로,
빛이 없는 겨울잠에 빠져들었지요
까만색과 황금색 줄무늬가 난 꿀벌들이 이집트 상형문자의 돌처럼
잠자며 눈보라를 견디는 곳, 땅은 매우 단단했어요.
이십여 년은 좋았죠, 그 겨울은.
당신이 존재하지 않던 것처럼, 내가 마치
신神을 아버지 삼아 어머니 배 속에서 세상으로 나온 것 같았어요.
어머니의 넓은 침대에는 신성한 얼룩이 묻어 있었죠.
어머니의 심장 아래로 기어 들어갈 때
나는 죄책감 같은 것과는 상관이 없었어요.

결백의 옷을 입고 인형처럼 아주 작은 상태에서
나는 누워서 장면 장면마다 당신의 서사시를 상상해요.
그 무대 위에선 아무도 죽거나 노쇠하지 않아요.
모든 일은 견고한 순백 안에서 일어났어요.
내가 깨어난 그날, 나는 '교회 앞마당 언덕'에서 깨어났어요.
당신의 이름과, 당신의 뼈와
비좁은 공동묘지에 이름을 올린 모든 사람을 발견했어요.
당신의 얼룩덜룩한 돌은 철 울타리 옆에서 비스듬히 있죠.

이 자선 구역, 이 구빈원에서 죽은 군중은
다리는 다리끼리, 머리는 머리끼리 누워 있고

어떤 꽃도 흙을 망쳐놓지 않아요. 이곳은 진달래 오솔길.
우엉밭이 남쪽으로 나 있어요.
이 미터가 되는 노란 자갈밭이 당신을 덮고 있어요.
붉은 샐비어 조화는 사람들이 당신 무덤 옆
묘비에 놓아둔 녹색 플라스틱 바구니 안에서
살랑거리며 결코 흔들리지 않고, 썩지도 않아요,
빗물이 핏빛 염료를 다 씻어내릴 때조차.
꽃잎 대용품은 뚝뚝 떨어지고, 붉게 떨어지죠.

또 다른 붉은색이 내 신경을 자극해요.
당신의 느릿한 항해가 내 언니의 숨결을 앗아간 날
단조로운 바다는 지난번 당신이 집에 왔을 때
어머니가 펼쳤던 악마의 옷처럼 보랏빛으로 물들었어요.
나는 오랜 비극의 줄거리를 빌려왔어요.
사실은 이렇죠, 어느 10월 말 나의 탄생을 알리는 울음소리에
전갈이 기분 나쁘게 쳐다보는 계집애의 머리를 찔렀죠.
어머니는 당신이 바다 아래로 얼굴을 숙이고 있는 꿈을 꾸었어요.

무표정한 배우들은 균형을 잡고 멈추어 숨을 고르죠.
나에겐 간직할 사랑이 생겨났지만, 그때 당신은 돌아가셨어요.
어머니는 괴저가 당신의 뼈까지 부식했다고,
당신은 남자답게 돌아가셨다고 말씀하셨죠.

어떻게 내가 그런 정신 상태로 늙을 수 있을까요?
나는 극악무도한 자살의 유령이고,
내 파란 면도날이 목 안에서 부식하고 있어요.
오 용서하세요, 아버지, 당신의 대문을 두드린 사람을
당신의 사냥 암캐이자 딸이고 친구인 그 사람을.
우리 둘을 죽음으로 이끈 것은 바로 나의 사랑이었어요.

양봉가의 딸[1]

합죽이들의 정원. 보랏빛과 선홍색 반점이 있고, 까만색이 있는
엄청난 꽃부리가 부풀어 올라, 명주 모양의 실을 벗겨내요.
사향 냄새 나는 식물이 원을 그리며 침입하고,
향기의 샘이 너무 강렬해서 숨쉬기조차 어렵죠.
작업복을 입으면 성직자 같은 분위기가 나는 꿀벌의 대가
당신은 꿀이 많이 담긴 벌통 사이를 움직이고,

내 심장은 돌과 친자매인 당신 발아래 있어요.

나팔 구멍은 새의 부리를 향해 열려 있어요.
'황금 비 나무'는 꽃가루를 아래로 떨어뜨려요.
오렌지색과 붉은색으로 줄 친 작은 내실에서
꽃밥은 머리를 끄덕거리고, 아버지 시대의
왕처럼 강한 영향력을 품고 있어요. 공기는 강렬해요.
여기 어떤 어머니도 경쟁할 수 없는 여왕의 지위가 있어요.

맛보기에는 치명적인 열매, 거무스름한 육질과 거무스름한 껍질.

손가락처럼 가느다란 은신처 안에서, 외로운 꿀벌들은
풀잎 속에서 집을 지키죠. 무릎을 꿇고
눈을 구멍 입구에 고정하면
눈물처럼 둥글고 녹색인 절망적인 눈과 마주쳐요.

신랑인 아버지, 이 부활절 달걀 안에
사탕으로 만든 장미의 화관 아래에서

여왕벌은 당신의 겨울과 결혼했어요.

가장 멀리 있는 집의 은둔자[1]

수평선으로 연결된 공허한 푸른색 서판인
하늘과 바다는 천둥소리로 꽈르릉거리지만,
이 남자의 기력을 꺾을 수 없다.

'돌 머리'와 '갈고리발톱 발'의 위대한 신들은
바위에 많이 부딪쳐 숨이 차면서
갈고리발톱의 위협을 깨달았다.

그렇다면, 무엇 때문에 그들은 시무룩하게
저 오랜 독재자인 긴 더위와 추위를
견뎌냈는가

그가 문지방에 앉아 박장대소하며,
자신의 똑바로 곧은 오두막의 목재처럼
등을 굽히지 않고 앉아 있다고 한다면?

무정한 신들만이 있을 뿐, 그 외에는 아무도 없다.
여전히 그는 서투르게 무언가를 다루었다.
돌투성이 뿔 모양의 항아리를 어설프게 다루는 것이 아니라

확실한 의미가 있는 풀밭을 다루었다.
그는 그들과 맞서 싸운다, 저 은둔자는.

바위같이 단단한 얼굴, 게의 갈고리발톱은 풀밭 근처에 있다.

갈매기 떼는 가장 푸른 불빛 안에서 생각에 잠긴다.

검은 옷을 입은 남자

세 개의 심홍색 방파제가
왼쪽에서 회색빛 바다의
밀침과 빨아들임을

받아들이고 오른쪽에서
파도가 잘 정돈된 돼지우리와
닭장과 소의 목초지가 딸린

'디어 아일랜드1' 감옥의
회갈색 가시철조망이 쳐진
곶에 부딪치며 세찬 물결을 일으키고,

3월의 얼음이
바위 웅덩이를 윤나게 하는 곳에서,
코담배 색깔의 모래 절벽은

떨어지는 조수가 드러내는
거대한 돌 갑 위로 솟아오른다,
너는, 저 흰 돌들을 가로질러

우중충한 검은 양복을 입고
검은 구두와 검은 머리를 한 채

성큼성큼 걸어 나오다가, 마침내 거기 서서,

저 멀리 보이는 꼭대기에 소용돌이를
고정하고, 돌과 공기와
그 모든 것을 함께 못 박아버린다.

노인 요양원

딱정벌레처럼 까만색 옷을 입고,
오래된 토기처럼 깨지기 쉬워
한 번의 입김으로도 산산이 부서질 것 같은,
할머니들은 바위 위에서 일광욕을 하거나
돌이 온기를 간직한 벽에
기대서 있으려고
이곳에 살금살금 걸어 나온다.

그들의 목소리와는 대조를 이루는
부리가 튀어나온 새를 뜨개질로 떴다.
아들들, 딸들, 딸들과 아들들은
사진처럼 멀고 냉정하게 느껴지고,
아무도 손자를 알지 못한다.
나이는 가장 질 좋은 검은색 옷감을
이끼처럼 빛바랜 붉은색이나 녹색으로 닳게 만든다.

올빼미의 울음소리에 오래된 유령들은
그들을 잔디밭으로 몰아넣으려고 떼 지어 간다.
관처럼 네모난 상자 모양 침대에서
모자를 쓴 귀부인들이 히죽 웃는다.
대머리 심술쟁이 영감 '죽음'은
램프의 심지가 숨 쉴 때마다 짧아지는
통로에서 오도 가도 못하게 막고 서 있다.

그물 고치는 사람들

정어리잡이 배가 있는 작은 항구에서 조금 위쪽으로,
가늘고 쌉쌀한 아몬드 씨가 우툴두툴한 녹색 껍데기 속에서
통통해지는 숲 속에서 반쯤 아래쪽으로, 검정 옷을 입은
그물 고치는 사람 셋이 모두 누군가를 애도하며 앉아 있다.
그들은 튼튼한 의자를 도로 뒤편에 두고
입구의 음산한 도미노 패를 마주 보고 있다.

                           태양은 그들의 검은색을
물결 모양으로 만들고, 나뭇잎 그늘의 무화과를 보랏빛으로 물들이며,
먼지를 분홍색으로 바꾼다. 토마스 오르투뇨라는 이름의 길 위에서, 돌비늘이
닭의 둥그런 발가락 아래에 있는 화폐처럼 윙크한다.
집들은 염소가 바다 염분을 바위에서 다 핥아 먹은 듯 온통 하얗다.

손가락이 거친 그물과 섬세한 그물을 작업하는 동안에
그들의 눈은 파란 녹색의 공처럼 마을 전체를 휙 둘러보았다.
그 누구도 그들 모르게 죽거나 태어나지 않는다.
그들은 신부의 레이스를, 쌈닭처럼 혈기 왕성한 연인을 이야기한다.

냉정한 마돈나인 달은 잿빛 바다와
그들을 감싸는 견고한 언덕 위에 걸려 있다. 살아 숨 쉬는 손가락

들은
오래된 이야기를 그물 실에 함께 꼬아 만든다.

오늘 밤은 물고기가
그물에 은빛 수확을 몰아오고, 우리 남편과 아들의 램프가
낮게 떠 있는 별 사이로 확실하게 움직일 수 있기를.

목련 한가득

갈매기가 울고 있는 여기 위로
   아직도 여름인 양
우리는 빛바랜 붉은 얼룩의 잔재와 조가비와

게의 미로를 한가로이 거닌다.
   계절은 거꾸로 흐른다.
녹색의 바다 정원은 선수船首를 꼼짝 못하게 하고,

골동품 책이나
   벽에 걸린 양탄자 안에
불멸의 정원인

자신의 표정을 회복하며,
   우리를 삐뚤어지고 퇴폐적으로 남길지라도.
지난달 역시 사라진다.

우리 아래에 하얀 갈매기가
   해초로 매끈거리는 암초를 그 자신을 위해 간직하고,
다른 갈매기를 서둘러 쫓아낸다.

게는 돌밭 위를 배회하고,
   홍합은 포도처럼 파랗게 엉켜 있다,

갈매기의 부리는 수확을 가져온다.

수채화가는 붓을
　혹독한 대기 안에서 꽉 쥔다.
수평선이 배를 드러내고,

해변과 바위가 나타난다.
　그는 겨울에 날개를 퍼덕거리며
눈보라처럼 몰아치는 갈매기를 물감으로 그린다.

　　　　　　　　　　　　　　1959년 10월

잠꾸러기

어떤 지도도 저기 두 명의 잠꾸러기가 있는
거리를 발견할 수 없다.
우리는 추적에 실패했다.
그들은 파랗고 변치 않는
빛 안 물속에 있는 듯
노란색 레이스가 달린 커튼을 친

발코니 유리창을 살짝 열어놓고 누워 있었다.
가느다란 틈을 통해
젖은 흙냄새가 올라온다.
달팽이는 은빛 발자국을 남긴다.
음산한 잡목림이 집의 가장자리를 두른다.
우리는 뒤돌아본다.

죽음처럼 창백한 꽃잎과
모양새가 견고한 나뭇잎 사이에서
그들은 입과 입을 마주 대고 잠을 잔다.
하얀 안개가 피어오른다.
작은 녹색 콧구멍으로 숨을 쉬면서,
그들은 잠에 빠져든다.

저 따듯한 침대에서 쫓겨난 우리는

그들이 꾸는 꿈이다.
그들의 눈꺼풀은 빛을 가리고 있다.
그들은 아무런 해도 입지 않는다.
우리는 껍데기를 내던지고
또 다른 시간 속으로 빠져든다.

야도[1], 장대한 장원

나무 타는 냄새와 멀리서 들리는 확성기 소리가
이 선명한 공기 속으로 서서히 스며들다가,
희미해진다.

붉은 토마토와 깍지 콩이 안에 준비되어 있다.
요리사는 파이를 만들려고
넝쿨에서 호박을

힘들게 들고 온다. 전나무에는 찌르레기 무리가 꽉 차 있다.
황금 잉어가 물웅덩이에서 희미하게 나타난다.
말벌이 과즙을 빨아들이려고

바람에 떨어진 과일 위를 기어간다.
학구적인 뮤즈에 빠진
투숙객들은 창작을 한다.

실내에는, 티파니의 불사조[2]가
벽난로 위에서 날아오른다.
조각된 썰매 두 개가

엄지기둥 근처 오렌지 색깔의 벨벳 위에 놓여 있다.
나무를 때는 난로는 토스트 빵처럼 따듯하게 타오른다.

여느 때보다 늦게 온 투숙객들은

아침마다, 새파란 하늘과
다이아몬드 판유리 창문과
아연을 입힌 듯 새하얀 눈을 보며 잠에서 깨어난다.

영예의 상징

껍질이 벗겨진 오렌지 나무에
별과 달을 새긴 문 옆에서
청동 뱀은 구두끈처럼 꼼짝도 않고

햇빛 속에 누워 있었다. 죽었지만
여전히 유연한 그의 턱은
분리된 채, 희죽거리며 웃는 모습은 뒤틀려 있었고,

혀는 장밋빛 화살 같았다.
나는 손 위에서 그를 잡았다.
내가 불빛 속에서 그를 뒤집었을 때,

그의 가느다란 선홍색 눈은
유리 속의 불꽃으로 점화되었다.
내가 한 번에 바위를 쪼갰을 때

석류석 조각도 그렇게 빛났다.
태양이 송어를 부패시키는 방식으로
먼지가 그의 등을 황토로 흐릿하게 만들었다.

하지만 그의 배는 쇠사슬 갑옷 속에서
불꽃을 간직했다,

흐릿한 배의 비늘 하나하나에는

오래된 보석들이 그을려 있었다.
일몰은 희뿌연 유리를 통해 보인다.
그리고 나는 어두운 상처 속에서 흰 구더기들이

핀처럼 가느다랗게 꿈틀거리는 것을 보았다.
쥐를 소화하기라도 하듯이
그의 내장은 불룩해져 있었다.

순수한 죽음의 금속인 칼처럼,
그는 매우 품위 있었다. 정원사가 내던진 벽돌은
그의 웃음을 완성했다.

장원의 정원[1]

우물은 말랐고 장미는 다 졌다.
죽음의 향기. 너의 날이 다가온다.
배梨는 아기 부처처럼 통통해진다.
푸른 안개가 호수를 질질 끌고 간다.

너는 물고기의 시대와
돼지의 말쑥한 세기를 통과해 나아간다.
머리와 발가락과 손가락은
그림자도 없이 나타난다. 역사는

이런 부서진 홈과
아칸서스 잎 장식의 화환을 풍성하게 한다.
까마귀는 자신의 옷맵시를 가다듬는다.
너는 흰색 히스, 벌의 날개,

두 번의 자살, 늑대 가족,
멍한 시간을 물려받는다. 견고한 별 몇몇이
이미 하늘을 노랗게 물들인다.
자신이 만든 거미줄을 타고 거미는

호수를 건넌다. 벌레는
그들의 일상 서식지를 떠난다.

작은 새는 선물을 들고
난산에 모여든다, 모여든다.

푸른 두더지들

(1)

그들은 암흑의 넝마 자루 밖에 나와 있다,
이 죽은 두더지 두 마리는 몇 미터 떨어져
내던져진 장갑처럼 보기 흉하게, 자갈투성이 바퀴 자국 안에 있다.
개나 여우가 물어뜯어놓은 푸른색 스웨이드.
느릅나무 뿌리 밑 자신의 행동반경에서
어떤 큰 동물에게 파헤쳐진 조그만 희생자,
혼자 있는 한 마리는 몹시 측은해 보였다.
두 번째 시체는 사건을 결투로 보이게 한다,
사악한 자연에 물어뜯긴 눈먼 쌍둥이.

하늘의 멀리 있는 둥근 지붕은 온전하고 선명하다.
길과 호수 물 사이에서
자신의 노란 동굴들을 흐트러뜨리며
나뭇잎은 어떤 불길한 공간도 드러내지 않는다. 이미
두더지들은 돌처럼 중성적으로 보인다.
그것들의 나선형 코와 들어 올린 하얀 손들은
억지로 꾸민 자세 안에서 경직되어 있다.
어떻게 분노가 폭발했는지 상상하기 어렵다,
이제는 옛 전쟁의 연기가 흩어져버린 채.

(2)

밤마다 전쟁의 고함 소리가
퇴역 군인의 귓가에 갑자기 울려 퍼진다, 또다시
나는 두더지의 부드러운 가죽 속으로 들어간다.
이들에게 빛은 없다. 그들은 빛 안에서 움츠러든다.
내가 잠자는 동안에 무언의 공간을 돌아다닌다,
흙을 손바닥으로 치우면서,
뿌리와 바위의 통통한 산물을 좇아 나무뿌리를 캐내는 두더지들.
낮엔 표토만이 들어 올려진다.
저 아래쪽에 한 마리가 홀로 있다.

대단히 큰 손들이 길을 닦고,
그들은 앞서서 간다. 암맥을 열고,
딱정벌레와 췌장과 겉날개의 부속기관들을 찾아서
몇 번이고 잡아먹히며,
깊게 파 들어간다.
마지막 포만감의 하늘은 출입구에서 여전히 멀기만 하다.
우리 사이의 일은
암흑 안에서 일어나고, 낱낱의 숨결처럼
쉽게, 종종 사라진다.

음산한 숲, 음산한 호수

이 숲은 진한 향을 피운다.
희미한 이끼가
팔꿈치 스카프에 뚝뚝 떨어지고,

멋진 나무의 원시적 골격과
대담하게 맞선다.
푸른 안개는

물고기가 가득한 호수 위로
떠다닌다.
숫양의 뿔처럼 똘똘 감긴 채

달팽이는 반짝반짝 빛나는
물의 경계에 소용돌이무늬를 만든다.
작년에 저 아래에 확 트인 곳에서

숲의 진귀하고
다양한 금속을 망치로 두들겼다.
낡은 주석 합금은

로켓 벨트에서
물의 거울을 꼬아서 만든다

그러는 동안 공기의 선명한

모래시계는 금화를
걸러낸다
반짝이는 물빛은

고리 맞추기 놀이를 하며
전나무 줄기 아래로
하나씩 미끄러뜨린다.

폴리의 나무

꿈의 나무, 폴리의 나무.
  나뭇가지 잡목림과
    얼룩덜룩한 어린 가지는 하나하나

얇은 조각을 이어 매듭을 짓고
  나무 위에 있는
    다른 나뭇잎과는 다르거나

종이처럼 평평하고
  색깔이 다채로운
    유령의 꽃 안에 있는 잎사귀 같다

서리의 입김처럼 사라지기 쉽고,
  중국 귀부인들이
    개똥지빠귀의 알을

공기 안으로 휘저으려고 사용한
  그 어떤 비단부채보다
    더 세심한 주의를 요한다.

대극성 식물의 은빛 털 달린 씨앗은
  저곳에 보금자리를 튼다,

촛불 주변에 반사된

후광처럼 덧없고,
　도깨비불 후광처럼 일시적이거나
　　구름 같은 것이 부풀어 오르고,

기이한 나뭇가지 모양의 촛대를
　뒤집는다.
　　울타리는 코로 냄새를 맡는 주름진 민들레로

밝아졌고,
　하얀 국화는 빙빙 선회하며
　　호랑이 얼굴을 한 팬지는

붉게 달아오른다. 오 그것은
　가족 나무가 아닌,
　　폴리의 나무,

천국의 나무도 아니다,
　수정체같이 얇은 조각과
　　깃털과 장미로 결합되었을지라도.

그것은 그녀의 베개에서 돌연히 싹이 텄다.
　거미줄처럼 통째로,
　　손처럼 엽맥이 있는

꿈의 나무. 폴리의 나무는
　구슬 같은 눈물로
　　소중한 사람의 활을 두르고

소맷자락 위에 피 흘리는 심장과
　화관을 만들면서,
　　푸른 미나리아재비 별을 하나 품고 있다.

거대한 조각상[1]

나는 결코 당신을 온전히 짜 맞추진 못할 거예요
조각난 것을 접착제로 적당하게 이어 붙이지만.
노새 울음과 돼지가 꿀꿀거리는 소리, 음탕한 닭 울음소리가
당신의 거대한 입술에서 나오죠.
헛간 앞뜰보다 더 소란스러워요.

아마도 당신은 스스로를 신탁,
죽은 사람들이나 어떤 신들의 대변자로 생각하겠죠.
삼십여 년 동안 나는 당신의 목구멍에서
진흙 찌꺼기를 긁어내리려고 부단히 노력했어요.
나는 조금도 더 현명해지지 못했죠.

접착제 그릇과 소독약이 든 양동이를 들고 작은 사다리에 기어올라
나는 당신의 눈썹에 잡초가 무성한 것을 보고
슬퍼하며 개미처럼 기어다니죠
거대한 두개골 판을 수선하고
풀 없는 흰 무덤 같은 당신의 눈을 청소하려고.

오레스테이아[2]에 나오는 파란 하늘이
우리의 머리 위에서 활 모양을 만들어요. 오 아버지, 당신 혼자로도
로마인의 토론회처럼 명쾌하고 역사적이네요.
나는 검정 삼나무 언덕 위에서 점심을 먹지요.

오래전처럼 당신의 홈이 팬 뼈와 아칸서스 잎 모양의 머리칼은

수평선까지 어지럽게 널려 있어요.
그렇게 폐허가 되려면
한 번보다는 더 많은 벼락이 필요했을 거예요.
밤마다, 나는 바람을 피해
염소의 뿔처럼 생긴 당신의 왼쪽 귀에 쭈그리고 앉아

붉은 별과 살구빛 별을 헤아리지요.
태양은 기둥 모양의 당신의 혀 아래에서 떠오르죠.
내 시간은 그림자와 결혼했어요.
이제는 선착장의 무표정한 돌 위에서
배가 삐거덕거리는 소리에 귀를 기울이지 않아요.

사유지

첫서리가 내린 날, 나는 걸었다
뉴욕 숲의 지협을 상쾌하게 하려고
유럽의 골동품 가게에서 네가 들고 온
장미 열매처럼 생긴 그리스 조각상의 대리석 발가락 사이를.
머지않아 흰옷을 차려입은 귀부인이 신경을 자극하는 날씨를 피해서
숙박할 것이다.

아침마다, 입에서 담배 냄새를 풍기는 일꾼은
황금 물고기 연못의 물을 갈았다.
연못은 허파처럼 갑자기 물이 빠졌고, 빠져나간 물은
한 올 한 올 자신이 살고 있는
순수하게 관념적인 탁자로 실을 꿴다. 새끼 잉어는
오렌지 껍질처럼 진흙을 흩뜨렸다.

열한 주 동안 머물면서, 너의 사유지를 잘 알게 되었고
거의 밖에 나갈 필요가 없었다.
고속도로가 나를 집 안에 감금했다.
마약을 거래하면서, 북쪽과 남쪽으로 향하던 차들은
흥분한 뱀을 너덜너덜하게 만들었다. 이곳에서는, 마리화나가
나의 신발 위에 슬픔을 토해놓는다.

숲은 삐걱 소리를 내고 아프지만, 일상 그 자체를 잊어버린다.

나는 몸을 굽혀 물 빠진 세면대를 바라보았다
작은 물고기는 진흙이 얼어붙은 것처럼 수축되어 있다.
그들은 눈처럼 반짝거렸다, 나는 모두 한데 모았다.
오래된 통나무와 오래된 이미지의 영안실, 호수는
호수에 비친 상을 받아들인 채, 수문을 열고 닫는다.

생일을 위한 시[1]

1. 누구

꽃 피는 달은 끝났지. 과일은 창고에 들어왔고,
먹었든지 썩었든지. 나는 온통 입뿐이네.
10월은 저장하는 달.

이 헛간은 미라의 위胃처럼 곰팡내가 나지.
낡은 연장, 손잡이, 그리고 녹슨 돌출부.
나는 여기 죽은 머리들 사이에서 마음이 편하네.

나를 화분 안에 앉게 해다오,
거미가 알아차리지 못할 거야.
내 심장은 자라나기를 멈춘 제라늄.

바람이 내 허파를 그냥 내버려두면 좋을 텐데.
개가 꽃잎의 냄새를 맡지. 꽃잎은 뒤집혀서 엉망으로 피어나네.
수국 덤불처럼 덜거덕 소리를 내지.

어제까지 서까래에 못 박혀 있던
썩어가는 머리가 나를 위로하지,
겨울잠을 자지 않는 동지.

둥글고 큰 머리. 벌레 먹은 자줏빛, 은 광택제
당나귀 귀의 드레싱, 좀먹은 모피, 하지만 녹색 심장을 지닌 채.
돼지비계처럼 하얀 그들의 혈관.

오 유용함이 지닌 아름다움이여!
오렌지색 호박은 눈이 없지.
이 강당은 자신이 새라고 생각하는 여자들로 가득하지.

이곳은 따분한 학교.
나는 꿈이 없는
뿌리고, 돌이고, 올빼미 똥이야.

어머니, 당신은 유일한 입이고
나는 그 혀일 거예요. 타자성의 어머니
나를 드세요. 쓰레기통을 멍하니 바라보는 사람, 문간의 그림자.

나는 말했지. 나는 반드시 기억해야 한다고, 작다는 것을.
엄청나게 큰 꽃들,
아주 사랑스러운 보라색과 붉은색 입들이 있지.

블랙베리 줄기에 감긴 굴렁쇠가 나를 울렸지.
이제 그것은 전구처럼 나를 밝혀주지.

몇 주 동안 나는 아무것도 기억할 수 없었지.

2. 암흑의 집

이곳은 무척 크고, 어두운 집.
나 혼자 이 집을 만들었지,
조용한 구석의 작은 방부터 하나하나
잿빛 종이를 씹으며,
아교 방울을 짜내며,
휘파람을 불며, 귀를 꿈틀거리며,
다른 것을 생각하며.

많은 지하실,
뱀장어 같은 동굴들이 있지!
나는 올빼미처럼 통통하고,
나 스스로 빛을 보지
언제라도 강아지를 낳거나
말의 어미가 될 수도 있지. 배가 움직인다.
나는 지도를 더 만들어야만 하지.

이 골수로 가득한 터널!
나는 두더지 손으로 내 길을 파먹지.

온통 입뿐인 녀석은 덤불과
고기 항아리를 핥지.
그는 돌투성이 구멍인
오래된 우물에 살지. 그는 비난받아 마땅하지.
그는 뚱뚱한 편이지.

자갈 냄새, 순무 같은 방들.
작은 콧구멍들이 숨을 쉬지.
작고 소박한 사랑들!
코처럼 뼈가 없는 시시한 것들,
뿌리의 창자 속은
따듯하고 견딜 만하네.
이곳에 꼭 껴안는 어머니가 있지.

3. 미내드[1]

한때 나는 평범했지.
아버지의 콩 나무 옆에 앉아서
지혜의 손가락을 먹고 있었지.
새들이 젖을 만들었지.
천둥이 치면 나는 납작한 돌 아래 숨었지.

입의 어머니는 나를 사랑하지 않았지.
아버지는 인형으로 오그라들었지.
오 나는 되돌아가기엔 너무 커졌지.
새 젖은 깃털이고,
콩잎은 손처럼 말이 없지.

이번 달은 일하기에 별로 안 좋아.
죽은 사람들은 포도 잎 안에서 무르익지.
붉은 혀가 우리 사이에 있지.
어머니, 내 뜰에는 들어오지 마세요,
나는 다른 사람이 되어가고 있으니까요.

게걸스레 먹어치우는 도그헤드[2].
어둠의 열매를 나에게 먹여줘.
눈꺼풀은 감기려 하지 않지. 시간은
태양의 거대한 배꼽에서
끝없는 광채를 풀어내지.

나는 그 모든 걸 삼켜야 하지.

부인, 달의 큰 술통 안에 있는 이들은 누구인가요,
잠에 취해서 팔다리를 기괴하게 한 이들은?

이 빛 속에서 피는 검은색을 띠지.
나의 이름을 말해줘.

4. 짐승

일찍이 그는 황소 인간,
음식의 왕이자 내 행운의 동물이었지.
그가 경쾌한 상태에서는 숨 쉬는 일이 수월했지.
태양은 그의 겨드랑이 밑에 앉아 있었지.
아무것도 곰팡이 슬지 않았지. 눈에 보이지 않는 작은 것들은
성심성의껏 그의 시중을 들었지.
파란 자매는 나를 다른 학교로 보냈지.
원숭이는 광대 모자를 쓰고 살았지.
그는 나에게 끊임없이 입맞춤을 퍼부었지.
나는 그를 잘 알지 못하지.

그는 떨쳐버리기 어려울 거야.
눈물 어린 불쌍한 멈블포즈[3],
파이도 리틀소울[3], 창자의 친근한 것.
쓰레기통 하나면 그에게 충분하지.
암흑은 그의 뼈.
어떻게 불러도 그는 어울릴 거야.

진흙 구덩이, 행복한 더러운 얼굴.
나는 쓰레기 찬장과 결혼했지.
나는 물고기 웅덩이에서 잠을 자지.
여기 아래쪽으로 하늘은 경사져 있지.
혹월로[3]는 창가에 있지.
별 벌레들도 이번 달에는 나를 구할 수 없지.
나는 개미 떼와 연체동물 사이
시간의 창자 끝에서 집안을 꾸려나가지.
무無의 공작 부인,
헤어터스크[3]의 신부.

5. 갈대 연못에서 들려오는 플루트 소리

이제 추위가 체에 걸러져, 층층이,
백합의 뿌리가 있는 우리의 나무 그늘로 떨어지네.
머리 위에선 여름의 낡은 우산이
골격 없는 손처럼 오그라들지. 숨을 곳은 거의 없네.

시간마다 하늘의 눈은 비어 있는 영토를
넓혀가지. 별은 가까이 있지 않네.
이미 개구리 입과 물고기 입이

나태함의 술을 마시고, 모든 사물은

망각의 부드러운 양막 속으로 가라앉지.
변하기 쉬운 색깔은 탈색되네.
날도래 유충은 비단 덮개 안에서 졸지,
램프 모양의 머리를 지닌 요정도 조각상처럼 꾸벅꾸벅 졸지.

광대의 줄에서 풀려난 꼭두각시는
뿔 모양의 가면을 쓰고 잠자리에 들지.
이건 죽음이 아니라, 그보다 안전한 것.
날개 달린 신화는 이제 우릴 힘껏 잡아당기지 않지.

골고다의 물 위에 갈대 끝에서 노래하는
벗겨진 허물은 혀가 없고,
아기의 손처럼 가냘픈 신은
깍지를 벗고 공기 안으로 나아가겠지.

6. 마녀 화형식

시장에선 사람들이 마른 나뭇가지를 쌓아올리네.
그림자의 덤불은 초라한 코트. 나는 나 자신의 밀랍 형상,
인형의 몸에 거주하지.

병은 여기서 시작하네. 나는 마녀들을 위한 과녁판.
악마만이 악마를 먹어치울 수 있지.
붉은 잎의 달에 나는 불의 침대에 기어 올라가지.

암흑을 비난하기란 참 쉽지. 문의 입,
지하실의 배. 사람들은 내 불꽃을 불어서 꺼버렸지.
검은색 날개를 걸친 여인이 나를 앵무새 새장 속에 가두네.
죽은 자들의 눈은 얼마나 큰지!
나는 털투성이 귀신들과 친한 사이.
연기가 이 텅 빈 항아리에서 방향을 바꾸네.

내가 조그맣다면, 사람을 해치지 못하지.
내가 돌아다니지 않으면, 아무것도 뒤엎지 못할 거야. 나는 말했지,
쌀알처럼 작고 둔하게, 항아리 뚜껑 아래에 앉아서.
사람들은 둥글게 돌면서 화구의 불길을 세게 만들지.
우리는 녹말가루로 가득 찼지, 희고 작은 친구들. 우리는 자라지.
처음엔 아프지. 붉은 혀가 진실을 가르쳐줄 거야.

어미 딱정벌레야, 손을 벌려만 주렴.
나는 그을린 자국 없는 나방처럼 촛불의 입을 뚫고 날아갈 거야.
내 형체를 다시 돌려다오. 나는 돌의 그림자 안에서 먼지와 짝지은
날들을 해석할 준비가 되었네.

내 발목이 빛나네. 반짝임은 허벅지로 올라가네.
나는 길을 잃었네, 길을 잃었네, 이 모든 빛의 의상 속에서.

7. 돌

이곳은 사람들이 수선되는 도시.
나는 커다란 모루 위에 누워 있지.
내가 빛 밖으로 떨어졌을 때

밋밋한 푸른 하늘의 원은
인형의 모자처럼 날아가버렸지. 나는
말없는 찬장인 무관심의 위胃에 들어갔지.

절구 공의 어머니가 나를 축소하지.
조용한 조약돌이 되었네.
배 속의 돌들은 평온해졌고,

주춧돌은 무언가에 떠밀리지도 않고 얌전해졌지.
단지 입 구멍이 날카로운 소리를 내지,
침묵의 채석장 안에 있는

성가신 귀뚜라미처럼.

도시의 사람들이 그 소리를 들었지.
그들은 말없이 따로 떨어져 있는 돌과

도시의 사람들 위치를 소리쳐 알리는 입 구멍을 찾아다녔지.
태아처럼 취해서
나는 암흑의 젖꼭지를 빨고 있네.

식도가 나를 감싸 안네. 스펀지가 내 이끼를 키스하듯이 닦지.
보석 세공장은 돌 눈 하나를 캐내어 열려고
끌을 돌리지.

이곳은 지옥 이후. 나는 빛을 보네.
바람이 늙도록 잔걱정만 해대는 사람의
귀의 방 마개를 뽑지.

물은 부싯돌 입술을 달래주고,
햇빛은 동일한 모습을 벽 위에 놓아두지.
접목하는 사람들은 즐거워하지,

펜치를 달구고, 섬세한 망치를 끌어 올리며.
전류가 전압을 상승시키고
전선줄을 휘젓네. 장선腸線이 내 몸에 균열된 틈을 꿰매지.

일꾼 한 사람이 분홍색 토르소를 들고 걷네.
창고는 심장으로 가득하지.
이곳은 예비 부품의 도시.

붕대로 감싼 내 팔다리는 고무처럼 달콤한 냄새가 나지.
여기선 머리건 팔다리건 다 수리할 수 있지.
금요일마다 어린아이들은

자기 갈고리를 손으로 바꾸러 와.
죽은 사람들은 다른 사람들에게 눈을 남기지.
사랑은 내 대머리 간호사의 제복.

사랑은 내 저주의 뼈와 살.
다시 만들어진 꽃병은
손에 잡히지 않는 장미를 간직하고.

열 손가락은 그림자를 위해 그릇 모양을 만들지.
수선한 곳들이 가렵네. 할 수 있는 일이라곤 아무것도 없어.
나는 새것처럼 좋아지겠지.

1959년 11월 4일

불에 타버린 온천[1]

늙은 짐승 한 마리가 이곳에서 생을 마감했다.

나무와 녹슨 이로 만든 괴물.
불이 그의 눈을 녹여
희미한 푸른빛 유리 원료의 덩어리, 소나무 껍질에서 스며 나오는
송진처럼 불투명한 덩어리를 만들었다.

그 몸통의 서까래와 버팀목은
숯이 된 까만 곱슬 털을 여전히 달고 있다.
나는 얼마나 오랫동안 그 시체가 여름의 쓰레기 더미와
검은 잎으로 덮인 가을 아래 쓰러져 있었는지 알 수 없다.

이제 조그만 잡초가 그것의 뼈 사이로
부드러운 스웨이드 혀를 교묘하게 들여보낸다.
그것의 장갑판과 넘어진 돌은
귀뚜라미의 산책로다.

나는 의사나 고고학자처럼
그를 움직이게 만들었던
쇠의 내부와 에나멜 그릇, 철사 뭉치와 파이프를
들고 세심히 살펴본다.

작은 골짜기는 한때 자신을 침식시킨 것을 침식한다.
하지만 샘의 영액은
찢어진 목구멍, 늪 같은 입술에서 흐를 때처럼
선명하게 흘러나온다.

뒷부분이 내려앉은 다리의
녹색과 하얀색 난간 밑으로 흘러간다.
몸을 기댄 채, 나는 부들로 만든
바구니 세공품에 짜 맞춘

현실에 존재할 것 같지 않은 핏기 없는 사람을 만난다.
오 색조 없는 물 아래 자리 잡은 그녀는
우아하면서도 엄격하구나!
그건 내가 아니다, 그건 내가 아니다.

어떤 동물도 그녀의 녹색 층층대에서는 썩지 않는다.
우리는 건실한 사람들이 집을 지키는 곳에는
결코 들어가지 않을 것이다.
우리를 밀치는 시냇물은

영양분을 주지도 치료를 하지도 않는다.

1959년 11월 11일

버섯[1]

밤사이, 아주
하얗게, 신중하게,
아주 조용히

우리의 발가락과 코는
찰흙을 꽉 붙잡고,
공기를 얻는다.

아무도 우리를 보거나
저지하거나, 배신하지 않는다.
작은 낟알은 자리를 내어준다.

부드러운 주먹은
뾰족한 나뭇잎과
잎이 많은 화단과

심지어 보도까지 들어 올리자고 우긴다.
우리의 쇠망치와 충각衝角은
귀가 없고 눈도 없고,

완벽한 벙어리인데,
갈라진 틈을 넓히고,

구멍을 밀치며 나아간다. 우리는

물과 그림자 부스러기로
식사를 하고,
온화한 태도로,

거의 아무것도 요구하지 않는다.
이렇게 많은 우리!
이렇게 많은 우리!

우리는 선반이고, 우리는
탁자며, 우리는 유순하고
우리는 먹을 수 있는 것이다.

자신도 모르는 사이
팔꿈치로 찌르고 밀치는 놈들이다.
우리의 종족은 늘어간다.

아침이면 우리는
토양을 물려받을 것이다.
우리의 발이 문 안에 들어섰다.

1959년 11월 13일

1960

1959년 크리스마스 전에 실비아 플라스와 테드 휴스는 영국으로 돌아와 런던의 샬콧 스퀘어에 집을 마련했다. 이듬해 2월에 플라스는 하이네만 출판사와 첫 시집 『거대한 조각상』 출간을 계약했다. 4월 1일, 딸 프리다가 집에서 태어났다. 10월에 런던에서 『거대한 조각상』이 출간되었다.

너는

박수갈채에 가장 행복해하는 어릿광대 같고,
별을 향해 걸음마 하며, 달 모양의 두개골을 지녔고,
물고기처럼 입을 크게 벌리지. 흔히
응가 하고 싶을 때 엄지손가락을 아래로 내리며 불편함을 표현하지.
실패처럼 너 자신 안에서 모든 걸 마무리하고,
올빼미처럼 어둠을 세밀히 탐구하지.
7월 4일부터 만우절까지[1]
순무처럼 말이 없지,
오 높이 일어서는 녀석, 빈둥거리며 노는 나의 어린 녀석.

안개처럼 애매모호하지만 편지처럼 찾게 되지.
호주보다 훨씬 더 멀리 떨어져 있고.
여기저기 헤매고 다닌 참새우처럼 등이 굽은 아틀라스[2].
새싹처럼 아늑하고
피클 항아리 안에 있는 작은 청어처럼 편히 있지.
주름투성이의 뱀장어를 담아놓은 바구니.
멕시코산 콩처럼 잠시도 가만히 있지 못하지.
잘 푼 계산 문제처럼 정확하지.
너의 얼굴이 놓인 깨끗한 석판이지.

1960년 1월, 2월

교수형 집행인

머리카락 뿌리까지 어떤 신이 나를 꽉 붙잡았다
나는 사막의 예언자처럼 그의 푸른 전기 볼트 안에서 지글지글 탄다.

밤은 도마뱀의 눈꺼풀처럼 순식간에 시야에서 사라졌다.
전등갓이 없는 소켓 안에서 환히 드러난 결백한 낮의 세계.

탐욕스러운 권태가 나를 이 나무에 핀으로 고정했다.
그가 나라면, 그도 내가 저지른 일을 할 것이다.

1960년 6월 27일

사산아

이 시들은 살아남지 못한다. 슬픈 진단이다.
그들은 발가락과 손가락이 충분히 자랐고,
작은 앞이마는 정신 집중으로 부풀어 올랐다.
그들이 사람처럼 걷지 못했다면,
모성애가 부족해서가 아니다.

오 나는 그들에게 일어난 일을 이해할 수 없다!
그들은 형태나 편 수나 모든 부분에서 적합하다.
그들은 절인 물 안에 얌전히 앉아 있다!
그들은 나를 향해 웃고 웃고 웃고 웃는다.
하지만 여전히 허파는 채워지지 않고 심장은 작동하려 하지 않는다.

돼지 같거나 물고기 같아 보이지만,
돼지가 아니고, 물고기도 아니다,
빛을 보았다면 훨씬 나았을 것이고, 그것이 그들의 모습이었다.
그들은 폐기되었고, 그들의 어미는 심란해져 죽은 거나 다름없다.
그들은 멍청하게 쳐다볼 뿐, 그녀에 대해서 말하지 않는다.

갑판 위에서

자정의 대서양 한가운데. 갑판 위에서.
두터운 덮개 안에서처럼 자신을 꼭꼭 감싼 채,
옷 가게에 있는 마네킹처럼 아무 말 없이,
몇몇 승객은 천장에 있는
낡아빠진 별 지도의 자취를 좇는다.
멀리서 작게 보이는 배 한 척은

이 층짜리 웨딩 케이크처럼 불을 켜고,
천천히 촛불을 실어 나른다.
이제 별로 볼 것이 없다.
여전히 아무도 움직이거나 말하려 하지 않는다.
카펫보다 크지 않은 네모난 구역에서
빙고 게임을 하는 사람들, 게임을 즐기는 사람들은

물마루 사이 골 위로 거칠게 밀린다,
게임하는 사람들은 특히 이 시간에 오도 가도 못하며,
왕처럼 그 안에 포위되었다.
작은 물방울이 그들의 코트와 장갑에 얼룩졌다.
너무 빨리 말라서 젖은 느낌이 들지 않았다.
그것이 사라지는 곳에는 무슨 일이든 생길 수 있다.

외모가 단정치 못한 종교 부흥 운동가 여인에게

선한 주님은 준비해놓으신다(그녀에게
돈지갑과 진주 머리핀,
그리고 지난 8월에는 겨울 외투를 일곱 벌 주셨다)
숨을 죽이며 그녀는 서베를린에 있는
예술 전공 학생들을 구원할 수 있기를 기도한다.

그녀의 바로 곁에 있는 점성술사(사자자리)는
자신의 여행 날짜를 별점으로 골랐다.
그는 바다에 얼음덩어리가 없다며 매우 만족한다.
웨일스와 잉글랜드 여인들에게
천궁도를 2달러 또는 6달러에 팔면서
그는 일 년 안에 부자가 될 것이다(그는 알고 있다).

그리고 덴마크에서 온 백발의 보석상은
다이아몬드처럼 침착하게, 쉴 새 없이
시중을 드는 완벽한 아내의 형상을 조각하고 있다.
주인들의 팔목에
줄로 매달린 달 같은 풍선들, 가벼운 꿈들은
육지에 도달했다는 소식에 끈이 느슨하게 되어 둥둥 떠다닌다.

1960년 7월

모하비 사막[1]에서 잠자기

여기 바깥에는 벽난로의 재받이돌은 없고,
단지 뜨거운 모래뿐이다. 매우 건조하다.
공기는 상쾌하지 않다. 정오는 마음의 눈에
아주 기묘하게 작동한다,
사람과 집을 기억할 수 있는 유일한 사물,
불합리하게 곧게 뻗은 도로 옆 중간 지점에 있는
포플러 나무의 열을 똑바로 세우며.
서늘한 바람은 포플러 잎사귀 안에 있을 것이다
해뜨기 전 희미한 순간에
돈보다 더 귀한 잎사귀에 이슬을 모아야 한다.
하지만 그 잎은 미래처럼 손이 닿지 않을 뿐 아니라,
극심한 갈증보다 앞서서 서서히 미끄러지는
흘린 물의 반짝이는 허구처럼, 사그라진다.

나는 엄청나게 작은 그림자의 미세한 틈 사이로
혀를 날름거리는 도마뱀과
심장의 작은 물방울을 지키려는 두꺼비를 떠올린다.
사막은 장님의 눈처럼 하얗고
소금처럼 황량하다. 뱀과 새가
오랜 분노의 가면 뒤에서 졸고 있다.
우리는 바람 안에서 장작 받침쇠처럼 더위에 지쳤다.
태양은 타고 남은 재를 꺼버린다. 우리가 누워 있는 곳에

더위에 지친, 검정 장갑판을 입은 귀뚜라미가
모여들어 울어댄다.
낮달은 가엾은 어머니처럼 빛을 밝힌다,
귀뚜라미는 짧은 밤을 허송세월하며 보내려고
우리의 머리카락 속으로 기어들어온다.

1960년 7월 5일

구름 자욱한 전원에서 캠핑하는 두 사람
(캐나다, 락 호수¹)

이 지역에는 바위와 나무의 우세함,
말하자면, 사람의 형상을 한 구름의 이동 방향을 바로잡으려는
자나 저울이 없다.

너와 나의 어떤 몸짓도 그들의 관심을 끌지 못하고,
초월적 존재의 마법에 빠진 그 고장의 거인들처럼
어떤 말로도 그들에게 물을 길어 오거나 불을 지피게 할 수 없다.

그래, 사람들은 '공원'에 싫증이 난다. 사람들은 휴가를 원한다
나무와 구름과 동물이 눈에 띄지 않는 곳,
팻말이 붙은 느릅나무와 재배된 월계화에서 벗어난 곳에서.

보스턴 위 우아한 하늘은 수용할 수 없던
구름을 찾아 북쪽으로 운전하는 데 사흘이 걸렸다.
여기 광활하고 무모한 정신의 마지막 변경에서

수평선이 너무 멀리 펼쳐져 삼촌처럼 친근하다는 느낌은 없다.
색깔은 절로 극심하게 드러낸다.
하루하루는 거대한 석양을 탐닉하는 것으로 마감하고

밤은 거대한 발걸음으로 도달한다.
때때로, 별로 경비가 들지 않는다는 것은 위안이 된다.

이들 바위는 식물이나 사람에게 물건을 사라고 권하지 않는다.

그들은 완벽한 추위의 왕조를 계승한다.
한 달 뒤면 우리는 접시와 포크가 왜 필요한지 의아해할 것이다.
나는 화석처럼 무감각하게 네게 기댄다. 내가 여기 있다고 말해다오.

초기 청교도와 캐나다 원주민은 결코 우연히 만나진 않았을 것이다.
운석은 반짝이는 아메바처럼 호수 안에서 고동친다.
소나무는 가장 가벼운 한숨 안에서 우리의 목소리를 지워버린다.

우리의 텐트 주변엔 오래된 수수함이
안으로 들어오려 애쓰면서, 레테[2]처럼 졸린 듯이 살랑거린다.
우리는 새벽녘의 물처럼 맑아진 머리로 일어날 것이다.

1960년 7월

일찍 떠나며

여인이여, 너의 방은 꽃으로 꽉 차 있다.
네가 날 퇴짜 놓을 때,
와인 병 모양의 램프와,
블랙 푸딩 색깔의 벨벳 베개와
나는 물고기 모양의 이탈리아산 하얀 도자기가 뒤죽박죽된 곳에서,
사자처럼 따분하게 여기 앉은 나, 바로 내가 기억해야 할 것이다.
나는 너를 잊는다, 월요일의 술주정꾼처럼
가지째 자른 꽃이 다양한 항아리와
큰 컵과 맥주 컵에서 물을 홀짝홀짝 빨아들이는 소리를 들으면서.
그 지역 화려한 무리, 우윳빛 열매가
테이블 윗면에 있는 숭배하는 것들을 향해
고개 숙이고 있다.
우러러보는 눈동자들.
네가 다듬은 저 꽃잎이나 나뭇잎이,
저 은 세포조직에 녹색 줄이 쳐진 달걀 모양인가?
나는 붉은 제라늄을 안다.
친구들, 친구들. 그들에겐 겨드랑이 냄새와
가을의 뒤얽힌 질병과
사랑을 나눈 침대에서 다음날 아침에 나는 사향 냄새가 진동한다.
내 콧구멍은 그리움으로 간지럽다.
헤나 염료를 사용한 옷을 입은 추한 여인들. 네 최고의 옷감.
그들은 안개처럼 희뿌옇게 케케묵은 물을 발끝으로 찬다.

맥주 컵 안에 있는 장미는
간밤에 허깨비를 포기했다. 적절한 시간.
그들의 노란 코르셋은 벗겨질 준비가 되었다.
너는 코를 골았다, 나는 불안한 손가락처럼 꽃이
두드리고 똑딱 소리를 내며 빗장을 푸는 소리를 들었다.
너는 꽃잎이 다 죽기 전에 폐기해야만 했다.
새벽은 중국제 손잡이가 흩어져 있는
침실용 옷장의 문을 드러냈다. 이제 나는
이 땅딸막한 소파와 닮은
붉은 자줏빛에 잠긴 홀로페르네스[1]의 머리만 한
국화꽃 주변을 빤히 쳐다본다.
거울 속에서 꽃들이 거의 두 배로 보이며 부각된다.
들어보라. 너의 집에 기식하는 생쥐는
크래커 과자 봉지를 덜걱덜걱 소리 낸다. 질 좋은 밀가루는
새처럼 생긴 생쥐의 발을 감싼다. 생쥐는 기쁨의 환호성을 지른다.
그리고 너는 벽에 코를 대고, 꾸벅꾸벅 졸고 있다.
이 이슬비는 슬픈 재킷처럼 나에게 잘 어울린다.
우리가 어떻게 네 다락방에 도착했지?
너는 꽃봉오리 화병 모양의 유리컵에 진을 담아 건넸다.
우리는 잠을 푹 잤다. 여인이여,
폐에는 먼지가 가득하고 혀는 나무처럼 까칠한 상태로,

무릎 밑까지 추위가 엄습하고 꽃에 파묻혀, 나는 지금 뭐 하는가?

1960년 9월 25일

연애편지

당신이 일으킨 변화를 말하긴 쉽지 않아요.
지금 내가 살아 있다면,
그때 나는 죽었던 거죠.
돌처럼 무감각하게, 습관적으로 견뎌내면서
죽음과 같은 상태로 전혀 방해받지 않은 채.
내 조그만 눈이 아무런 희망 없이
푸름이나 별을 감지하며
하늘을 향해 다시 고정하도록 나를 놔두지 말아요.

그렇지 않았죠, 말하자면 나는 잠들었던 거죠. 뱀 한 마리가
겨울의 하얀 틈새에서,
검정 바위처럼 검정 바위들 사이에서 위장했어요.
내 이웃처럼,
현무암으로 만든 내 뺨을 녹이기 위해 수백만 번의
손길로 완벽하게 조각된 뺨은
아무런 즐거움을 느끼지 않았죠. 뺨이 눈물을 흘리고,
천사들은 그 둔감한 천성을 개탄했지만,
나를 설득하진 못했죠. 그 눈물은 얼어버렸어요.
죽은 머리 하나하나에는 얼음을 가리는 챙이 있었어요.

그리고 나는 굽은 손가락처럼 잠을 잤어요.
내가 본 첫 번째 광경은 순수한 공기와

영혼처럼 투명한
이슬 안에서 피어오르는 갇힌 물방울이죠.
주변에 많은 돌이 조밀하게 무표정하게 놓여 있죠.
그것으로 무엇을 만들지 몰랐어요.
나는 저울로 잰 운모를 닦았고,
새의 발과 식물의 줄기 사이에서
체액처럼 나 자신을 드러내 쏟아냈어요.
나는 속지 않았죠. 즉시 당신을 알아봤어요.

나무와 돌이 그림자 없이 반짝반짝 빛났어요.
내 손가락 길이가 유리처럼 투명하게 자랐죠.
나는 3월의 잔가지처럼 싹이 나기 시작했어요.
팔과 다리, 팔, 다리
그렇게 나는 돌에서 구름으로 올라갔죠.
이제 나는 얼음판처럼 순수한
내 영혼의 변화 속에서 공기를 떠다니는
신을 닮았어요. 이것은 선물이죠.

1960년 10월 16일

동방박사

관념적 사고[1]는 무미건조한 천사처럼 맴돈다.
아주 우아하게 무표정한 타원형 얼굴을 지배하는 그들의
코나 눈처럼 상스러운 것은 없다.

그들의 순수함은 깨끗한 세탁물이나
눈, 백묵 같은 것과는 아무런 연관이 없다. 그들은
실재하는 것이다, 알았다. 선한 것, 진실한 것.

끓인 물처럼 건강에 좋고 순수하고,
구구단 표처럼 냉담한 것.
그동안 아이는 희미한 대기를 향해 미소 짓는다.

태어난 지 여섯 달, 이제 그녀는 푹신한 해먹처럼
사방을 뒤흔들 수 있다.
악의 심원한 관념인 그녀에게

아기 침대를 돌보는 것은 배가 아픈 것에 비해 일도 아니다,
젖어미를 사랑하라, 이론은 필요 없다.
이 허약한 신의 종족은 자신들의 별을 혼동했다.

그들은 램프의 갓을 닮은 플라톤의 구유를 원했다.
그들이 공덕으로 플라톤의 심장을 깜짝 놀라게 하라.
어떤 여자아이가 그런 무리 사이에서 잘 자랄 수 있었겠나?

양초

그들은 마지막 로맨티시스트다, 이들 양초는.
뒤집힌 채 밀랍 손가락 끝을 잘라내는 불빛의 깊숙한 중심과
그 자체의 후광에 놀란 손가락들,
성인聖人의 몸뚱이처럼 거의 투명하게 우윳빛으로 차츰 자라난.
감동적이지만, 그들이 무시할 방식이다.

그림자의 텅 빈 공간과 갈대의 가장자리에서,
눈 하나의 깊이를 세밀히 검토할
탁월한 사물의 집단
촛불의 주인은 서른이 넘었고, 아름답지도 않다.
햇살이 더 현명할 것이고,

모두에게 항변할 기회를 줄 것이다.
그들은 풍선의 비행과 입체 환등기와 더불어 사라졌어야 했다.
지금은 사적인 견해를 피력하는 시간이 아니다.
그들을 밝힐 때면, 내 콧구멍이 간지럽다.
그들의 희미하고 일시적인 노란색은

에드워드 시대 감성[1]처럼, 거짓을 마구 끌어온다,
비엔나가 고향인 외할머니가 떠오른다.
여학생 시절에 그녀는 프란츠 요제프에게 장미를 바쳤다.
시민들은 땀 흘렸고 눈물 흘렸다. 어린이들은 하얀 옷을 입었다.

나의 할아버지는 티롤²에서 허송세월하며 시간을 보냈다,

자신을 미국의 급사장이라고 상상하며,
얼음 양동이와 서리 낀 냅킨 사이에서
높이 지은 교회의 고요함 속을 얌전하게 걸어 다니면서.
이러한 빛의 작은 동그라미들은 배梨처럼 달콤하다.
병약한 환자와 허약한 여인들에게 친절하여,

그들은 꾸밈없는 달을 진정시킨다.
수녀의 영혼을 품고, 하늘을 향해 타오르지만 결코 결합하진 않는다.
내가 돌보는 아이는 눈을 거의 뜨지 않는다.
이십 년 뒤 나는 통풍이 잘 되는 하루살이처럼
사라질 것이다.

그들이 흘린 눈물로 진주가 흐릿하고 혼탁해지는 것을 본다.
여전히 탄생의 졸음 안에 있는 이 갓난아기에게
내가 무슨 말을 어떻게 할 수 있을까?
오늘 밤, 숄처럼, 감미로운 불빛이 그녀를 감싸고,
그림자는 세례식에 모인 손님처럼 몸을 굽힌다.

1960년 10월 17일

인생

만져보라. 눈물 한 방울처럼 맑고 투명한, 이 달걀 모양의 구역,
눈동자처럼 오그라들지는 않을 것이다.
어제와 작년이 여기 있다.
대단히 큰 벽걸이용 카펫의 소박한 바느질 수공예품 속에
독특한 야자수 창과 백합이 있다.

유리잔을 네 손톱으로 가볍게 쳐보라.
공기가 거의 동요하지 않아 중국제 차임벨처럼 쨍 소리를 낼 것이다,
아무도 대답하려고 쳐다보거나 신경 쓰지 않겠지만.
거주자들은 코르크 마개처럼 가볍고
모두가 쉴 새 없이 바쁘다.

그들의 발아래에서, 바다의 파도는 일렬로 고개 숙여 인사하며
결코 거친 성미를 드러내지 않는다.
허공에 멈춰 서서,
고삐를 짧게 맨 연병장 말처럼 발로 땅을 긁는다.
머리 위로, 구름이 빅토리아 시대의 쿠션처럼

장식 술을 달고 환상적으로 앉아 있다.
애정 어린 표정을 띠는 이 가족은 수집가를 기쁘게 한다.
그들은 질 좋은 도자기처럼 참된 소리를 울린다.

어디든 다른 곳에서 풍경은 훨씬 더 거리낌 없다.
빛은 멈추지 않고 맹목적으로 아래로 떨어진다.

병원의 닳아빠진 받침대 주변에
한 여인이 둥근 원을 그리며 그림자를 질질 끌고 있다.
그것은 달이나 백지를 닮았고
은밀한 전면적 공격을 겪은 것처럼 보인다.
그녀는 병에 담긴 태아나,

머리에 떠오르는 너무 많은 연상을 담은 풍경을
한 장의 그림으로 밋밋하게 만든 낡아빠진 집이나 바다와 같은
애착물 없이 그저 조용히 살고 있다.
떨쳐버린 슬픔과 분노는
이제 그녀를 내버려두었다.

고양이 같은 음성으로 죽음을,
죽음을 떠벌린 채
미래는 회색빛 갈매기다.
나이와 공포가 간호사처럼 그녀를 돌본다,
물에 빠진 남자는 엄청난 추위를 불평하며,
바다 밖으로 기어 나온다.

1960년 11월 18일

겨울에 잠에서 깨어나기[1]

나는 하늘 꼭대기를 분간할 수 있다, 진짜 꼭대기를.
겨울 새벽은 쇠붙이 색깔이다,
타버린 신경처럼 나무는 땅속으로 뻣뻣하게 굳어간다.
밤새도록 나는 파괴와 파멸의 꿈을 꾸었다.
살인자들의 작업 공정, 그리고 너와 나
회색 쉐보레에서 조금씩 움직이며,
잔디에서 증류한 녹색 독을 마시고, 작은 물막이 판자로 만든 묘비,
소음이 나지 않는 고무바퀴를 단 차에 타고, 바다 휴양지로 향한다.

어떻게 발코니가 메아리치는지! 어떻게 태양이
두개골, 풍경을 마주하는 걸쇠에서 풀린 뼈에 불을 밝혔는지!
공간! 공간! 하얀 속옷은 완전히 오그라들었다.
간이침대 다리가 끔찍한 각도로 휘어졌고, 간호사들은,
간호사들은 그녀의 영혼에 상처 난 부분을 치료하곤 사라졌다.
죽음을 암시하는 손님들은 방과 미소, 아름다운 고무나무와
바다에 만족하지 않았고,
'늙은 어머니 모피아[1]'처럼 상처 입은 감각을 진정한다.

1961

이해 봄과 초여름에 플라스는 자전적 소설 『벨 자』를 썼다. 여름에 도르도뉴를 방문한 후, 플라스와 테드 휴스는 데번의 조그만 마을에 집을 한 채 샀고, 9월에 그곳으로 이사했다.

팔러먼트힐 광장[1]

이 민둥산에서 새해가 예리한 날을 갈고 있다.
도자기처럼 특징이 없고 희미한
둥근 하늘은 본분에만 충실할 뿐이다.
너의 부재는 눈에 띄지 않기에,
아무도 내게 결핍된 것을 알 수 없다.

갈매기는 하천의 진흙 뒤로
풀잎의 꼭대기까지 누비며 지나갔다. 육지에서
사람들은 코를 푼 휴지나 환자의 손처럼
평안하게 살랑살랑 움직이며, 언쟁을 한다.
눈살을 찌푸리게 하고 철썩거리는 물소리가 나는 고리 모양의 연못
가에서

희미한 태양은 양철을 반짝이게 하려고 애쓴다.
도시는 설탕처럼 녹아내렸다.
어울리지 않는 푸른색 교복을 입고, 큰 무리로 움직이다 멈춰 서는
어린 소녀들의 긴 행렬은
나를 삼킬 듯하다. 나는 돌이고, 나무 막대다.

한 아이가 플라스틱으로 만든 분홍색 머리핀을 떨어뜨렸다.
아무도 눈치채지 못한 듯하다.
그들의 날카로운, 귀에 거슬리는 잡담은 퍼져나갔다.

이제 계속되는 고요함만 나타난다.
바람은 붕대처럼 나의 호흡을 막는다.

남쪽의, 켄트풍 마을 위로, 회색빛 얼룩이
지붕과 나무를 감싼다.
눈 내린 벌판이나 짙은 뭉게구름일 수 있다.
나는 너를 생각하는 것이 아무런 의미 없다고 여긴다.
이미 너의 인형 손잡이는 사라졌다.

정오에도 무덤은 검정 그림자를 유지한다.
너는 내가 지조 없는,
나뭇잎의 유령, 새의 유령인 것을 안다.
나는 꼬불꼬불한 나무의 둘레를 감싼다. 나는 너무 행복하다.
이 변함없는 사이프러스는

겹겹이 쌓인 상실감에 정착한 채, 생각에 잠겨 있다.
너의 울음소리는 각다귀의 울음소리처럼 희미해진다.
나는 맹목적인 여행 중에 시야에서 널 놓쳤다,
그러는 동안 히스 풀잎은 반짝거리고 물렛가락 같은 작은 시내는
역류해 스스로 바닥을 드러낸다. 내 마음은 이들과 함께 움직이며,

뒤꿈치 자국 안에 웅덩이를 만든다, 조약돌과 나무줄기를 더듬으며.

낮 시간은 그 이미지를
컵이나 방처럼 비워버린다. 달의 굽은 모양은 하얗게 되고,
상처를 꿰매어 이은 피부처럼 얇아져 있다.
이제, 아기 방 벽에 걸린

네 누이의 생일 사진에서
푸른 밤 식물, 작고 파리한 언덕이 빛나기 시작한다.
오렌지색 깃 장식과 이집트의 파피루스가
밝게 빛난다. 산토끼 귀처럼 생긴
푸른색 관목은 유리 뒤에서

셀로판으로 만든 풍선처럼, 남빛 후광을 내쉰다.
케케묵은 하찮은 일, 오래된 어려움이 나를 아내에게 데려다주었다.
통풍 잘 되고 빛이 반쯤 나타나는 데서 갈매기는 한기 서린 불면에
긴장하고 있다.
나는 불 켜진 집으로 들어간다.

1961년 2월 11일

성령강림절

이것은 내가 의도한 것이 아니다.
회반죽 아치, 햇빛을 쬐며 두 줄로 쌓인 바위,
선명하지 않은 눈이나 돌처럼 굳은 계란,
양말과 외투 안에 납관된 어른,
맛이 밍밍한 돼지비계, 약처럼
산소가 적은 공기를 홀짝홀짝 마시는 일.

크로뮴 막대기 위에 멈춰 있는 말은
우리를 빤히 응시한다. 말발굽은 산들바람을 되새김질하고 있다.
리넨으로 만든 너의 까슬까슬한 셔츠는
큰 삼각돛처럼 부풀어 오른다. 모자 테두리는
물기 서린 눈부신 빛을 비켜간다. 사람들은
마치 병원에 있는 듯이 아무 일도 하지 않고 빈둥거린다.

나는 소금 냄새를 맡을 수 있다, 좋다.
발치에서, 해초로 콧수염을 기른 바다가
연한 청록색 비단을 내보인다,
전통적인 동양인처럼 인사를 하고 여기저기 기어 다니며.
너도 나만큼 바다가 만족스럽지 않다.
경찰관은 당구대처럼 녹색인

공허한 절벽을 손으로 가리켰고, 그곳에는 흰나비가

갈매기들이 하는 것처럼 바다로 떨어져 나온다,
우리는 산사나무의 고약한 냄새 안에서 야유회를 한다.
파도는 심장처럼 고동치고 고동친다.
거품이 이는 꽃들 아래 해안가에 배를 정박하고,
우리는 뱃멀미와 신열에 들떠 누워 있다.

1961년 2월 14일

동물원 관리인의 아내[1]

필요하다면, 나는 밤새 깨어 있을 수 있다,
눈꺼풀도 없는, 뱀장어처럼 냉정한 태도로.
죽은 호수처럼 암흑이 나를 에워싼다,
호화로운 자두를 연상시키는 짙은 남색을 띠고.
어떤 기포도 내 심장에서 시작되지 않는다, 나는 허파가 없고
추하며, 내 배는 비단 양말 같다
그 배 안에서 내 자매의 머리와 꼬리가 분해된다.
보라, 그들은 강렬한 육즙 안에 있는 동전처럼 녹아내린다.

청사진의 하얀 선처럼
거미집 같은 턱과 척추뼈가 잠시 드러난다.
내가 약간 움직이면, 이 분홍 보랏빛 플라스틱
창자 주머니는 아이들의 딸랑이처럼 딸깍하는 소리를 낸다,
오래된 불만이 서로 밀치락달치락하고, 헐거워진 이빨이 부딪치듯.
하지만 벽을 바라보는 활기찬 내 애완동물, 저 살찐 돼지에 대해
당신은 무엇을 알고 있는가?
이 세계에는 결코 이해할 수 없는 것들이 있다.

당신은 '작은 포유류 우리'에서 감도는 습하고
후끈한 공기 속에서 마른 갈고리에 걸린
늑대 머리 모양의 과일 덩어리로 나에게 구애했다.
아르마딜로는 모래 상자 속에서 졸고 있다,

돼지처럼 음탕하고 머리숱 적은 하얀 생쥐는 오로지 지루함을 피해
하찮은 것들 위에 있는 천사처럼 숫자가 어마어마하게 늘어났다.
땀으로 젖은 시트 안에 엉킨 채
나는 피범벅이 된 닭들과 네 동강 난 토끼들을 기억한다.

당신은 식단표를 확인하고 펠로 정원 안에 있는
먹이를 감아 죽이는 보아뱀과 놀자고 나를 데려갔다.
나는 내가 선악과나무인 척했다.
나는 당신의 성경 속으로 들어갔다,
가발과 가짜 귀를 단 성스러운 긴팔원숭이와
손가락이 여덟 개 달린 손처럼 유리 상자 주위를 기어오르는
곰같이 털이 난, 새를 먹는 거미와 함께 나는 당신의 방주에 올랐다.
나는 방주를 머릿속에서 지울 수 없다

어떻게 우리의 구애가 부싯깃 같은 새장에 불을 밝혔는지.
뿔이 두 개 달린 당신의 코뿔소는 내 각설탕에 비하면
구두 밑창처럼 더럽고 병원 세면대처럼 큰 입을 벌리고 있다.
코뿔소의 습한 입 냄새 때문에 팔꿈치까지 올라오는 장갑을 꼈다.
더러워진 사과같이 달팽이들은 손짓으로 키스를 보낸다.
이제 밤마다, 나는 쇠 울타리 너머로
원숭이와 올빼미, 곰과 양을 채찍질한다.
그리고 여전히 잠을 이루지 못한다.

1961년 2월 14일

얼굴 성형[1]

미라를 감싸는 몸에 꽉 끼는 하얀색 삼베옷을 입고,
실크 스카프를 홱 벗어 던지며, 미소를 띠고,
너는 진료소에서 좋은 소식을 전해왔다. 나는 괜찮다.
내가 아홉 살 때, 연녹색 의사 가운을 입은 마취 전문의는
개구리 모양의 마스크를 통해 나에게 바나나 가스를 넣었다.
악몽과 외과 의사들의 당당한 목소리로 울리는 메스꺼운 두개頭蓋.
그때 어머니는 양철 대야를 들고, 둥둥 떠다니는 것 같았다.
오 나는 아팠다.

그들은 모든 것을 바꿔놓았다. 잘 소독된 병원에서 병실을 옮기면서
클레오파트라처럼 나체로 이동하고,
진정제 때문에 입에서 거품이 일며 유별나게 우스꽝스러운 몰골로,
나는 친절한 사람이 내 손가락으로 주먹을 쥐어보라고 하는
대기실로 천천히 들어간다. 그는 내가 소중하게 생각하는 것이
손가락 사이로 빠져나가는 것 같은 느낌이 들게 한다. 둘을 셀 때
불명확한 의식은 칠판 위에 적힌 백묵처럼 나를 지워버린다……
나는 아무것도 모른다.

닷새 동안 남몰래 누워서
술통처럼 마개를 꼭 막고, 시간을 베개 속으로 흘려보냈다.
심지어 친한 친구조차 내가 시골에 있다고 생각했다.
피부는 밑동이 없어서, 종이처럼 술술 벗겨진다.

웃으면, 꿰맨 자국이 팽팽해진다. 나는 젊어졌다.
나는 스무 살이다, 생각에 몰두한 채, 긴 스커트를 입고
첫 번째 남편의 소파 위에서 죽은 푸들의 털을 손가락으로 만졌다.
고양이를 키우진 않았다.

이제 턱살이 늘어진 여인, 그녀는 끝났다
나는 거울 속에서 주름이 자리 잡는 것을 지켜보았다.
달걀 모양의 덧대기용 천 위에 축 늘어진, 낡은 양말 같은 얼굴.
그들은 그녀를 실험실 유리병 안에 가두어놓았다.
머리를 끄덕이고 몸을 흔들고 가는 머리칼을 손으로 매만지면서,
그녀를 그곳에서 죽게 하거나 오십 년 동안 계속해서 시들게 하라.
원래의 나 자신으로 돌아가, 붕대를 감은 채
갓난아기처럼 발그레하고 보드라운 피부로 깨어났다.

1961년 2월 15일

아침의 노래

사랑은 너를 두툼한 금시계처럼 움직이게 했다.
산파가 네 발바닥을 세차게 때리자, 너의 꾸밈없는 울음소리는
세상에서 제 위치를 차지했다.

너의 탄생을 뽐내면서 우리의 목소리가 메아리친다. 새로운 조각상.
외풍이 심한 방 안에서, 너의 벌거벗은 몸은
우리의 안전을 어둡게 한다. 우리는 벽처럼 멍하니 주변에 서 있다.

나는 네 엄마가 아니란다,
바람의 손길에 천천히 표면이 사라지는 것을 비추기 위해
거울을 서서히 스며들게 하는 구름이 그렇듯이.

밤새 너의 가느다란 숨소리는 생기 없는
분홍 장미 속에서 가늘게 떨린다. 나는 그 소리를 들으며 일어난다.
먼 바다가 내 귓가에서 움직인다.

한 번의 울음, 나는 소처럼 무거운 몸을 비틀며 침대에서 일어난다,
꽃무늬가 있는 빅토리아 시대풍의 잠옷을 입은 채.
네 입은 고양이 입처럼 보기 좋게 열린다. 네모난 창문은

희미한 별들을 하얗게 만들어 삼켜버린다. 이제 너는
조금씩 옹알이를 하려 하는구나.

선명한 모음이 풍선처럼 솟아오른다.

1961년 2월 19일

불모의 여인

마음이 공허한 채, 나는 가장 하찮은 발걸음 소리를 흉내 낸다,
기둥과 주랑 현관, 원형 건물로 웅장한, 조각상이 없는 박물관에서.
수녀 같은 마음만으로, 세상일은 보지 못한 채,
안뜰 분수대는 스스로 치솟았다가 가라앉는다. 대리석처럼
하얀 백합은 자신들의 창백함을 향기처럼 들이마신다.

승리의 여신 니케와 몇몇 외눈박이 아폴로들의 어머니처럼,
나는 나 자신이 대단한 사람들과 함께 있다고 상상한다.
하지만 그러기는커녕, 죽은 이들은 정중함으로 상처를 준다, 아무런 일도 일어날 수 없다.
간호사처럼 무표정한 얼굴로 아무런 말을 하지 않은 채
달은 내 이마에 손을 얹어놓는다.

1961년 2월 21일

육중한 여인들

반박할 여지 없이, 금발에 소금기 있는
바다 미풍을 몸에 감싸고
조개껍데기 반쪽 위에 놓인
비너스처럼 아름답게 잘난 척하는
여인들은 자신의 풍성한 드레스 안에서 느긋하게 있다.
각자의 육중한 위胃에서 멀리 떨어져
얼굴이 달이나 구름처럼 침착하게 떠다닌다.

서로 미소 지으며, 꽃잎을 스무 장씩 만드는
네덜란드 구근처럼
그들은 경건하게 명상에 잠긴다.
어둠은 여전히 비밀을 품고 있다.
녹색의 언덕 위에서, 가시나무 아래에서,
그들은 작고 새로운 심장을 강타하는
지복 천년에 귀를 기울인다.

발그레한 엉덩이의 갓난아이들이 그들을 따라다닌다.
털실을 꼬면서, 특별한 일 없이,
그들은 원형原形들 사이에서 발걸음을 내딛는다.
황혼은 성모마리아의 푸른색으로 그들에게 덮개를 씌운다
그러는 동안 저 멀리서, 겨울의 축은
밀짚과 별, 현자들을 품고서,

빙그르르 갈린다.

1961년 2월 26일

석고상 안에서[1]

나는 결코 이것을 피할 수 없을 거야! 이제 또 다른 내가 존재하지.
완전히 새로운 하얀 사람과 늙고 누르스름한 사람,
하얀 사람이 확실히 더 낫지.
그녀는 음식이 필요 없고, 진정한 성인 가운데 하나지.
처음부터 나는 그녀를 싫어했지, 존재감이 없었으니까.
죽은 시체처럼 나와 함께 침대에 누워 있지
나는 두려웠어, 왜냐하면 그녀는 나와 똑같은 모습에

단지 좀 더 하얗고 강하며 불평하는 법이 없었기 때문이지.
나는 일주일 내내 잠잘 수 없었고, 그녀는 너무 냉정했지.
나는 모든 것을 그녀 탓으로 돌렸지만, 그녀는 전혀 대꾸가 없었지.
나는 그녀의 어리석은 행동을 이해할 수 없었어!
내가 때리면 그녀는 잠자코 있었지, 진정한 평화주의자처럼.
그때 그녀가 원하는 것은 내 사랑임을 깨달았지.
그녀는 따듯해지기 시작했고, 나는 그녀의 장점을 보았어.

나 없이는, 그녀가 존재하지 않을 거야, 물론 그녀는 고마워해야지.
나는 그녀에게 영혼을 주었고, 장미꽃처럼 피어나게 했지
그다지 비싸지 않은 화병에서 꽃을 피우듯이,
모든 사람의 관심이 주목한 것은 내가 처음부터 알아차렸듯이,
그녀의 순백과 아름다움이 아니라, 바로 나 때문이었지.
내가 조금만 보살펴주면, 그녀는 너무 기뻐서 덥석 받아들였지.

당신은 즉시 그녀가 노예근성을 지녔다고 말했을 거야.

그녀의 시중을 나는 마다하지 않았고, 그녀는 무척 좋아했지.
아침에는 자신의 어마어마하게 근사한 하얀 흉상으로 태양을 반사해
나를 일찍 깨웠지, 나는 그녀의 단정함과 차분함과
인내심을 알아차릴 수밖에 없었지.
최고의 간호사처럼 내 약점을 어루만져주었고,
내 뼈들을 제 위치에 잡고 있어서 적절하게 고칠 수 있었지.
때맞추어 우리의 관계는 점점 더 강렬해졌지.

그녀는 나에게 친밀하게 대하기를 멈췄고, 건방져 보이기도 했지.
마치 내 습성이 어떤 면에서는 그녀를 불쾌하게 한 것처럼,
나는 그녀가 자신도 모르게 나를 비난하고 있다고 느꼈지.
그녀는 거리를 두었고 점점 더 무표정해졌지.
그녀가 나를 거칠게 다루었기 때문에
내 피부는 가려웠고 부드러운 조각들로 얇게 벗겨졌지.
그러자 나는 무엇이 문제인지 발견했지. 그녀는 자신이 영원불멸하
다고 생각했지.

그녀는 내 곁을 떠나고 싶어 했고, 자신이 더 낫다고 생각했어,
그래서 나는 그녀를 어둠 속에 놓아두었고, 그녀는 화를 냈지.
시체와 다름없는 사람을 시중드는 데 자신의 시간을 낭비하다니!

남모르게 그녀는 내가 죽기를 바라기 시작했지.
내 입과 눈을 덮개로 씌우고, 나를 완전히 덮개로 씌웠지,
미라 형상으로 나를 꾸몄고,
비록 진흙과 물로 만든 것이지만, 파라오의 얼굴로 꾸며주었지.

나는 그녀를 제거할 입장이 아니었지.
너무 오랫동안 보호받았기에, 나는 완전히 절름발이였지.
심지어 어떻게 걷는지, 앉는지조차 잊어버렸어,
그래서 나는 그녀가 화내지 않게 하려고 조심했고,
때론 미리 앞서서 내가 스스로를 얼마나 괴롭히는지 허풍을 떨었지.
그녀와 함께 사는 것은 마치 나 자신의 관과 함께 사는 것 같았어.
후회하면서도 여전히 그녀에게 의존하고 있었지.

우리가 함께 해내리라 생각하곤 했지.
결국, 일종의 결혼이었지, 너무 가까운 사이.
이제 나는 그녀가 우리와 같거나 우리와는 다른 사람임을 알아.
그녀는 성인聖人일 수 있고, 나는 추하고 털이 많을 수 있지만
곧 그녀는 그것이 하나도 문제가 되지 않음을 알게 되겠지.
나는 힘을 모으고, 언젠가 그녀 없이도 살아남을 수 있을 거야,
그러면 그녀는 공허함으로 죽어가면서, 나를 그리워하겠지.

1961년 3월 18일

튤립

튤립은 너무 흥분을 잘한다. 이곳은 겨울이다.
보라, 모든 것이 아주 하얗고, 아주 조용하고, 눈 속에 갇힌 것을.
햇살이 하얀 벽과 이 침대와 손에 내리쬘 때
나는 조용히 혼자 누워, 평화로움을 배우고 있다.
존재감이 별로 없는 사람, 갑작스럽게 감정을 분출하지 않는다.
간호사에게 내 이름과 세탁물을
마취과 전문의에게 내 병력을, 외과 의사에게 내 몸을 내주었다.

닫히지 않는 흰 눈꺼풀 둘 사이에 있는 눈처럼,
그들은 내 머리를 베개와 침대보 끝자락 사이에 받쳐놓았다.
어리석은 눈동자는 모든 것을 놓치지 않고 봐야만 한다.
간호사가 지나가고 지나가지만, 별로 성가시지 않다,
갈매기가 육지를 지나가듯 그들은 흰 간호사 모자를 쓰고 지나간다,
손으로 일을 하면서, 모든 간호사는 똑같다,
그래서 간호사가 몇 명이나 있는지 말하기가 어렵다.

그들에게 내 몸은 돌멩이다, 그들은 내 몸을 잘 보살펴준다
흘러넘쳐야만 하는 돌멩이를 물이 부드럽고 자상하게 보살피듯이.
그들은 빛나는 주삿바늘로 나를 마비시키고, 잠재운다.
이제 나는 넋을 잃었고 환자용 여행 가방은 지겹기까지 하다.
검정 약상자처럼 반질반질한 가죽으로 만든 간단한 여행 가방,
남편과 아이가 가족사진 속에서 웃고 있다.

미소 짓는 작은 갈고리처럼, 그들의 미소는 내 살에 깊이 박힌다.

나는 모든 것을 놓아버렸다, 고집스럽게
내 이름과 주소를 붙잡고 있는 삼십 년 된 화물선.
그들은 사랑스레 연상되는 내 기억을 말끔히 닦아버렸다.
녹색 플라스틱 베개가 달린 환자 운반용 침대 위에 겁에 질린 채 알몸으로
나는 찻잔 세트와 속옷 장, 책들이
시야에서 사라지는 것을 보았다, 물은 내 머리 위에 뒤덮였다.
나는 이제 수녀다, 이렇게 순수했던 적은 없었다.

꽃은 전혀 필요 없었다, 단지 양손을 위로 올린 채 누워서
완전히 나를 비우고 싶었다.
얼마나 자유로운지, 얼마나 자유로운지 당신은 모른다.
평화로움이 너무 커서 멍해질 정도니까,
평화로움은 아무것도 요구하지 않는다, 이름표나 시시한 장신구 정도.
평화로움이란 결국 죽은 사람들이 가까이 오는 것. 나는 그들이
성찬식 명판처럼, 평화로움을 입에 넣고 다무는 모습을 상상한다.

튤립은 맨 먼저 너무 빨개서, 나에게 상처를 준다.
포장지 사이로도 나는 그들이 가볍게 숨 쉬는 소리를 들을 수 있다,
무시무시한 아기처럼 하얀 붕대 사이로 숨을 쉰다.

튤립의 빨간색이 내 상처에 말을 건네고, 그것은 교감한다.
그들은 예민하고, 날 내리누르지만 떠 있는 것처럼 보이기도 한다,
그들은 느닷없이 내미는 혀와 색깔로 내 마음을 어지럽히며,
내 목둘레에 빨간 납으로 만든 봉돌 열두 개.

아무도 나를 바라보지 않았지만, 이제는 주목받는다.
튤립은 내 쪽으로 고개를 돌린다, 하루에 한 번은 햇빛이 천천히
넓어졌다가 천천히 가늘어지는 내 등 뒤의 창문도 나를 바라본다.
그리고 나는 태양의 눈과 튤립의 눈 사이에서
오려낸 종이 그림자처럼 밋밋하고 우스꽝스러운 나 자신을 본다,
나는 얼굴도 없다, 나 자신을 지워버리고 싶다.
생명감 넘치는 튤립이 내 산소를 마신다.

야단법석 떨지 않고, 조심스럽게 오가면서,
그들이 방에 오기 전에 공기는 무척 고요했다.
그러다 튤립이 떠들썩한 소음처럼 공기를 가득 메웠다.
벌겋게 녹슬어 가라앉은 엔진 주변에 강물이 부딪혀 소용돌이치듯,
이제 공기가 튤립 주위에 부딪혀 소용돌이친다.
얽매이지 않고 행복하게 놀며 쉬던
내 관심이 집중했다.

벽 또한 따듯해지는 것 같다.

튤립은 위험한 동물처럼 철창 뒤에 있어야 한다.
그들은 거대한 아프리카 고양이처럼 입을 벌리고 있다,
나는 내 심장을 잘 안다. 심장은 나에 대한 순수한 사랑에서 나온
빨간 꽃봉오리의 오목한 부분을 열었다 닫았다 한다.
내가 맛본 물은 바닷물처럼 미지근하고 소금기가 있으며,
건강처럼 머나먼 나라에서 왔다.

1961년 3월 18일

나는 수직이다

하지만 차라리 수평일 것이다.
나는 흙 속에 뿌리를 내리고,
3월마다 잎사귀를 반짝반짝 빛내기 위해
무기질과 자애로운 사랑을 빨아들이는 나무가 아니다,
진다는 사실을 모른 채
감탄을 연발하게 하고, 멋들어지게 색칠한 것으로 이목을 끄는
정원 화단의 아름다움도 아니다.
나와 비교하면, 나무는 영원하다,
두상화頭狀花는 키가 크지 않지만, 훨씬 더 깜짝 놀라게 하기에
나는 나무의 장수와 두상화의 대담함을 원한다.

오늘 밤, 별들의 미세한 불빛 속에서,
나무와 꽃이 상쾌한 향기를 퍼뜨려왔다.
나는 그 사이를 걸었으나, 아무것도 알아차리지 못했다.
이따금 잠잘 때
내가 가장 완벽하게 그들을 닮았다고 생각한다.
생각은 점차 희미해갔다.
누워 있는 것이 나에게는 훨씬 더 자연스럽다.
그러면 하늘과 내가 솔직한 대화를 나눈다,
마침내 내가 누워 있을 때 나는 쓸모 있게 될 것이다,
그러면 나무는 한 번쯤 나를 만질 테고, 꽃은 나에게 시간을 내어줄 것이다.

1961년 3월 28일

불면증 환자

별이 많이 퍼져 있는 시간이기에, 짙은 남색 빛을 띤
밤하늘은 일종의 복사 용지다,
작은 구멍으로 끊임없이 빛이 들어오고,
모든 사물 이면에 죽음을 닮은 연한 다갈색 빛이 있다.
별의 눈과 달의 둥근 입 아래에서
그는 밤새 베개를 뒤척인다, 모든 방향에서
미세하고 성가신 모래를 흩뿌리는 것 같은 불면증 때문에.

오래된 사막이 배경인 영화는 되풀이해서 당혹스러움을 드러낸다.
어린 시절과 사춘기의 이슬비 내리는 날, 꿈으로 찐득해져 있는 나날,
기다란 나무줄기 위에 어른거리는 부모님 얼굴에선
엄격하게 눈물짓는 표정이 교차하며,
그를 눈물 나게 하는 것은 벌레 먹은 장미 정원이다.
그의 앞이마는 바위 자루처럼 울퉁불퉁하다.
시대에 뒤떨어진 영화배우처럼, 기억은 분장실을 향해 서로 밀치락
달치락한다.

그는 붉은색, 보라색, 파란색 수면제에 면역되었다.
어떻게 그것들이 연장된 밤의 지루함에 빛을 밝히는가!
그 달콤한 행성들이 지닌 영향력은 그에게
잠시 동안 생명력 없는 상태에서 세례를 받은 삶을 주었다,
잘 잊어버리는 갓난아기가 달콤한 약물에 취한 상태에서 깨어나듯.

이제 고대 그리스 로마의 신처럼, 약 기운은 다 사라지고 멍해졌다.
양귀비꽃처럼 잠이 오는 색깔은 그에게 아무런 소용이 없다.

그의 머리는 흐릿한 거울들의 작은 내부다.
몸짓은 좁아지는 시야의 골목길 아래쪽으로
즉시 사라지고, 그 의미는
저 멀리 막다른 길 구멍 밖으로 물처럼 빠져나간다.
그는 경계를 늦추지 않는 방 안에서 사생활 없이 살고 있다.
눈의 꾸밈없이 가늘고 긴 틈은 불면증에서 기인한
끊임없는 번개 같은 깜박임으로 활짝 열린 채 경직되어 있다.

밤새도록, 화강암 마당에서, 눈에 띄지 않는 고양이들은
여자처럼, 또는 고장 난 악기처럼 울부짖는다.
사소한 반복을 그녀가 싫어하므로 살금살금 걸으면서,
이미 그는 무해한 질병, 새벽을 느낄 수 있다.
도시는 이제 쾌활한 지저귐의 장소다,
돌비늘의 은색과 멍한 눈을 지닌 사람들은 도처에서
조금 전 세뇌당한 것처럼, 일터를 향해 줄지어 차를 탄다.

1961년 5월

미망인

미망인. 단어 자체가 압도적이다.
외눈박이처럼 그녀의 심장을 괴롭히며
통렬하고 붉은 지형학 위로 만들어진,
상승기류 속에서 마비된 순간을 공중에 떠오르게 한,
불길 위의 신문지 한 장 같은 몸.

미망인. 메아리의 그 실체가 없는 상태처럼, 폐기된 음절은
벽 속에 있는 판지를 드러낸다
벽 뒤에는 비밀 통로가 놓여 있다. 퀴퀴한 공기,
케케묵은 기억, 철사로 꼬아 만든 층층대는
꼭대기로 트여 있지만 아무것도 보이지 않는다……

미망인. 쓸쓸한 거미는 그녀의 무심한 일상의 중심에
마냥 앉아 있다.
죽음은 그녀가 입은 옷이며, 모자고 옷깃이다.
달빛처럼 창백하고 병색 있는 그녀 남편의 나방 얼굴은
그녀가 죽이고 싶은 먹잇감처럼 그녀 주변을 맴돈다.

다시, 그를 다시 곁에 두려고,
그녀가 보관한 그의 편지들에 대한
그녀의 심장에 놓인 편지지의 이미지, 그것들은 마침내 마음을 따
듯하게 만들고

살아 있는 피부처럼 그녀에게 따듯함을 주는 것 같았다.
하지만 이제는 그녀가 편지지다, 그 누구도 따듯하게 해주지 않는.

미망인. 저 거대한 텅 빈 저택!
신의 목소리는 외풍으로 가득하다,
까다로운 별들과, 별 사이에 있는
불멸의 텅 빈 공간만을 기약하고,
천국을 향하는 화살처럼 노래하는 인간들에겐 아무 기약 없이.

미망인, 외로움의 나무처럼 애도의 나무처럼,
동정심 많은 나무들이 굽어져 있다.
그들은 초록색 풍경 주변에 그림자처럼 서 있다.
또는 풍경에서 떼어낸 블랙홀처럼.
미망인은 그들을 닮았고, 그림자는

손과 손을 꼭 잡았지만, 그 안에는 아무것도 없다.
육체 없는 영혼은 이 청명한 공기 안에서
다른 영혼을 통과할 수 있고 영혼을 결코 눈치채지 못한다.
한 영혼은 연기처럼 약하고 영혼이 취하는 방식에 완전히 무지한
다른 영혼을 관통한다.

그것이 그녀가 품은 공포다.

그의 영혼이 그녀의 무감각해진 감각을 때리고 때릴 것이라는 공포
푸른 성모마리아의 천사같이, 음산하고 생명력 없는 방을 제외한
모든 것에 눈이 멀어 유리창에 기댄 비둘기처럼
공포는 안을 들여다보고, 계속해서 안을 들여다보아야만 한다.

1961년 5월 16일

도르도뉴 강[1] 저편의 별들

돌이 나무의 잔가지 사이로 떨어지듯이
별이 어마어마하게 많이 떨어진다
별이 없기 때문에 나무의 윤곽은 하늘의 어둠보다 훨씬 어둡다.
숲은 우물과도 같다. 별은 조용히 떨어진다.
그들은 커 보이지만, 아래로 떨어지고, 어떤 간격도 보이지 않는다.
그들은 떨어지는 곳에 불꽃을 보내지도 않고,
절망과 조급함의 신호도 보내지 않는다.
소나무가 즉시 그들을 삼켜버렸다.

내가 사는 곳에서는, 드문드문 떠오른 별이
황혼에, 약간의 고전분투 후에 나타난다.
그리고 별은 잦은 운행으로 색깔이 희미해지고 빛을 잃게 된다.
작은 별일수록 수줍음이 많아서 결코 눈에 띄지도 않지만
멀리서 자리를 잡고, 자신들의 모래 먼지 안에 머물러 있다.
그들은 홀로 떠 있다. 나는 그들을 볼 수 없다. 그들은 길을 잃었다.
하지만 오늘 밤 그들은 어려움 없이 이 강물을 발견했고,
위대한 행성처럼 불순물을 제거하고 자신감에 차 있다.

북두칠성은 내게 유일하게 친근한 별이다.
오리온과 카시오페이아의 의자가 보이지 않는 것이 섭섭하다. 아마
그 별들은 아이들의 너무 단순한 수학 문제처럼
물결 진 수평선 아래 수줍게 매달려 있을 것이다.

무한한 숫자는 저곳의 관심사인 듯하다.
그렇지 않으면 별들이 현존하는데, 너무 밝게 변장해
내가 너무 열심히 바라보다가 못 보고 지나쳤는지도.
별을 보기에 걸맞지 않은 계절일지 모른다.

그리고 이곳 하늘이 크게 다르지 않다면,
별을 날카롭게 만드는 것은 나의 눈인가?
그토록 화려한 별이 나를 당혹스럽게 한다.
내게 익숙한 극소수의 별은 평범하고 견고하다.
나는 그들이 멋들어진 배경이나
많은 동료 별들, 부드러운 남쪽 바람을 바라지 않으리라 생각한다.
갈망하기에 그들은 너무 청교도적이고 고독하다.
별 하나가 떨어지면 그 별은 오래된 빛나는 장소 안에

부재의 공간을 남겨놓는다.
그리고 내가 지금 누운 곳에서, 나 자신의 어두운 별로 돌아가
이 복숭아 과수원의 달콤한 공기에 흥분하지 않은 채,
나는 머릿속에 있는 저들의 별자리를 본다.
이곳에선 마음이 아주 편안하다. 이 별들이 나를 친근하게 대한다.
이 언덕 위, 불 켜진 성곽의 전망과 아울러, 흔들리는 종소리는
소의 수를 세고 있다. 나는 눈을 꼭 감고
집에서 보내온 소식처럼 평범한 밤의 찬 공기를 들이마신다.

경쟁자[1]

달이 미소 짓는다면, 당신을 닮았을 거야.
아름답지만 파괴적인 그 무엇과
똑같은 인상을 주지.
둘 다 경박한 표절자야.
그녀의 O 모양 입은 세상을 비통해하지만, 당신의 입은 동요 않네,

그리고 당신의 으뜸 재능은 모든 것으로 돌을 만드는 것이지.
나는 묘지를 눈치챘네. 당신은 여기 있고,
대리석 탁자 위를 손가락으로 두드리며, 담배를 찾네,
여자처럼 심술궂지만, 과도하게 신경질적이진 않고,
무언가 대답할 수 없는 것을 말하고 싶어 하네.

달 역시 백성을 하찮게 취급하지만,
낮 동안에는 아주 우스꽝스럽지.
한편으로, 당신의 불만이
하얗고 멍하게, 일산화탄소처럼 퍼져나가
사랑스러운 규칙으로 우편함을 통해 나타나네.

아마도 아프리카 주변을 배회하겠지만, 내 생각을 하고 있을
당신의 소식에 하루도 편할 날이 없네.

1961년 7월

폭풍의 언덕

기울어지고 이질적이며, 항상 불안정한,
수평선이 구더기처럼 나를 에워싼다.
성냥으로 불붙여 나를 따듯하게 하고,
섬세한 선들은
공기를 오렌지색으로 그을릴 것이다
그들이 고정한 거리들이 사라지기 전에,
창백한 하늘을 군인의 색깔로 무겁게 만들며.
하지만 내가 앞으로 나아가면,
그들은 일련의 약속처럼 단지 소멸된다.

공동체의 지도자나 양의 심장, 운명처럼
한 방향 안에서 모든 것을 굽히는
바람의 거대한 흐름보다
더 고귀한 인생은 없다.
나는 그것이 내 온기를
흘려보내려 애쓰는 것을 느낄 수 있다.
내가 히스 꽃의 뿌리에
지대한 관심을 보이면, 뿌리는 자신들 사이에
나를 초대하고 내 뼈를 하얗게 만들 것이다.

양들은 자신들이 어디에 있는지 안다.
날씨처럼 회색빛의

더러운 양털 구름 안에서 풀을 뜯으며.
그 동공의 검은 구멍은 나를 받아들인다.
마치 우주를 향해
빈약하고 우스꽝스러운 소식을 우편으로 보내는 것 같다.
고수머리 가발에 노란 이빨,
딱딱하면서도 차갑고 낮은 목소리로
양 떼는 할머니 같은 변장을 하고 서 있다.

나는 바퀴를 회전하고,
손가락 사이로 빠져나간
고독처럼 투명한 물을 주려고 왔다.
문 앞의 텅 빈 계단은 풀잎 사이를 지나치고.
상인방과 문턱은 알아서 갈라졌다.
공기 안에 있는 사람들만이
몇몇 기이한 음절을 기억한다.
고독은 사람들을 고통스럽게 연습시킨다.
까만 돌, 까만 돌.

하늘은 나에게 의지한다,
모든 수평선 가운데 유일하게 곧게 선 나에게.
풀잎 줄기의 끝 부분이 바람에 심하게 부딪친다.
그러한 무리 속에 있는 삶은

참으로 미묘하다.
어둠은 삶을 무시무시하게 만든다.
이제, 지갑처럼 비좁고 어두운
계곡에서, 집은
조그만 변화 같은 빛을 밝힌다.

1961년 9월

블랙베리 따기[1]

샛길에는 블랙베리를 제외하곤, 아무도, 아무것도 없다,
오른쪽에 더 많이 있기는 하지만, 길 양쪽에 블랙베리가 있다,
블랙베리 오솔길은 시선을 끄는 아래쪽으로 뻗어 있고,
바다는 파도를 굽이치며, 어딘가 길의 끝에 있다. 블랙베리는
내 엄지손가락의 둥근 부분만큼 크고, 울타리 안에 있는
까만 눈처럼 아둔하게 생겼고,
푸르고 붉은 과즙이 가득하다. 이들이 내 손가락 위에서 흩어진다.
피로 맺은 자매애를 요구한 적 없는데, 그들은 분명 나를 사랑한다.
곁가지를 평평하게 만들면서, 내 우유병을 스스로 가득 채운다.

머리 위로 붉은 부리 까마귀가 거슬리는 소리를 내며 까맣게 무리 지어 간다.
바람이 날리는 하늘에서 원을 그리는, 타버린 종잇조각.
까마귀의 목소리는 저항하는, 저항하는, 유일한 목소리다.
나는 바다가 보일 것이라고는 생각하지 않았다.
높은, 초록색 언덕은 마치 안에서 불이 켜진 것처럼 밝게 빛난다.
나는 아주 잘 익은 베리 덤불로 다가갔는데, 파리가 가득하다,
복부가 청록색인 파리는 날개가 중국식 칸막이 안에 걸려 있다.
베리의 달콤한 향연이 파리를 기절시켰다, 그들은 천국을 믿었다.
하나 더 눈길을 끄는 것이라면, 베리와 덤불 숲 끝자락.

이제 시야에 유일하게 들어오는 것은 바다다.

정체불명의 세탁물로 내 얼굴을 세차게 강타하며,
두 언덕 사이에서 갑작스럽게 바람이 몰아쳤다.
이 언덕들은 녹음이 아주 짙고 공기가 신선해서 짠맛이 나지 않는다.
언덕 사이에 있는 양의 오솔길을 따라간다. 마지막 볼거리가 나를
언덕의 북쪽 전경으로 이끌었다. 그 전경은 오렌지색 바위인데
바위는 하얗고 백랍 빛을 발하는 어마어마한 공간과
좀처럼 말을 듣지 않는 쇠붙이를 두들겨 늘리고 또 늘리는
은 세공장이가 내는 크고 거친 소음 말곤 아무것도 바라보지 않았다.

1961년 9월 23일

피니스테레[1]

이곳은 육지의 끝. 관절이 튀어나오고 류머티즘 증상이 있는
마지막 손가락들이 아무 이유 없이 경련을 일으켰다. 검고
훈계하듯이 선 절벽이 있다,
밑바닥이 없거나, 반대편에 무언가를 품은 채,
거세게 몰아치는 바다는 익사한 사람들의 얼굴로 하얗게 된다.
이제 음울한, 바위의 쓰레기 더미다,
오래된 난잡한 전쟁에서 돌아온 살아남은 군인처럼.
바다는 그 윗부분에 세게 부딪치지만, 그들은 꿈적도 않는다.
다른 바위들은 물아래에서 악의를 숨기고 있다.

절벽은 토끼풀과 별과 종으로 경계를 이룬다
손가락 같은 것이 죽음에 가까운 수를 놓는데,
너무 작아서 안개가 방해할 수조차 없다.
안개는 아주 오래된 소지품의 일부다.
바다의 운명적 소음 안으로 빠져버린 영혼들.
안개는 바위가 존재하지 못하게 상처 주었다가, 다시 소생시킨다.
안개는 한숨처럼 희망 없이 위로 올라간다.
나는 안개 사이를 걷고, 안개는 무명실로 내 입을 꽉 채운다.
안개가 나를 놓아줄 때, 나는 눈물이 맺힌다.

난파선의 수호자 성모마리아는 수평선을 향해 성큼 나아가고,
그녀의 대리석 치마가 분홍빛 두 날개 안에서 바람에 흩날린다.

그 발아래 대리석 선원이 미친 듯이 무릎 꿇었다, 그의 발아래에는
검정 옷을 입은 농부의 아낙네가
기도하는 선원의 기념비에 기도를 드린다.
난파선의 수호자 성모마리아는 실제 크기의 세 배다,
신성을 지닌 소중한 그녀의 입술.
그녀는 선원이나 농부 여인네가 하는 말에 귀 기울이지 않는다.
그녀는 바다의 형체 없는 아름다움과 사랑에 빠졌다.

갈매기 색깔의 레이스는 우편엽서 전시대 옆
바다의 외풍 안에서 펄럭인다.
농부들은 그것을 고둥으로 단단히 고정했다. 누군가 말한다.
"바다가 숨긴 예쁜 장신구가 있지,
작은 조가비는 목걸이와 장난감 여인을 만들었지.
그들은 저 아래 죽은 자들의 해안에서 오는 것이 아니라,
우리가 결코 가본 적이 없는
푸른 열대 지방의 또 다른 곳에서 왔지.
이것들은 우리의 얇은 팬케이크. 식기 전에 먹으렴."

　　　　　　　　　　　　　　　　　　1961년 9월 29일

새벽 두 시에 외과 의사

하얀 빛은 인위적이고, 천국처럼 청결하다.
세균은 빛을 이겨낼 수 없다.
외과용 수술칼과 고무장갑을 피한 채,
투명한 옷을 입고 죽어간다.
끓는 물에 소독한 시트는 눈처럼 하얗고, 몹시 차가우며 평화롭다.
시트 아래에 있는 몸은 내 손 안에 있다.
여느 때처럼 얼굴이 없다. 엄지손가락이 들어가는 구멍이 일곱 개인
중국식 하얀 덩어리일 뿐. 영혼은 또 다른 빛이다.
나는 그것을 본 적이 없고, 그것은 높이 날지 않는다.
오늘 밤 그 빛은 배의 불빛처럼 점점 사라진다.

이곳은 내가 일해야 하는 정원이다. 덩굴줄기와 과일이
즙을 내기 쉬운 재료인
엉킨 뿌리에서 과즙을 짜며. 내 조수들은 갈고리로 뿌리를 잡는다.
심한 악취와 색상이 나를 괴롭힌다.
이것은 허파 나무다.
이 보랏빛 난초는 근사하다. 뱀처럼 얼룩덜룩하고 똬리를 튼다.
심장은 상심에 잠긴, 붉은 종 꽃이다.
나는 너무 왜소하다
이러한 장기와 비교하기엔!
나는 보랏빛 황무지 안에서 구불구불 기어가며 땅을 개간한다.

피는 해 질 무렵이다. 나는 그것을 경외한다.
빨갛고 삐걱삐걱 소리를 내는 핏속에 팔꿈치까지 담근다.
여전히 피는 스며들고, 결코 고갈되지 않는다.
아주 신기하다! 뜨거운 온천
나는 봉인을 떼어내고 이 창백한 대리석 아래에
섬세하고 푸른 혈관을 채워야 한다.
내가 얼마나 로마인을 경외하는지,
수로와 카라칼라의 온천장, 독수리 코!
육체는 로마인의 것이다.
자세를 다시 잡은 돌기둥 위에 입술을 굳게 다물고 있다.

육체는 정연함이 유지되기 어려운 조각상이다.
나는 그것을 완벽하게 만들었다.
팔 하나 또는 다리 하나,
치아 한 짝과 병에서 달그락 소리를 내는
돌멩이들이 남았고, 집으로 가져간다,
얇게 잘린 세포, 병리학적인 살라미.
오늘 밤 육체의 파편은 얼음 상자 안에 담겨 있다.
성인聖人들의 유골처럼 식초 안에서
내일이면 그들이 헤엄칠 것이다.
내일이면 환자들은 분홍색 깨끗한 플라스틱 팔다리가 생긴다.

병동 안에 있는 한 침대 위에, 작고 푸른 불빛이
새롭게 태어난 영혼을 알린다. 침대는 푸른색이다.
오늘 밤, 이 환자에게 푸른색은 아름다운 색깔이다.
모르핀의 천사들이 그를 견디게 해주었다.
새벽 공기를 마시면서,
그는 천장에서 조금씩 둥둥 떠다닌다.
나는 석관에서 붕대를 감고 잠자는 이들 사이를 걷는다.
붉은 밤 불빛은 밋밋한 달빛이다. 피로 흐릿하다.
나는 하얀 가운을 입은 태양이다,
약에 취한 침울한 얼굴들이 꽃처럼 나를 따라다닌다.

　　　　　　　　　　　　　　　　1961년 9월 29일

유언

나는 평범한 관을 원하지 않는다,
호랑이 줄무늬에, 달처럼 둥글고, 말똥말똥 쳐다보는
얼굴이 그 위에 있는 석관을 원한다.
말이 없는 광물 사이에서 뿌리를 골라내면서,
그들이 올 때 그들을 바라보고 싶다.
나는 이미 본다. 창백하고, 별만큼 먼 거리에 있는 얼굴들.
이제 그들은 아무것도 아니고, 심지어 갓난아이도 아니다.
나는 최초의 신들처럼, 아버지도 어머니도 없는 그들을 상상해본다.
그들은 내가 중요한지 궁금해할 것이다.
나는 과일처럼 내 인생을 감미롭게 유지해야만 한다!
내 거울은 희미해지고 있다.
사그라지는 숨결, 그것은 아무것도 반사하지 않을 것이다.
꽃과 얼굴이 시트처럼 하얗게 된다.

나는 혼령을 믿지 않는다. 입 구멍이나 눈구멍을 통해
꿈에선 수증기처럼 사라지는 것. 나는 멈출 수 없다.
언젠가 그것은 다시 돌아오지 않을 것이다. 사물은 그렇지 않다.
그들은 손으로 많이 만져 따듯해진
조금 특별한 광택을 띠고 있다. 그들은 거의 만족한 듯한 태도다.
발바닥이 차가워졌을 때,
내 터키석같이 푸른 눈은 내게 위안을 줄 것이다.
구리로 만든 요리 도구를 갖게 해다오, 나의 립스틱 용기가 좋은 냄새를 풍기며 내 주변에서 밤 꽃처럼 피어나게 해다오.
그들은 붕대를 감은 채 나를 감쌀 것이고, 단정하게 포장된
내 발아래서 심장을 보존할 것이다.
나는 나 자신을 도무지 알 수 없다. 어두워질 것이고,
이 사소한 사물의 빛은 이슈타르[1]의 얼굴보다 더 소중할 것이다.

1961년 10월 21일

달과 주목 [1]

이것은 차갑고 행성 같은 마음의 빛이다.
마음의 나무는 검은색이다. 빛은 푸른색.
내 발목을 따갑게 찌르고 겸손하게 살랑거리며,
풀잎은 내가 신이라도 되는 듯 내 발 위에 슬픔을 풀어놓는다.
즐비한 묘비로 내 집과 분리된 채,
연기같이 순수한 안개가 이곳에 가득하다.
어디로 가야 할지 나는 알 수 없다.

달은 문이 아니다. 손목 마디처럼 하얗고 매우 심란한 표정,
그 자체로 얼굴이다. 음흉한 범죄처럼 바다를 뒤에 질질 끌고 다닌다.
완전한 절망감으로 O 모양의 입을 크게 벌린 채, 달은 조용하다.
나는 이곳에 살고 있다.
일요일에 두 번씩 울리는 종소리가 하늘을 놀라게 한다.
여덟 개의 거대한 혀는 예수 부활을 단언한다.
마지막에 가서, 그들은 자신들의 이름을 엄숙하게 탕탕하며 울린다.

주목朱木은 하늘을 향해 있다. 그것은 음산한 형상이다.
나무를 따라가다 치켜뜨면 달을 만난다.
달은 나의 어머니다. 성모마리아처럼 상냥하진 않다.
그녀의 푸른 망토는 작은 박쥐와 올빼미를 풀어놓는다.
얼마나 내가 상냥함을 믿고 싶어 하는가.
양초로 부드럽게 된 조상彫像의 얼굴은

특별히 나를 향해, 온화한 시선을 보내며.

나는 먼 길을 떨어져 왔다. 구름은 별 위로
파랗고 신비로운 꽃을 피운다.
교회 안에서, 성인聖人은 모두 푸르게 될 것이다.
차가운 교회 의자 위를 가녀린 다리로 떠다니며,
그들의 손과 얼굴은 신성함으로 경직되었다.
달은 이런 것은 전혀 보지 않는다. 그녀는 대담하고 거칠다.
그렇게 주목이 전하는 말은 암흑이다. 암흑과 침묵.

1961년 10월 22일

거울

나는 은백색이고 정확하다. 나는 편견이 없다.
좋든 싫든 현혹되지 않고, 보이는 것은 무엇이든,
있는 그대로 즉시 삼켜버린다.
나는 잔인하지 않다, 단지 정직할 뿐이다.
사방 가장자리에 있는 작은 신의 눈처럼.
대부분의 시간 동안 나는 반대편 벽을 응시한다.
그것은 반점이 난 분홍색 벽. 오랫동안 응시한 탓에
그것이 내 심장의 일부라고 생각한다. 하지만 벽은 희미해진다.
얼굴들과 암흑이 우리를 계속해서 갈라놓는다.

이제 나는 호수다. 한 여인이 고개를 숙여 나를 본다,
자신의 정체성을 찾고자 나의 역량을 탐색하며.
그러자 그녀는 저런 거짓말쟁이들이나 양초, 달에게 향한다.
나는 그녀의 등을 바라보며, 충실하게 비춘다.
그녀는 눈물을 흘리고 손을 불안하게 만지작거리며 보답한다.
나는 그녀에게 중요하다. 그녀가 왔다가 간다.
매일 아침 어둠을 대체하는 것은 그녀의 얼굴이다.
내 안에서 그녀는 젊은 소녀를 익사시켰고, 내 안에서 늙은 여인이
날마다 그녀를 향해 일어난다, 끔찍한 물고기처럼.

1961년 10월 23일

보모

우리가 아이들의 섬[1]으로 배를 저어간 지, 이제 십 년이다.
마블헤드에서 떨어진 물 위로 태양이 곧장 정오의 불꽃을 태웠다.
그해 여름 우리는 눈을 보호하려고 검은색 선글라스를 썼다.
스왐스컷에 있는 크고 하얀 멋진 집 두 채 안에 있는
손님방에서 혹사당한 어린 자매, 우리는 줄곧 울었다.
야들리 화장품[2]을 쓰는 크림색 피부의 멋쟁이가 영국에서 왔을 때,
우리는 아주 작은 아기 침대가 있는 방에서 아기와 함께 자야 했다,
일곱 살배기 아이는 줄무늬 속옷 상의와
줄무늬 양말이 서로 어울리지 않으면 밖으로 나가려 하지 않았다.

오 부유함이었다! 열한 개의 방과 요트 한 척.
물과 여섯 가지 색의 설탕 가루로 케이크를 장식할 수 있는 급사를
들여보낼 수 있는 윤이 반들반들한 마호가니나무 계단과 함께.
하지만 나는 어떻게 요리하는지 몰랐고, 아기들은 날 우울하게 했다.
밤마다, 나는 홧김에 일기를 썼다, 내 손가락들은
아주 미세한 주름과 부풀어 오른 소매를 다림질하다가 생긴
삼각형 모양의 그을린 자국으로 빨개졌다.
쾌활한 아내와 그녀의 의사 남편이 항해하러 나갈 때,
그들은 엘렌이라는 이름의 파출부와 작은 달마티안을
'보호 목적'으로 남겨두었다.

당신의 집, 본채에서, 당신은 부유했다.

장미 정원과 손님용 별채와 간이 약국과
요리사와 하녀가 있었고, 버번위스키 진열장 열쇠도 알았다.
'거물'들이 나가자, 오락실 피아노 위에서 핑크 피케 드레스를 입고
당신이 〈자 다〉[3]를 연주한 것을 나는 기억하고
하녀가 담배를 피웠고 녹색 휘양을 친 램프 아래에서 당구를 쳤다.
요리사는 외사시였고 잠잘 수 없었다, 그녀는 매우 신경질적이었다.
시험 삼아, 아일랜드에서, 해고될 때까지
그녀는 쿠키를 한 묶음씩 태워버렸다.

오 우리에게 무슨 일이 생겼는가, 나의 자매여!
어른들의 아이스박스에서 설탕에 절인 햄과 파인애플을 꺼내고
낡은 녹색 보트를 빌려 타려고,
그 쉬는 날에 우리 둘은 너무 많이 애걸했다. 나는 노를 저었다.
너는 배 앞쪽에 다리를 꼬고 앉아, 크게 『독사들의 세대』를 읽었다.
그렇게 우리는 까닥거리며 섬으로 나갔다. 바다는 황량했다.
삐걱거리는 현관의 회랑과 고요한 실내는
누군가 웃고 있는 사진처럼 정지된 채 끔찍했지만
십 년 동안 죽은 거나 다름없었다.

대범한 갈매기는 모든 것을 소유한 것처럼 물속에 뛰어들었다.
우린 떠다니는 나무 막대기를 골라내서 그들을 힘껏 밀어냈고,
가파른 해안가로 내려가서 물속으로 들어갔다.

우리는 물장구치며 이야기했다. 진한 소금기로 우리는 떠다녔다.
아직 저기 떠다니는 우리를 본다. 떨어질 수 없는, 코르크 인형 둘!
어떤 열쇠 구멍으로 우리가 빠져나왔지, 어떤 문이 잠겼지?
풀잎의 그림자가 시계의 분침처럼 조금씩 움직였고,
정반대 대륙에서 우리는 손을 흔들고 소리쳤다.
모든 일이 일어났다.

1961년 10월 29일

1962

이해 1월 17일에 둘째 아이 니컬러스가 태어났다. 5월에 노프 출판사를 통해 미국에서 시집 『거대한 조각상』이 출간되었다. 이해에 플라스는 하이네만 출판사와 소설 『벨자』를 영국에서 출간하기로 계약했다. 미국의 하퍼스와 노프는 모두 소설 출간을 거절했다.

다트무어에서 맞이하는 새해[1]

새로움이다.
성인聖人의 가성假聲 안에서 반짝거리며 울려 퍼지는
유리로 포장된 독특하고 하찮은 모든 싸구려 장애물처럼.
앞이 보이지 않는, 새하얗고 무시무시한, 접근하기 어려운 경사에서
너만 어떻게 즉석의 민첩함으로 전환해야 하는지 모른다.
네가 알고 있는 언어로는 미리 준비할 수 없다.
코끼리나 바퀴나 신발로도 준비할 수 없다.
우리는 그저 맞이하면 된다. 너는 너무 새로워서
유리 모자 속 세계를 갈망할 수 없다.

세 여인[1]
세 목소리를 대변하는 시

장소: 산부인과 병동과 그 주변

첫 번째 목소리
나는 세상처럼 느리다. 나는 매우 참을성이 있다,
시간과 태양과 별 사이로 관심을 전환하고
주의 깊게 나를 살피면서.
달의 관심은 훨씬 더 사적이다.
그녀는 간호사처럼 어둠 속에서 빛을 내며, 지나가고 다시 지나간다.
그녀는 앞으로 다가올 일을 유감스러워하는가? 그런 것 같지 않다.
단지 왕성한 번식력에 깜짝 놀랄 뿐이다.

내가 그만두면, 나는 대단한 사건이 된다.
나는 생각할 필요도 없고, 심지어 연습도 필요 없다.
나에게 무슨 일이 생기건 전혀 눈치채지 못하게 일어날 것이다.
꿩은 언덕 위에 있다.
그는 갈색 깃털을 정돈한다.
나는 내가 알고 있는 사실에 웃지 않을 수 없다.
나뭇잎과 꽃잎이 내 곁을 따라간다. 나는 준비되었다.

두 번째 목소리
처음 작고 빨갛게 새어나온 액체를 보았을 때, 나는 믿을 수 없었다.
나는 사무실에서 남자들이 내 주변을 걷는 것을 보았다. 그들은 아주 단호했다!
마분지 같은 그들에겐 뭔가 있었고, 이제 나는 그것을 알아차렸다,
생각과 파괴, 불도저와 단두대, 비명 소리가 새는 하얀 방에서
저 단호한, 단호한, 단호함은 끊임없이 계속된다.
그리고 냉정한 천사들, 추상적인 관념들.
나는 스타킹과 굽이 높은 구두를 신고 책상에 앉아 있었다,

남자 상사가 웃었다. "뭔가 끔찍한 걸 보았나?
얼굴이 갑자기 창백하군." 나는 아무런 말을 하지 않았다.
낙엽이 진 나무 속에서 죽음, 결핍을 보았다.
믿을 수 없었다. 영혼이 얼굴을, 입을 잉태하는 것이
그렇게 어려운 일인가?
글자들은 검은 건반에서 시작됐고, 검은 건반은
알파벳을 상징하는 내 손가락과, 정리 부품,

부품과 조각, 장부와 빛나는 조각에서 나타났다.
나는 가만히 앉아서 죽어간다. 제정신이 아니다.
기차가 내 귓가에 요란하게 들린다, 출발, 출발!
시간의 은빛 궤적은 먼 곳으로 옮겨간다,
하얀 하늘은 컵처럼 약속을 밖으로 쏟아낸다.
이건 나의 두 발, 이 기계적인 메아리.
강철 대못을 가볍게 두드린다, 두드린다, 두드린다. 내가 결핍된 것이

알려졌다.

이것은 내가 집으로 가져가는 질병이다, 이것은 죽음이다.
다시, 이것은 죽음이다. 내가 흡입하는 파괴의 입자들이
바로 공기인가? 나는 냉정한 천사를 마주한 채
사그라지고 사그라지는 맥박인가?
그렇다면 이것은 나의 애인인가? 이 죽음이, 이 죽음이?
어렸을 때, 나는 이끼로 상하게 된 이름을 좋아했다.
이것은 죄인가, 죽음처럼 오래전에 식은 사랑이?

세 번째 목소리
나는 내가 확실히 알았던 순간을 기억한다.
버드나무가 으스스해졌고,
물웅덩이 속 얼굴은 아름다웠다, 내 얼굴은 아니지만.
다른 모든 것처럼 일관성 있는 표정이었다.
그리고 내가 볼 수 있는 모든 것은 위험이었다. 비둘기와 언어,
별과 다량의 금. 개념, 개념!
나는 하얗고 냉정한 날개와

무시무시한 표정을 짓는 근사한 백조가
강의 맨 위쪽에서 성처럼 나에게 다가왔던 것을 기억한다.
백조 무리 속에 뱀이 한 마리 있다.

그는 미끄러지듯이 지나갔고, 그의 눈은 사악한 의미를 담고 있다.
나는 뱀 안에서 세계를 본다. 빈약하고, 비열하며, 사악한,
모든 하찮은 말이 모든 하찮은 말에 걸렸고, 행동이 행동에 걸렸다.
햇살이 뜨겁고 푸른 날은 무언가를 싹트게 했다.

나는 준비되지 않았다. 따로 떨어져 뒤쪽에 있는 하얀 구름이
나를 사방으로 질질 끌고 다닌다.
나는 준비되지 않았다.
나는 존경심도 없다.
나는 결과를 부인할 수 있다고 생각했다.
하지만 너무 늦었다. 너무 늦었고, 마치 내가 준비된 것처럼
얼굴은 사랑으로 그 자신을 계속해서 만들었다.

두 번째 목소리

이제 눈雪의 세계다. 나는 집에 있지 않다.
이 침대보는 정말 하얗다. 얼굴들은 형체가 없다.
내 아이들의 얼굴처럼 대머리고, 누구도 감당할 수 없다.
저기 내 팔을 회피하는 아픈 어린아이들.
다른 아이들도 나를 만지지 않는다. 그들은 끔찍하다.
얼굴에 홍조가 가득하고, 생명력이 엄청나다. 그들은 조용하지 않다,
내 어깨에 짊어진 작은 공허함처럼, 조용하지 않다.

나에겐 기회가 있었다. 나는 시도했고 시도했다.
진귀한 신체 기관처럼 인생을 나에게 꿰매어 붙였고,
진귀한 것처럼, 아주 조심스럽게, 위태롭게 걸었다.
생각을 너무 많이 하지 않으려 애썼다, 자연스럽게 하려 애썼다.
다른 여자들처럼, 나는 맹목적으로 사랑에 빠지려 애썼다,
침대에서 내가 좋아하는 눈가리개를 쓰고,
칠흑 같은 어둠 사이로 또 다른 얼굴을 찾으려고 애쓰지 않은 채.

나는 쳐다보지 않았다. 그러나 여전히 얼굴은 거기에 있었고,
완벽함을 사랑했던 태어나지 않은 아기의 얼굴과,
편안한 휴식 속에서만 완벽해질 수 있는
죽은 아기의 얼굴이 유일하게 신성함을 간직할 수 있었다.
그리고 그때 다른 얼굴들이 있었다. 국가의 얼굴,
정부와 의회와 사회의 얼굴,
중요한 사람들의 형체 없는 얼굴.

내가 꺼리는 남자들이다.
그들은 단호하지 않으면 뭐든 몹시 경계한다! 자신들이 단호하기에
세상 전체를 단호하게 만들려는 방심하지 않는 신들이다.
나는 하느님이 그 아들 예수와 이야기 나누는 것을 본다.
그런 단호함은 신성한 것이다.
"우리가 천국을 만들자" 그들은 말한다.

"우리가 납작하게 만들어 영혼들의 역겨움을 깨끗하게 씻어내자."

첫 번째 목소리
나는 침착하다. 침착하다. 뭔가 끔찍한 일 앞에서의 침착함이다.
바람이 불기 전, 나뭇잎이 줄기를 뒤집으며 시들시들해질 때
긴장되는 순간. 이곳은 매우 조용하다.
시계처럼, 시트와 얼굴들이 창백하고 멈춰 있다.
목소리는 나오지 않았고 맥이 빠졌다. 그들 눈에 보이는 상형문자가
바람을 막는 양피지 칸막이를 평평하게 만들었다.
그들은 아랍어와 중국어로 그러한 비밀을 그려낸다!

나는 멍하고 침울하다. 나는 터져 나오려는 씨앗이다.
침울함은 나의 죽은 자아, 그것은 샐쭉하다.
더 많은 것이나 다른 것을 소망하지 않는다.
이제 황혼은 성모마리아처럼 나를 푸른색으로 감싼다.
오 세월과 망각의 색깔!
언제 그렇게 될까, 시간이 멈추고
영혼이 시간에 함몰되는 두 번째 순간, 나는 완전히 물에 빠질 수 있을까?

따로 떨어져서, 나는 나 자신에게, 단지 나 자신에게 혼잣말을 한다,
면봉으로 소독하고 살균제로 안색이 창백해져, 희생 제물이 되어.

기다림은 내 눈꺼풀에 무겁게 내려앉았다. 그것은 잠처럼,
거대한 바다같이 놓여 있다. 멀리, 저 멀리서, 나는 첫 번째 파도가
피할 수 없는 조수로 나에게 고뇌의 짐을 밀어붙이는 것을 느낀다.
그리고, 이 하얀 해안에 메아리치는 조가비처럼, 나는
압도하는 목소리, 끔찍한 악천후와 대면한다.

세 번째 목소리
이제 나는 산이다, 산악 지대 여성들 사이에서.
의사들은 마치 우리의 거창함이 정신을 위협한다는 듯이
우리 사이를 움직인다. 그들은 바보처럼 미소 짓는다.
그들은 나란 존재를 비난하려 하고, 그들은 알고 있다.
그들은 건전함인 것처럼 단호함을 고집한다.
그러다 내가 그랬듯, 그들 스스로 놀라게 되면 어쩌나?
그들은 몹시 짜증낼 것이다.

그러다 두 생명이 내 허벅지 사이로 새어나온다면 어쩌나?
나는 도구가 비치된 하얗고 깨끗한 방을 보았다.
비명의 장소다. 결코 행복하지 않다.
"이곳은 당신이 준비되었을 때 오게 될 장소다."
밤 불빛은 단조로운 붉은 달빛이다. 그들은 피로 혼탁하다.
나는 일어날 어떤 일에도 준비되어 있지 않다.
내가 죽였어야만 했는데, 새 생명이 나를 죽인다.

첫 번째 목소리
이보다 더 잔인한 기적은 없다.
나는 말, 철로 된 말발굽에 질질 끌려 다녔다.
나는 견디어낸다. 나는 그것을 견디어낸다. 나는 일을 완성한다.
어두운 터널을 뚫고 방문과
시위와 놀란 얼굴이 서로 충돌한다.
나는 극악무도함의 중심이다.
어떤 수고와 어떤 슬픔을 내가 보살펴야만 하는가?

그런 순진함이 죽일 수 있나 죽일 수? 그것은 내 삶을 착취한다.
나무는 거리에서 시든다. 비는 부식시킨다.
나는 혀에 있는 그것을 맛본다, 그리고 실현 가능한 공포,
무의미하게 정지한 공포, 고동치고 고동치는 심장과
도구가 담긴 가방을 들고서 모르는 척 무시당하는 대모들.
나는 보호하는 벽과 지붕이 될 것이다.
나는 하늘과 선량함의 언덕이 될 것이다. 오 내가 되게 해다오!

오래된 완고함의 힘이 내 마음을 점점 이끈다.
나는 세상처럼 산산이 조각나고 있다. 이 암흑,
암흑의 한패가 있다. 나는 산 위로 두 손을 모은다.
공기가 혼탁하다. 이 일로 혼탁하다.

나는 중고품이다. 나는 강제로 이용당했다.
내 눈은 이 암흑에 갇혀당했다.
나는 아무것도 볼 수 없다.

두 번째 목소리
나는 비난받는다. 나는 대학살을 꿈꾼다.
나는 까맣고 붉은 고통의 정원이다. 나는 고통을 마시고,
나 자신을 증오하고, 증오하고 두려워한다. 그리고 이제 세상은
종말을 이해하고 종말을 향해 달린다, 사랑 안에서 손을 꼭 잡는다.
모든 것을 병들게 하는 죽음의 사랑이다.
빛을 잃은 태양은 신문 용지를 얼룩지게 한다. 그것은 붉은색이다.
나는 연이어 유산한다. 암흑의 지구가 그들을 삼켜버린다.

그녀는 우리 모두의 흡혈귀다. 그렇게 그녀는 우리를 키우고,
살찌우며, 친절하게 대한다. 그녀의 입술은 빨갛다.
나는 그녀를 안다. 나는 그녀를 아주 잘 안다.
오래된 겨울 얼굴, 오래된 황량한 얼굴, 오래된 시한폭탄.
남자들은 그녀를 야비하게 이용했다. 그녀는 그들을 먹을 것이다.
그들을 먹고, 그들을 먹고, 마침내 그들을 먹을 것이다.
해는 진다. 나는 죽는다. 나는 죽음을 완성했다.

첫 번째 목소리
핏기가 없고 몹시 화를 내는 이 사내아이,
달에서 떨어진 것처럼, 반짝반짝 빛나며 기이한 그는 누구인가?
아주 성난 듯 보인다!
발뒤꿈치에서 요란한 비명 소리를 내며, 방으로 날아 들어왔다.
창백한 색깔이 희미해진다. 그도 결국 사람이다.
빨간 연꽃이 핏빛의 오목한 부분에서 꽃을 피운다.
그들은 마치 내가 천이라도 되는 양, 나를 비단으로 꿰매었다.

그를 붙잡기 전에 내 손가락은 무엇을 했나?
그 사랑으로, 내 심장은 무엇을 했나?
나는 그렇게 투명한 것을 본 적이 없다.
그의 눈꺼풀은 라일락 같고,
그의 숨결은 나방처럼 보드랍다.
나는 떠나보내지 않을 것이다.
그에게는 교활함이나 왜곡이 없다. 그렇게 계속 유지하길.

두 번째 목소리
높다란 창문에 달이 떠 있다. 모든 것이 끝났다.
겨울이 내 영혼을 어떻게 채웠는가! 그리고 저 백묵 같은 불빛은
창문에 금 간 곳을 비춘 채, 텅 빈 사무실의 유리창,
텅 빈 학교 교실, 텅 빈 교회. 오 엄청난 공허함이여!

정지 상태다. 모든 것의 끔찍한 정지 상태.
이제 북극에서 잠자는 사람들의 육체가 내 주변에 쌓여 있다,
어떤 푸른, 달빛과 같은 희미한 빛이 그들의 꿈을 파괴했나?

내 몸 안에 들어오는 것을 느낀다, 기구처럼 차갑고 이질적인 것.
그리고 그 끝에 있는 저 성난 경직된 얼굴, 저 O 모양의 입은
끝없는 슬픔으로 입을 크게 벌리고 있다.
달이면 달마다, 실패의 목소리로,
핏빛 검은 바다를 끌고 다니는 사람은 바로 그녀다.
그녀의 끈 끝자락에 있는 바다처럼 나는 무기력하다.
나는 불안하다. 불안하고 쓸모없다. 나 또한 시체를 만든다.

나는 북쪽으로 이동한다. 긴 암흑 속으로 움직인다.
나는 나 자신을 남자도 아니고 여자도 아닌, 그림자로 본다,
남자처럼 되는 것이 행복한 여자도 아니고, 아무런 결핍을 느끼지
못할 만큼 퉁명스럽고 단호한 남자도 아니다. 나는 결핍을 느낀다.
나는 하얀 말뚝 같은 열 손가락을 꼭 쥔다.
보라, 어둠이 틈새로 새어나온다.
나는 그것을 억제할 수 없다. 나는 내 삶을 억제할 수 없다.

나는 주변부의 영웅이 될 것이다.
떨어진 단추와 양말 뒤꿈치에 난 구멍과

편지함에 간직된, 답장을 보내지 않은 편지의
창백한 무언의 표정 때문에 비난받지는 않을 것이다.
나는 비난받지 않는다, 나는 비난받지 않는다.
시계는 내가 결핍된 것을 알지 못할 것이고,
계속되는 심연 속에서 고정된 별들도 마찬가지다.

세 번째 목소리
나는 꿈속에서 빨갛고, 끔찍한 여자아이를 본다.
그녀는 우리 사이를 가로막는 유리 틈에서 울고 있다.
그녀는 울면서, 몹시 화를 낸다.
그 울음은 고양이처럼 잘 걸려들게 하고 신경을 자극하는 미끼다.
바로 이런 미끼로 그녀는 내 관심을 끈다.
그녀는 어둠을 향해 울거나, 그 멀리
반짝이며 소용돌이치는 별을 향해 운다.

나는 그녀의 작은 머리가 나무로 조각되었다고 생각한다,
붉고, 단단한 나무, 감은 눈과 크게 벌린 입.
크게 벌린 입에서 날카로운 울음소리가 나오고
화살처럼 잠자는 나를 할퀴면서,
잠자는 나를 할퀴면서, 내 곁으로 파고든다.
내 딸은 치아가 없다. 그녀의 입은 크다.
입은 유쾌하지 않은 암흑의 소리를 낸다.

첫 번째 목소리

이런 순진한 영혼들이 우리에게 퍼붓는 저주는 무엇인가?
봐, 그들 모두 너무 지쳤고, 모두 생기가 없다
캔버스 천으로 가려진 아기 침대에서, 팔목에 묶어놓은 이름과
그들이 멀리서 가져온 은으로 만든 작은 트로피를 지니고서.
숱이 많은 검은 머리칼 아기가 몇 있고, 대머리 아기가 몇 있다.
혈색은 분홍색이거나 누르스름한 색, 갈색이거나 붉은색이다.
그들은 자신들의 차이를 기억하기 시작한다.

내 생각에 그들은 물로 만들어졌다. 그들은 표정이 없다.
고요한 물 위에 뜬 불빛처럼, 그들의 얼굴은 마비되어 있다.
그들은 똑같은 옷을 입은 진짜 수도자이며 수녀.
나는 세상에 별이 내리는 것처럼 그들이 쏟아지는 것을 본다.
이러한 놀라운 것들이 인도, 아프리카, 아메리카에,
이 순수하고 작은 형상들. 그들은 엄마 젖내를 맡는다.
그들의 발바닥은 아직 닿지 않았다. 그들은 공기를 걷는다.

무無가 그토록 풍부할 수 있을까?
여기 내 아들이 있다.
그의 큰 눈은 관대하고 순수한 푸른빛이다.
앞을 보지 못한 채 반짝이는 작은 식물처럼 그는 나에게 향한다.

한 번의 울음소리. 내가 기다리는 미끼다.
그리고 나는 엄마 젖이 넘치는 강물이다.
나는 따듯한 언덕이다.

두 번째 목소리
나는 못생기지 않았다. 아름답기까지 하다.
거울은 추하지 않은 여성을 비추어준다.
간호사는 내 옷과 정체성을 돌려준다.
너무 흔한 일이라고 그들은 말한다.
내 인생에서, 다른 사람들의 인생에서 흔하다.
나는 다섯 명 중 한 명, 비슷할 것이다. 희망이 없지는 않다.
나는 통계 자료로서 훌륭하다. 여기 내 립스틱이 있다.

칙칙한 입술 위에 칠한다.
붉은 입술로 내 정체성을 나타낸다,
하루 전, 이틀 전, 사흘 전. 금요일이었다.
나는 휴가도 필요 없다. 오늘도 일하러 갈 수 있다.
나를 이해해줄 내 남편을 사랑할 수 있다.
마치 내가 눈 하나, 발 하나, 혀를 잃어버린 것처럼,
내 추함의 흐릿한 경계를 뚫고 누가 나를 사랑하겠나.

그렇게 나는 눈이 잘 안 보이는 채로 서 있다. 하지만 나는

걷는 대신에, 자가용을 타고 가버렸다. 자가용은 역시 쓸모 있다.
그리고 혀가 아닌, 손가락으로 말하는 법을 배웠다.
몸은 자원이 풍부하다.
불가사리의 몸에서 팔이 다시 자랄 수 있고,
작은 도롱뇽은 다리가 남아돈다. 아마도 난
내가 결핍된 것 안에서 흥청망청 살 수 있을 것이다.

세 번째 목소리
그녀는 잠자는 평화로운 작은 섬이다,
나는 경적을 울리는 하얀 배다. 잘 있어, 잘 있어.
태양이 내리쬔다. 슬픔에 잠겨 있다.
이 방 안에 있는 꽃은 빨갛고 열대성이다.
그들은 유리 뒤에서 살고, 보살핌을 잘 받는다.
이제 그들은 하얀 침대보의 겨울, 하얀 얼굴들을 대면한다.
내 짐 가방에 들어갈 것은 별로 없다.

내가 모르는 뚱뚱한 여인의 옷가지가 있다.
내 머리빗과 솔이 있다. 공허함이 있다.
갑자기 상처받기 너무 쉬워졌다.
나는 병원에서 나와 걸어 다니는 상처다.
그들이 가도록 내버려둔 상처다.
나는 건강을 남겨두고 왔다. 나는 나에게 집착할 수 있는 누군가를 남겼다. 반창고처럼 그녀의 손가락을 풀었다. 나는 간다.

두 번째 목소리
나는 다시 나 자신이 되었다. 매듭짓지 않은 끈은 없다.
나는 왁스처럼 착취당했고, 아무런 애착도 없다.
나는 밋밋한 숫처녀인데, 바로 아무 일도 없었음을 의미한다,
지워질 수, 찢길 수, 폐기될 수 없는 일은 다시 시작되지 않았다.
이 작은 검정 나뭇가지들은 싹이 트려는 기미도 보이지 않는다,
바짝 마르지도 않았다, 물기 없는 도랑은 비가 내리길 바란다.
유리창 안에서 나와 마주친 이 여성. 그녀는 단정하다.

너무 단정해서 영혼처럼 투명하다.
얼마나 수줍게 그녀가 자신의 단정한 자아를
아프리카산 오렌지의 지옥, 발뒤꿈치에 걸린 돼지 위에 겹쳐놓는지.
그녀는 현실에 경의를 표한다.
나야. 나야.
내 치아 사이에서 씁쓸함을 맛보며.
헤아릴 수 없는 일상의 악의.

첫 번째 목소리
얼마나 오랫동안 바람을 막아주는 벽이 될 수 있을까?
얼마나 오랫동안 내가

내 손의 그늘로 태양을 부드럽게 하고,
냉정한 달의 푸른색 번갯불을 차단할 수 있을까?
외로움의 목소리, 슬픔의 목소리가
불가피하게 내 등을 감싼다.
어떻게 이 가냘픈 자장가가 그들을 달랠 수 있을까?

얼마나 오랫동안 초록색 땅 주변의 벽이 될 수 있을까?
얼마나 오랫동안 내 두 손이
그의 상처에 반창고가 되고, 내 언어가
생기 있게 하늘을 나는 새를 위로해주고, 위로해줄 수 있을까?
그렇게 솔직한 것은
끔직한 일이다. 그것은 마치 내 심장을
얼굴에 달고 세상 속으로 걸어가는 것과 같다.

세 번째 목소리
오늘날 대학은 봄기운에 취해 있다.
내 검정 가운은 소규모의 장례식이다.
그것은 내가 진지하다는 것을 보여준다.
내가 지닌 책들은 옆구리에 끼워져 있다.
내겐 오래된 상처가 있었지만, 이제는 치유되었다.
나는 눈물로 붉어진 섬을 꿈꿔왔다.
그것은 꿈이었고, 아무런 의미도 없었다.

첫 번째 목소리
새벽은 집 밖에 있는 거대한 느릅나무 안에서 피어난다.
칼새 떼가 돌아왔다. 종이로 만든 로켓처럼 날카로운 소리로 운다.
나는 울타리 안에서 넓어지고 사그라지는
시간의 소리를 들었다. 나는 소의 울음소리를 듣는다.
삶의 활력은 스스로 다시 채워지고, 젖은 초가지붕은
태양 안에서 연기를 뿜는다.
수선화가 과수원에서 하얀 얼굴을 꽃피운다.

나는 안심한다. 나는 확신한다.
이들은 아기 방의 맑고 밝은 색깔이고,
말하는 오리고 행복한 양이다.
나는 다시 단순해진다. 나는 기적을 믿는다.
나는 하얀 눈과 손가락 없는 손으로 나의 잠을 해치는
저 끔찍한 아이들을 믿지 않는다.
그들은 나의 아이들이 아니다. 그들은 나에게 속해 있지 않다.

나는 정상 상태에 대해 곰곰이 생각한다.
나는 내 어린 아들에 대해 곰곰이 생각한다.
그는 걷지 않는다. 그는 한마디 말도 하지 않는다.
그는 여전히 하얀 속싸개로 싸여 있다.

하지만 연분홍색이고 완벽하다. 그는 종종 웃는다.
나는 큰 장미 무늬로 그의 방을 도배했다,
방의 구석구석에 작은 하트를 그렸다.

그가 아주 특출한 아이가 되길 바라지 않는다.
이례적인 것은 악마의 관심을 끈다.
슬픔이 가득한 언덕을 오르는 것이나
사막에 홀로 앉아 있는 것, 어머니에게 상처 주는 것은 이례적이다.
나는 그가 평범하길 바라고,
내가 그를 사랑하듯이 나를 사랑하기를 바라며,
원하는 여자와 원하는 장소에서 결혼하기를 바란다.

세 번째 목소리
초원에 있는 뜨거운 정오. 미나리아재비 꽃은
무더위로 고생하다 서서히 사라진다, 연인들은
스쳐 지나가고, 스쳐 지나간다.
그들은 그림자처럼 어둡고 생기를 잃었다.
아무런 애착을 품지 않는 것은 정말 아름답다!
나는 풀잎처럼 고독하다. 내가 그리워하는 것은 무엇인가?
무엇이든지, 나는 찾을 수 있을까?

백조는 가버렸다. 여전히 강물은

그들이 얼마나 하얬는지 기억한다.
불빛을 밝히며 강물은 그들을 쫓아간다.
강물은 구름 속에서 그들의 형상을 발견한다.
목소리에 슬픔을 담고
울고 있는 저 새는 무엇인가?
나는 항상 젊다고, 그가 말한다. 내가 그리워하는 것은 무엇인가?

두 번째 목소리
나는 램프의 불빛 안에서 마음이 편안하다. 밤은 길어지고 있다.
나는 실크 속옷을 수선한다. 남편은 책을 읽는다.
불빛이 얼마나 아름답게 이러한 것을 포함하는지.
봄기운 안에 물안개가 있다,
마치 부드러움이 일깨워진 것처럼,
공원과 살색을 띤 작은 조각상을 채운 물안개,
지치게 하지 않고, 무언가를 치유하는 부드러움.

나는 지켜보았고 마음이 아프다. 나는 치유했다고 생각한다.
다른 할 일이 많이 있다. 내 두 손은
솜씨 있게 이 옷감에 레이스를 꿰맨다. 남편은
책장을 넘기고 또 넘긴다.
그렇게 시간이 흐른 뒤 함께 마음이 편안하다.
우리의 기량을 평가하는 것은 단지 시간이다.

단지 시간이지, 물질적인 것은 아니다.

거리는 갑자기 신문에 의지하겠지만,
나는 긴 추락에서 회복되었고, 침대 안에서 나 자신을 발견했다,
매트리스 위에 안전하게, 두 손을 꽉 고정시킨 채.
나 자신을 다시 찾았다. 내 발에서 시작하는 그림자가 있긴 하지만
나는 그림자가 아니다. 나는 아내다.
도시는 기다리며 그리워한다. 작은 풀잎이
돌 사이로 날카로운 소리를 내며 깨진다, 생명력이 충만하다.

1962년 3월

작은 푸가[1]

주목의 검은 손가락이 흔들려요.
냉정한 구름이 그 위를 지나지요.
그렇게 귀머거리와 벙어리가
장님에게 신호를 보내지만, 무시당하죠.

나는 그로테스크한 언술을 좋아해요.
온통 눈동자처럼 하얗기만 한!
지금, 저 구름의 특징 없음이란!
배 위에 내 탁자에는

장님 피아니스트의 눈.
그는 음식을 더듬었어요.
그의 손가락은 족제비의 코 같은 감각을 지녔죠.
나는 보지 않을 수 없었어요.

그는 베토벤을 들을 수 있어요.
검정 주목, 새하얀 구름,
끔찍하게 복잡한 상태.
손가락 타악기, 건반의 소란함.

텅 빈 접시처럼 멍청하게,
그렇게 장님은 웃어요.

나는 대푸가의 주목 울타리에서 울리는
깊고 우렁찬 소리를 부러워해요.

귀가 먹은 것은 다른 문제죠.
그토록 어두운 굴뚝이라니, 아버지!
나는 어릴 때처럼, 당신의 음성을 금방 알아차렸죠,
어둡고 잎이 풍성한,

정렬된 주목 울타리처럼,
기괴하고 야만적이면서, 순수한 독일인의 혈통을 지닌.
죽은 사람들은 그곳에서 절규해요.
나는 아무런 죄의식이 없어요.

그때, 주목은 나의 주 그리스도와 같았죠.
그는 고문당하지 않았나요?
그리고 당신은 1차 세계대전 중에
캘리포니아 식료품점에서

잘린 목처럼, 붉고, 얼룩덜룩한
소시지를 썰었죠!
그들이 내 잠을 물들여요.
침묵이 있었죠!

다음에 나타난 위대한 침묵.
나는 일곱 살이었고, 아무것도 몰랐어요.
세상이 드러났죠.
당신은 다리가 하나고, 프러시아 정신을 지녔어요.

이제 비슷하게 생긴 구름들이
텅 빈 침대보를 펼쳐놓죠.
당신은 아무 말도 하지 않나요?
나는 기억하는 게 서툴러요.

파란 눈과
귤이 담긴 서류 가방을 기억해요.
그때, 이것은 남자였어요!
죽음은 검정 나무처럼 까맣게 열리죠.

나는 아침을 준비하며,
그 시간을 참고 견디었어요.
이들은 내 손가락, 내 아기죠.
저 창백한 구름은 결혼식 예복이에요.

1962년 4월 2일

현상

냉장고의 미소가 나를 파멸한다.
내 사랑하는 사람의 혈관에 흐르는 우울한 성향!
나는 그녀의 멋진 심장이 가르랑거리는 소리를 듣는다.

그녀의 입술에서 앰퍼샌드[1]와 백분율 기호가
입맞춤처럼 빠져나간다.
그녀가 생각하기에는 월요일이다. 도덕은

더러움을 없애고 그 자신만을 드러낸다.
이러한 모순 사이에서 내가 무엇을 만들려 하는가?
나는 하얀 커프스를 채우고, 고개 숙여 인사한다.

그렇다면 이것은 사랑인가,
그토록 맹목적으로 빠져나가는 쇠바늘로 만든 이 붉은 옷감이?
그것은 드레스와 코트를 만들 것이며,

왕조를 감쌀 것이다.
어떻게 그녀의 몸이 열리고 닫히는지,
경첩 안에 보석을 박은, 스위스산 시계!

오 심장, 아주 지독한 난잡함!
별들은 끔찍한 숫자처럼 획 지나간다.

에이 비 씨, 그녀의 눈꺼풀은 말한다.

1962년 4월 4일

호수를 건너며

검은 호수, 검은 보트, 종이 자르는 검은 두 사람.
이곳에서 물을 마시는 검은 나무는 어디로 가나?
그들의 그림자가 캐나다를 뒤덮는다.

작은 불빛은 물꽃에서 걸러진다.
그 잎사귀는 우리가 서두르기를 바라지 않는다.
둥글고 평평하고 음울한 충고로 가득하다.

냉정한 세계가 노를 젓자 흔들린다.
암흑의 정령이 우리 안에 있고, 그는 물고기 안에 있다.
유목流木이 고별사로 창백한 손을 들어 올린다.

별들이 백합 사이로 피어난다.
너는 그토록 무표정한 세이렌 때문에 눈이 멀지 않았니?
이는 깜짝 놀란 영혼들의 침묵이다.

1962년 4월 4일

수선화 사이에서[1]

3월의 나뭇가지처럼 쾌활하며, 심술궂고, 음산한 빛을 띠고,
퍼시가 파란색 두꺼운 모직 코트를 입고 수선화 사이로 인사한다.
그는 폐에 생긴 질병에서 회복 중이다.

수선화 역시 거물에게 고개 숙여 인사한다.
그것은 별이 초록색 언덕 위에 달그락 울려 퍼지게 하고
그곳에서 퍼시는 수술로 꿰맨 부분을 치료하며, 걷고 또 걷는다.

이곳에는 품위가 있다. 격식이 있다.
꽃은 붕대처럼 기운이 넘치고, 남자는 치료한다.
그들은 인사하고 서 있다. 꽃들은 불시의 습격을 참고 견딘다!

그리고 팔십 대인 그 사람은 작은 무리를 좋아한다.
그는 상당히 우울하다. 지독한 바람이 그의 호흡을 시험한다.
수선화는 어린아이처럼 민첩하고 순진하게 바라본다.

1962년 4월 5일

꿩

당신은 오늘 아침에 죽일 거라 말했다.
죽이지 마라. 그것은 여전히 나를 깜짝 놀라게 한다,
기이한 검은 머리의 돌출부는

느릅나무 언덕 위에 자르지 않은 풀잎 사이를 활보한다.
그것은 꿩을 사로잡은 무엇이거나,
그냥 출몰하는 것이다.

나는 신비롭지 않다. 꿩이 영혼을 지녔다고
내가 생각하는 듯하지만, 그렇지 않다.
꿩은 진가를 발휘할 뿐이다.

그의 진가는 그에게 당당한 기품과 정도正道를 제공한다.
지난겨울 우리 앞마당에 있는 눈 위에,
그것의 큰 발자국, 꼬리 자국.

참새와 찌르레기에서 나오는 빗살무늬 그림자를 가로질러
저 창백함 속에 담긴, 경이로움.
그렇다면, 그는 진귀한가? 진귀하다.

그러나 열두 마리는 소유할 가치가 있을 것이다,
저 언덕 위에 있는 백여 마리. 가로지르고 다시 가로지르는,

초록색과 빨간색. 멋진 것!

아주 생동감 있고, 매우 훌륭한 형상이다.
작은 풍요의 뿔이다.
박수를 치지 않고, 나뭇잎처럼 갈색으로, 요란하게

느릅나무 속에서 자리를 잡고, 편안하게 있다.
수선화 속에서 햇볕을 쬔다.
나는 어리석게도 방해한다. 내버려두어라, 내버려두어라.

1962년 4월 7일

느릅나무[1]

루스 페인라이트를 위하여

나는 밑바닥을 알아, 그녀가 말한다. 나는 그것을 내 거대한 곧은 뿌리로 안다.
당신은 그것을 두려워한다.
나는 두렵지 않다. 나는 거기에 다녀왔다.

당신이 내 안에서 듣는 것은 바다,
바다의 불평인가?
아니면, 당신의 광기였던 무無의 목소리인가?

사랑은 그림자.
사랑이 끝난 뒤 어떻게 당신이 거짓말하고 울부짖는지
들어보라. 사랑의 말발굽이 있다. 사랑은 말처럼 멀리 가버렸다.

당신의 머리가 돌이 되고, 당신의 베개가 잔디가 될 때까지,
메아리치며, 메아리치며,
밤새도록 나는 이렇게 격렬하게 질주할 것이다.

그렇지 않으면, 당신에게 독의 소리를 가져다줄까?
이 커다란 쉿 소리, 이제 비가 온다.
그리고 이것은 비의 열매. 비소같이 흰 양철빛.

나는 일몰의 잔학함을 참고 견뎌왔다.
뿌리까지 그을린 채
한 묶음의 전선같이, 붉고 가느다란 내 혈관이 불에 타며 견딘다.

이제 나는 흩날리는 카드 패처럼 산산이 조각나버렸다.
그런 거친 강풍은
수수방관하게 놔두지 않는다. 나는 비명을 질러야만 한다.

달 역시 무자비하다. 불모 상태인 그녀는
나를 잔인하게 질질 끌고 다닌다.
그녀의 광휘가 나에게 상처를 준다. 아니 어쩌면 내가 그녀를 잡았
는지 모른다.

나는 그녀가 가도록 내버려둔다. 나는 그녀가 가도록 내버려둔다.
과도한 수술을 받은 후처럼, 왜소해지고 평평해진.
어떻게 당신의 악몽이 나를 사로잡고 나에게 재능을 부여하는지.

나는 울음으로 산다.
밤마다 울음은 파닥거리며 나와
갈고리를 들고, 사랑할 누군가를 찾는다.

내 안에 사는 이 음울한 녀석이

나는 무섭다.
하루 종일 나는 그것의 깃털처럼 부드러운 움직임과 원한을 느낀다.

구름이 지나가고 흩어진다.
저들은 사랑의 얼굴인가, 저 창백하고 돌이킬 수 없는 것들이?
이 때문에 내 심장이 그토록 동요했나?

더는 알 수 없다.
이건 뭔가, 나뭇가지가 죄어드는 것 속에서
그토록 살인적인 저 얼굴은?

그것의 뱀 같은 산酸이 쉿 소리를 낸다.
그것은 의지를 돌로 만든다. 죽이고, 죽이고, 죽이는
이들은 고립되고 침체된 단층이다.

1962년 4월 19일

토끼 잡는 사람

폭력의 장소였다.
내 흩날리는 머리칼로 입에 재갈을 물리는 바람과,
찢어지듯 갈라진 내 목소리와
빛으로 내 눈을 멀게 만드는 바다와,
기름처럼 퍼져나가며, 폭력 속에서 풀어 헤쳐지는 죽은 사람들의 삶.

나는 가시금작화의 악의를 경험했다,
검정 수상 꽃차례와
노란색 양초 꽃에서 나오는 과도한 기름.
대단한 아름다움과 능력이 있었지만,
고통처럼, 도가 지나치기도 했다.

도착한 유일한 장소.
더위로 축 늘어진 채, 향기를 풍기는
오솔길은 움푹 들어간 곳으로 점점 좁아진다.
그리고 덫은 거의 사람 눈에 띄지 않았다.
허공에 닫혀버린 채, 조준은

산고처럼 가까이 놓였다.
날카로운 비명이 사라진 것은
무더운 날에 결함, 공허함을 만들었다.
유리 같은 불빛은 투명한 벽이었다,

잡목림은 고요했다.

소리 없는 분주함, 고의가 느껴졌다.
하얀 도자기를 에워싼 채,
나는 손들이 칙칙하고 투박한 머그잔 주변을 감싸는 것을 느꼈다.
어떻게 그 덫이 그를 기다렸는지, 저런 하찮은 죽음들이!
그것은 애인처럼 기다렸다. 그를 흥분시켰다.

그리고 우리도 역시 연관이 있었다.
우리 사이에 놓인 팽팽한 철사,
너무 깊이 박혀서 빼낼 수 없는 말뚝과
재빠른 무언가에 미끄러지듯이 오므라드는 둥근 고리 같은 마음,
또한 나를 꼼짝 못하게 만드는 압박감.

1962년 5월 21일

사건

얼마나 활동 영역이 굳건해지는지!
달빛, 저 석회암 절벽의
가느다란 틈 속에서, 우린

등과 등을 맞대고 누웠다. 나는 그 차가운 쪽빛에서
올빼미 울음소리를 들었다.
참을 수 없는 모음이 내 마음에 떠올랐다.

하얀 요람 안에서 아이는 빙빙 돌고 한숨을 내쉬며,
무언가를 달라며, 이제 입을 벌린다.
그의 작은 얼굴은 괴로워하는 붉은 나무에 새겨져 있다.

이윽고 별이 떴다. 근절할 수 없는, 단단한 별들이.
한 번의 가벼운 접촉, 그것은 불타버리고 못 쓰게 된다.
나는 너의 눈을 볼 수 없다.

사과 꽃이 밤을 얼어붙게 하는 곳에서
나는 오래된 단층들이 깊고 심하게 팬 홈,
둥근 원 안에서 걸어 다녔다.

사랑은 이곳에 도달할 수 없다.
검은 틈새가 스스로 드러난다.

반대편 입술 위에

작고 하얀 구더기, 작고 하얀 영혼이 손짓한다.
내 팔다리 또한 떨어져 나갔다.
누가 우리를 해체했나?

어둠이 녹아내린다. 우리는 불구자처럼 손을 댄다.

1962년 5월 21일

불안

하얀 벽이 있고, 그 위로 하늘이 펼쳐진다.
끝이 없고, 활기차고, 완전히 닿을 수 없는.
천사들이 하늘 안에서 부드럽게 움직인다, 별 또한 무관심 속에서.
그들은 나의 표현 매체다.
빛을 흘리면서, 태양은 이 벽 위에서 녹아내린다.

손톱으로 할퀴어지고 피로 얼룩져 이제는 회색빛 벽.
정신을 놓으면 아무런 방법이 없나?
내 뒤에서 들리는 발걸음은 샘물 속으로 소용돌이처럼 움직인다.
이 세계에는 나무도 새도 없고,
단지 심술궂음만 있다.

이 붉은 벽은 끊임없이 움츠러든다.
쥐었다 폈다 붉은 주먹,
회색 종이 두 장으로 만든 가방들.
이것은 바로 나를 만든 것, 이것과 존재의 공포가
교차로와 피에타의 눈물 아래에서 원을 그리며 선회했다.

까만 벽 위에, 정체불명의 새들이
머리를 빙빙 돌리며 운다.
이들 사이에서 불멸에 관한 이야기는 없다!
냉정한 공허함이 우리를 엄습한다.

그들은 성급하게 움직인다.

1962년 5월 28일

버크 해변[1]

(1)

그 무렵, 이곳은 바다, 멋진 정지 상태.
태양의 찜질은 얼마나 내 몸을 불타오르게 하는가.

창백한 얼굴의 소녀들이 냉동고에서 퍼온
원색적인 색깔의 셔벗은 햇볕에 그을린 손 안에서 빨리 녹아내린다.

어째서 이리 고요하고, 그들은 무엇을 숨기고 있나?
나는 두 다리가 있고, 웃으면서 움직인다.

모래 댐퍼는 진동을 약하게 줄인다.
흔들리며 의지할 곳 없이 줄어든 소리는 이전 크기의 반이 되어

수킬로미터를 한껏 뻗어 있다.
나무가 없는 땅 표면의 열기로 화상을 입은 것 같은 눈가의 주름,

조준하려는 고무 밴드가 되돌아와, 밴드를 쥔 사람에게 상처 주며.
그가 선글라스를 쓴 것은 이상하지 않은가?

그가 검은색 성직자 옷을 즐겨 입는 것은 이상한가?
고등어를 잡는 사람들 사이로, 이제 그가 나타난다

그들은 그에게 등을 돌려 벽을 만든다.
그들은 신체의 일부처럼 검은색과 녹색 알약을 다루고 있다.

이런 풍경을 모두 구체화하는 바다는
비탄에 잠겨 긴 쉿 소리와 함께, 물결을 굽이치며 조금씩 움직인다.

(2)

이 검정 장화는 누구에게도 인정사정없다.
왜 그래야 하나, 감각 잃은 발의 영구차,

이 사제의 고귀하고, 마비된, 발가락 없는 발,
그는 지식의 샘을 면밀히 탐구한다,

그의 눈앞에 부풀어 오른 풍경은 변태 성욕자에 관한 인쇄물.
외설적인 비키니 수영복은 모래 언덕 속,

불빛을 자극하는, 작은 크리스털 모양의 하얀 제과점 설탕 같은
가슴과 엉덩이를 가린다.

그러는 동안 청록색 물웅덩이는 수면을 드러낸다

삼켜버린 것 때문에 요동치며

팔다리, 형상, 날카로운 비명. 콘크리트 벙커 뒤에서
두 연인은 서로 떨어져 있다.

오 하얀 바다 도자기,
어떤 한숨들이 모아졌나, 어떤 소금기가 목구멍 안에 있나……

여전한 독성과
음부처럼 털이 난 잡초 때문에,

몸을 떨고 있는 구경꾼은,
긴 옷감처럼 끌어당겨진 채.

(3)

호텔의 발코니에서, 사물이 반짝거리며 빛난다.
사물이, 사물이.

관 모양의 철제 휠체어와 알루미늄 목발.
그런 과도한 달콤함. 왜 나는

우둘투둘한 방파제 너머로 걸어야만 하는가?
나는 창백한 얼굴을 한 전담 간호사가 아니다.

미소 지으며 행운을 가져다주는 사람도 아니다.
미끼를 들고 울음소릴 내면서 이 아이들은 무언가를 좇는다,

하지만 그들의 끔찍한 실수를 어루만지기에 내 마음은 너무 편협해서
이것은 남자의 측면. 그의 붉은 갈비뼈,

나무처럼 부풀어 올라 터지는 신경, 그리고 이 사람은 외과 의사.
반사 거울 같은 눈동자.

지식의 단면.
어떤 방에서는 줄무늬 매트리스 위에서

노인이 죽어가고 있다.
그의 울고 있는 아내를 도울 방도가 없다.

그곳에는 노랗고 진귀한 돌로 된 눈이 있고,
재로 만든 사파이어 같은 혀가 있다.

(4)

종이 주름 장식 안에 웨딩 케이크 모습.
이제 그는 정말로 멋지다.

성인의 모습 같다.
날개 모양의 모자를 쓴 간호사들이 이제는 아름답지 않다.

더럽힌 치자나무 꽃처럼, 그들은 침울한 표정이다.
침대가 벽에서부터 굴러온다.

이것이 바로 완벽하다는 것이다. 끔찍하다.
가루분을 바른 그의 입이 아주 하얗게 그대로 드러나는

꼭 붙어서 떨어지지 않는 침대보 밑에서
그는 파자마 아니면 만찬용 정장을 입고 있나?

그들은 그의 턱이 뻣뻣하게 될 때까지 책으로 고정했고
그의 두 손을 접어 포개자, 손은 흔들렸다. 잘 있어, 잘 있어.

이제 세탁한 침대보가 태양 안에서 나부낀다,
베갯잇이 향긋해진다.

축복이다, 축복이다.
비누 색깔의 오크 나무로 만든 긴 관,

호기심 많은 상여꾼들과 경이로운 침착함을 품고
은으로 새겨진 사망 날짜가 있다.

(5)

잿빛 하늘이 낮게 걸려 있고, 청록색 바다 같은 언덕은
골짜기를 감춘 채, 저 멀리서 포개진다,

언덕 안에 있는 골짜기는 아내에 대한 생각을 뒤흔든다.
투박하고 실용적인 배 안은

드레스와 모자와 도자기와 결혼한 딸들로 가득 찼다.
돌로 지은 집의 거실 안에는

열려진 창문에서 커튼이 펄럭인다,
희미하게 깜박이며 촛농이 흐르는 가여운 양초처럼.

이것은 죽은 사람의 혀. 기억하라, 기억하라.

그가 이제 얼마나 멀리 있는지, 그의 행동은

거실 가구처럼, 장식처럼 그를 에워싸고.
안색이 더 창백해짐에 따라

손과 친근한 얼굴들의 창백함,
바람에 나부끼는 아이리스의 고양된 창백함.

그들은 무無의 상태로 날아간다. 우리를 기억하라.
기억의 텅 빈 긴 의자는 푸른색 광맥이 있는 대리석 표면의 돌과

수선화를 담은 젤리 컵을 바라본다.
이 위쪽은 너무 아름답다. 멈추어 구경하는 장소.

(6)

이 라임 나뭇잎의 자연적인 풍성함이여!
초록색 뿌리까지 짧게 잘린 나무들이 교회까지 열을 맞춰 섰다.

희미한 공기 안에서 사제의 목소리는
문가에 있는 시체를 마주 대하고,

시체에게 말을 건다, 언덕이 죽은 종소리의 음조를 퍼뜨리는 동안.
밀의 반짝거림과 거친 흙.

저 색깔의 이름은 무엇인가?
태양이 어루만지는 두껍게 발린 벽들의 오래된 피,

돌출된 그루터기의 오래된 피와 타버린 심장들.
검정 핸드백을 들고 세 딸을 거느린 과부는,

꽃들 사이에서 없어서는 안 될 존재고
질 좋은 리넨처럼

다시는 펼쳐지지 않도록, 자신의 얼굴을 감싼다.
환한 풍경을 남겨둔 채 천천히 이동하는 하늘은

구름을 계속해서 지나친다.
그리고 새색시의 꽃들은 신선함을 다 소진하니,

고요한 장소에서, 영혼이 새색시다
새신랑은 붉고 건망증이 있으며, 특징이 없다.

(7)

이 차의 유리 뒤에서
정지된 채 부드럽게, 세상은 만족한 듯한 태도를 보인다.

손수레[1] 뒤에서 저속 기어 자동차 안으로 살그머니 들어간
나는 검은 예복을 입었고, 여전히 모임의 일원이다.

그리고 타르 칠을 한 것 같은 검정 옷을 입은 사제는
유감스럽게 여기지만 마음은 무딘 사람이며,

언덕의 정상을 매료하는
젖가슴과 눈꺼풀과 입술이 최상의 자태를 지닌,

아름다운 여인처럼, 꽃으로 장식된 손수레에 놓인 관을 따라간다.
그때, 쇠창살 친 앞마당에서, 아이들은

구두약이 녹아내리는 냄새를 맡는다,
얼굴을 말없이 천천히 돌리며,

그들의 눈은
경이로운 사물로 향한다.

잔디에 있는 둥글고 검은 모자 여섯 개, 나무로 된 마름모꼴 무늬, 그리고 붉고 어색하게 드러난 입[II].

잠시 동안 하늘은 원형질처럼 웅덩이에 쏟아붓는다.
희망은 없고, 자포자기 상태로 빠져들었다.

1962년 6월 30일

타자

입술을 닦으면서, 너는 늦게 왔다.
내가 문 앞 계단 위에 손대지 않고 남겨놓은 것은 무엇인가,

내 벽 사이를 쉴 새 없이 움직이는
하얀 니케?

미소 지으며 파란색 번개는
고기를 걸어놓은 갈고리처럼, 그의 몸무게를 추정한다.

경찰은 너를 좋아한다, 너는 모든 것을 고백한다.
밝은 머릿결, 구두닦이, 낡은 플라스틱,

내 인생이 이리도 흥미를 돋우나?
이러려고 너는 눈두덩을 넓혔나?

이러려고 공기 먼지가 사라졌나?
그들은 공기 먼지가 아니라, 혈구 세포다.

너의 손가방을 열어봐. 저 역겨운 냄새는 뭐니?
이것은 부지런히 코바늘로 짠,

너의 뜨개질,

너의 끈적거리는 사탕들.

나는 벽 위에 너의 머리를 걸어놓았다.
파랗고 붉게 빛나는 탯줄이

화살처럼 배에서 비명을 지르고, 나는 이들을 뚫고 나간다.
오 달이 빛난다, 오 병든 달,

훔친 말馬, 간통이
대리석으로 된 자궁을 에워싼다.

돈을 모으듯이 숨을 빨아들이며,
너는 어디로 가고 있니?

꿈속에서 지옥 불같이 통렬한 간통은 비탄에 잠겨 있다.
차가운 유리 같은 너는 어떻게 스스로

내 사이에 끼어들었니.
나는 고양이처럼 할퀸다.

흐르는 피는 검은 열매.
효과, 화장품.

너는 미소 짓는다.
아니, 그것은 치명적이지 않다.

          1962년 7월 2일

우연히, 수화기 너머로 엿들은 말[1]

오 진흙이여, 진흙이여, 얼마나 부드럽게 흐르는지!
외국산 커피처럼 진하고, 무거운 금속 같은 진동으로.
말하라, 말하라, 누구지?
이것은 소화가 잘되는 것을 애호하는 창자의 박동이다.
이러한 음절을 발음한 사람은 바로 그다.

이런 말들은, 이런 말들은 무엇이지?
진흙처럼 풍덩하는 소리를 낸다.
오 맙소사, 어떻게 내가 전화 탁자를 청소할까?
말들은 구멍이 많이 나 있는 수화기에서 재촉하며,
전화 받을 사람을 찾고 있다.
그가 여기 있나?

이제 방은 쉿 소리가 난다. 전화기는
촉수를 철회한다.
하지만 균사 덩어리가 내 심장에 퍼진다. 그들은 번식력이 풍부하다.
오물 깔때기, 오물 깔때기.
너 정말 대단하구나. 그들은 너를 다시 받아들여야만 한다!

1962년 7월 11일

7월의 양귀비꽃

지옥의 자그마한 불꽃 같은, 작은 양귀비꽃,
너희는 아무런 해를 끼치지 않니?

너희가 흔들거린다. 나는 너희를 만질 수 없다.
나는 불길 속에 손을 집어넣는다. 아무것도 타지 않는다.

그리고 그렇게 흔들리며, 입술처럼 주름 잡힌 진홍색
너희를 바라보면 피곤해진다.

이제 막 피로 물든 입.
작은 피투성이 치마!

내가 만질 수 없는 향기가 있다.
너희의 마취제, 속이 메스꺼운 그 홀씨주머니는 어디 있니?

내가 피를 흘릴 수 있거나, 잠잘 수만 있다면!
내가 그런 상처와 결혼할 수만 있다면!

이 유리 캡슐 속에서 너의 액즙이 나에게로 스며들어,
나를 무감각하고 침착하게 만들 수 있다면.

단지 무색無色일 뿐. 무색.

1962년 7월 20일

편지를 불태우며[1]

불을 지폈다.
휴지통 아주 가까이에서
오래된 편지들의
창백한 주먹과 사전死前 천명喘鳴에 정나미가 떨어져.
그들은 내가 몰랐던 무엇을 알고 있었나?
아주 조금씩, 그들은 모래를 풀었다
투명한 물의 꿈이
휴양지 자동차처럼 환하게 웃는 곳에서.
나는 교활한 애인, 애인이 아니다,
붉은 재킷을 입은 남자 무리와
우편물 소인의 눈과 시간 아래에서,
나는 시멘트 색깔의 판지로 만든 상자나
멍하니, 증오심을 품은
비열한 사나이 무리에 싫증이 났다.

이 불은 핥듯이 움직이며 다 삼켜버리겠지만, 무자비하다.
내 손가락이 유리 상자 안으로 들어갈 것이다
손가락이 녹아내리고 축 늘어진다 해도,
그들은 들었다.
건들지 마라.
그리고 비위를 맞추려고 노력한 멋진 문구와 산뜻함, 산뜻함
글쓰기의 최후가 있다,

하지만 적어도 이곳 다락방은 좋은 장소가 될 것이다.
시시한 눈이 하나 달린,
말이 없는 물고기처럼,
반짝반짝하는 빛을 주의 깊게 바라보며,
이 소원과 저 소원 사이에서
나의 북극에 떠 있으며,
최소한 나는 수면 아래에 매달려 있진 않을 것이다.

그래서 나는 실내복을 입고 종이 판지 새들을 막대기로 쑤셔댄다.
그들은 내 실체가 없는 올빼미보다 훨씬 아름답다.
그들이 나를 위로한다.
앞을 보지 못한 채, 떠올라 날아다니며.
그들은 검고 반짝이며 펄럭일 것이고, 숯 덩어리 천사가 될 것이다
그들만이 누구에게도 할 말이 없다.
나는 보았다.
나는 갈퀴의 밑동으로
사람처럼 숨 쉬는 종이를 벗겨낸다.
기이한 파란 꿈에 몰두하고,
태아로 연루된,
노란색 상추와 독일산 양배추 사이에 있는
종이 뭉치를 샅샅이 뒤져 찾았다
그리고 검정색 테두리를 한 이름이

내 발치에서 무기력해진다,
뿌리털과 권태의 둥지 안에 있는,
비뚤어진 난초는
창백한 빛으로, 에나멜 가죽이 스치는 소리!
따뜻한 빗물이 내 머릿결을 부드럽게 한다, 아무것도 잃은 것은 없다.
내 혈관은 나무처럼 밝게 빛난다.
개들이 여우를 갈기갈기 찢어버린다. 이것이 바로 그럴싸한 것.
붉은색이 분출하고
찢긴 가방에서 새어나온 눈물은 멈추지 않고
생기를 잃은 눈과
목이 멘 표정[2]으로, 계속해서
대기를 물들인다,
구름의 입자와 나뭇잎과 물에
영원불멸이 무엇인지를 말해주면서. 저것이 바로 영원불멸이다.

1962년 8월 13일

아버지 없는 아들에게

너는 즉시 빈자리를 알게 될 거란다,
네 곁에서 자라고 있는,
색깔이 변해버린 죽음의 나무, 호주산 고무나무처럼.
번개를 맞고 쓰러져서 나뭇잎이 없는 민둥 상태. 환영과
돼지의 엉덩이 같은 하늘, 철저히 관심을 받지 못한 채.

하지만 지금 너는 말을 못하지.
그리고 나는 너의 우둔함,
그 알아보기 어려운 거울을 사랑하지. 나는 들여다보고
내 얼굴이 아닌 얼굴은 발견하지 못한다. 너는 재미있어하지.
네가 사다리 가로대 같은

내 코를 꽉 잡게 놔두는 것이 나는 좋단다.
언젠가 너는 문제가 생긴 작은 두개골과 망가진 푸른 언덕,
실로 불쾌한 정적을 접하겠지.
그때까지 너의 미소는 부를 획득한단다.

1962년 9월 26일

생일 선물

베일 뒤에 있는 이것은 뭐지? 추한가, 아름다운가?
희미하게 빛나고 있어. 젖가슴이 있나, 날카로운 모서리가 있나?

독특한 것이라고 확신해, 내가 원하는 것이라고 확신해.
조용히 요리할 때 그것이 바라보는 걸 느끼고, 생각하는 걸 느껴.

"이 사람이 내가 모습을 보이려고 하는 그 사람인가,
이 선택된 사람이, 검은 눈구멍과 상처 자국 난 사람이?

밀가루 분량을 재고, 넘치는 부분을 깎으며,
정확한 양에, 정확한 양에, 정확한 양에 집착하는.

이 사람이 바로 수태고지를 받을 사람?
맙소사, 정말 웃기는군!"

하지만 이건 희미하게 빛나고, 멈추질 않지, 나를 원하는 것 같아.
나는 그것이 뼈라든가, 진주 단추라고 해도 상관하지 않아.

어쨌거나, 올해에는 많은 선물을 원치 않아.
결국 나는 우연히 살아 있거든.

그때 나는 가능한 방법으로 나 자신을 기꺼이 죽였을 거야.

이제 이 베일이 커튼처럼 희미하게 빛나고 있네,

1월의 창문에 드리워진 투명한 공단은
아기 침구처럼 순백이고 생명력을 잃은 숨결로 빛나네. 오 상아여!

그것은 저기에서 유령의 원통 기둥 같은, 엄니였음에 틀림없어.
그것이 무엇이든 내가 개의치 않는다는 것을 모르겠니.

나에게 줄 수 없니?
부끄러워하지 마. 나는 보잘것없는 선물이라도 상관없으니까.

야비하게 굴지 마, 나는 잔악무도한 것도 받아들일 준비가 됐어.
이제 그것 옆에 앉아서 빛나고 윤이 나고

거울같이 되비추는 다양성에 찬사를 보내자.
병원의 식사처럼 우리 최후의 만찬을 그걸로 하자.

나는 네가 왜 그걸 주려 하지 않는지 알아.
너는 겁에 질렸어

이 세상이 단 한 번의 비명으로 날아가버리고,
너의 증손자도 감탄할 돌출 장식이 있는 오래된 놋쇠 방패로

네 머리도 함께 날아가버릴까 봐,
겁내지 마라. 그렇게 되지 않으니까.

나는 단지 그걸 받아들고 조용히 옆으로 비켜갈 거야.
너는 심지어 내가 열어보는 소리도 듣지 못할 거야, 종이가 부스럭거리는 소리도,

리본을 푸는 소리도, 마지막에는 비명 소리도 듣지 못할 거야.
너는 내 신중함을 믿지 않는 것 같아.

베일이 어떻게 나의 일상을 죽이는지 네가 알아만 준다면.
너에겐, 그들이 단지 투명한 것, 깨끗한 공기일 뿐이지.

하지만 맙소사, 구름은 목화솜 같아.
구름 떼. 그들은 일산화탄소지.

부드럽게, 부드럽게, 나는 숨을 들이쉬지,
보이지 않는 것들이, 똑딱거리며 내 인생의 몇 년을 날려버리는

그럴싸한 수백만의 티끌로 내 혈관을 채우면서 말야.
너는 특별한 행사를 위해 은빛 정장을 입었구나. 오 계산기.

어떤 것도 그냥 온전히 내버려두는 것이 너에겐 불가능하니?
하나하나에 자줏빛 도장을 찍어야 하니,

죽일 수 있는 건 다 죽여야 하니?
오늘 내가 원한 건 이것뿐, 너만이 그걸 줄 수 있어.

그것은 하늘만큼 커다랗게 내 창가에 서 있지.
내 침대보에서, 사방으로 흩어진 생명이 얼어 역사로 굳어버리는

냉정한 생명력을 잃은 중심부에서 숨 쉬고 있지.
손에서 손으로 전해지는 우편물로 그것을 전달받지 마라.

입을 통한 말로도 전달받지 마라, 그것이 온전히 전달될 시기엔
나는 예순 살이 될 테고, 몸이 마비되어서 사용할 수 없을 거야.

베일을 내려만 줘, 베일을, 베일을.
만약 그것이 죽음이라면

나는 그 묵직한 중량감과 영원한 눈을 감탄할 거야.
나는 네가 진지하다는 것을 알게 될 거야.

거기엔 고결함이 있을 거고, 생일도 올 거야.
칼은 무언가를 베어내지 않고, 아기의 울음처럼

순수하고 깨끗하게 떠오르지,
그러면 우주는 내 옆구리에서 미끄러지듯 나아가지.

1962년 9월 30일

탐정

바람이 일곱 언덕, 붉은 도랑, 푸른 산 위로 불어올 때
그녀는 무엇을 하고 있었나?
컵을 정리하고 있었나? 그건 중요하다.
창가에서, 듣고 있었나?
저 계곡에서 기차는 덫에 걸린 영혼처럼 비명의 메아리를 울린다.

소 떼가 잘 자란다고 해도, 저곳은 죽음의 계곡.
그녀의 정원에서 거짓말은 자신들의 눅눅한 비단과
저 이기주의자 같은 손가락을 똑바로 바라볼 수 없는,
민달팽이처럼 비스듬히 움직이는 살인자의 눈을 혼란스럽게 했다.
손가락은 여인을 벽 안에 넣었다,

파이프 안에 넣어 봉한 시신과 피어오른 연기.
여기 부엌에서, 세월이 타는 냄새가 난다,
가족사진처럼 임시로 고정한 속임수가 있다,
그리고 여기 한 남자가 있다, 그의 미소를 보라,
죽음의 무기라고? 아무도 죽지 않는다.

집 안에는 시신이 없다.
광택제 냄새가 나고, 호화로운 카펫이 있다.
나이 지긋한 친척의 혼잣말처럼 무선 전화기가 혼자서 울려대는
붉은 방 안에서, 칼날을 만지작거리는

지루한 불량배처럼, 햇살이 비친다.

그것은 화살처럼 왔나, 그것은 칼처럼 왔나?
어떤 독극물인가?
신경을 자극하는 것인가, 진동하는 것인가? 전기 충격을 줬나?
이것은 시신 없는 사건이다.
시신은 결코 여기에 나타나지 않는다.

이것은 증발에 관한 사건이다.
첫 번째로 입이 사라지고, 그 사라짐이
두 번째 해에 보고되었다. 그것은 만족하지 못한 채
쭈글쭈글하게 주름 잡히고 메마른 상태가 된 갈색 과일처럼,
학대를 받으며 매달려 있었다.

두 번째로 젖가슴이 사라졌다.
더 단단한 두 개의 하얀 돌이었다.
젖이 누르스름하게 나오고, 그러고는 물처럼 푸르고 달콤해졌다.
입술은 사라지지 않았고, 두 아이가 있었다,
하지만 그들의 뼈가 드러났고, 달은 미소 지었다.

그러고 나서 마른 장작과 현관문,
자애로운 갈색 경작지와 전 재산.

왓슨, 우리는 날아갈 것 같은 기분이다.
인광체로 시체를 방부 처리한 달이 있을 뿐이다.
나무에는 까마귀 한 마리뿐이다. 기록해두게.
                                    1962년 10월 1일

입 닥칠 용기

대포 소리에도, 입 닥칠 용기!
연분홍색 주름이 난 얌전하게 햇볕을 쬐는 벌레.
그 뒤에 검은 음반, 분노의 음반과
하늘의 분노, 그 주름진 두뇌가 있다.
음반은 빙빙 돌며, 들으라고 간청한다.

음반은 늘 그렇듯이, 사생아에 관한 이야기로 가득하다.
사생아와 습관, 유기와 표리부동,
가늘고 길게 팬 홈을 따라 이동하는 바늘,
어두운 두 협곡 사이에 있는 은빛의 야생 동물,
뛰어난 외과 의사였던, 문신사文身師는

비슷비슷하게 울적한 불만들,
뱀과 아기, 인어의 몸에 생긴 젖꼭지와
다리가 둘인 꿈꾸는 소녀들을 계속해서 새긴다.
외과 의사는 조용하고, 말을 하지 않는다.
그는 죽음을 너무 많이 보았고, 그의 손에는 죽음이 가득하다.

그렇게 대포의 총구처럼, 두뇌의 음반들이 빙빙 돈다.
그 뒤에 고풍스러운 밀낫, 지칠 줄 모르는,
보랏빛을 띤 혀가 있다. 밀낫은 중단되어야만 하는가?
꼬리가 아홉인 데다, 위험하다.

그리고 일단 발끈하면, 공기 중에서 후려치는 소음!

아니, 그 혀도 역시 보관되었다,
양곤의 조각품과 여우 머리, 수달 머리, 죽은 토끼의 머리가 있는
도서관에 매달린 채.
경이로운 대상.
제때에 께찌른 사물.

하지만 눈은, 눈은, 눈은 어떤가?
거울들은 죽일 수 있고 말할 수 있다, 그들은 끔찍한 방이다
그 안에서 고문이 자행되고 우리는 단지 지켜볼 뿐이다.
이 거울 안에 살고 있는 얼굴은 죽은 사람의 얼굴이다.
눈은 걱정하지 마라.

그들은 창백하며 겁이 많지만, 스파이는 아니다,
그들의 죽음은 빛을 발한다
산속에서 파산 상태로 고집스럽게 독립을 주장했던
지금은 들어본 적이 없는 나라의 깃발처럼
포개진 채.

1962년 10월 2일

양봉 모임[1]

나를 만나려고 다리에 있는 이 사람들은 누구지? 그들은
마을 사람들.
목사, 산파, 교회 관리인, 양봉 책임자.
소매 없는 여름 드레스를 입은 나는 보호 장비가 없다.
그들은 모두 장갑을 끼고 몸을 가렸다, 어째서 아무도 말해주지 않
았지?
그들은 미소 지으면서 오래된 모자에 고정한 베일을 들어 올렸다.

나는 병아리 목처럼 가리개가 없다, 아무도 날 좋아하지 않나?
좋아, 여기 양봉 협회 간사가 자신의 하얀 가게 작업복을 가져와서
소맷부리와 목부터 무릎까지 절개된 부분을 단추로 채워주었다.
이제 나는 흰 유액을 분비하는 명주 실처럼 보인다, 벌들은 눈치 못
챌 것이다.
내 두려움을, 내 두려움을, 내 두려움을 감지하지 못할 것이다.

어떤 사람이 목사지, 검은 옷을 입은 저 남자?
어떤 사람이 산파지, 저 푸른 코트를 입은 여자?
겨드랑이 아래에 올이 성긴 투박한 무명천으로 만든 흉갑을 두른,
모두가 검은색 네모난 머리를 끄덕이며, 얼굴 가리개를 쓴 기사다.
그들의 미소와 목소리가 변한다, 나는 콩밭을 따라서 안내되었다.

사람들처럼 눈짓하는 기다란 은박지 조각,

수북한 꽃 안에서 깃털로 만든 먼지떨이는 자신들의 손으로 부채질
하고,
권태로움처럼 검은색 눈과 잎사귀를 지닌 크림색 콩 나무 꽃.
덩굴손이 질질 끌고 있는 것은 핏덩이인가?
아니야, 아니야, 그것은 언젠가 먹게 될 진홍색 꽃이다.

이제 그들은 나에게 최신식 이탈리아산 하얀 밀짚모자와
얼굴을 가릴 수 있는 검은 베일을 주었다, 나를 그들처럼 만들었다.
짧게 가지치기한 작은 숲, 벌통이 떼 지어 있는 곳으로 안내한다.
역겨운 냄새를 풍기는 것은 산사나무인가?
어린 잔가지를 마취하는, 산사나무의 메마른 줄기.

수술을 해야 하나?
반짝거리는 장갑과 하얀 옷을 입은
초록색 작은 오두막 안에 갑자기 나타난 이 사람,
이웃이 기다리는 외과 의사다.
정육점 주인인가, 식료품 가게 주인인가, 우편배달부인가, 내가 아는
누구인가?

나는 달릴 수 없었다, 꼼짝없이 서 있었다, 그리고 가시금작화는
노란 주머니, 끝이 뾰족한 저장소로 나에게 상처를 입힌다.
나는 영원히 달려야만 하는 것이 아니라면 달릴 수 없다.

번식용 벌집 구멍과 꿀을 봉인하고, 조용하게 윙윙거리는,
하얀 벌통은 숫처녀처럼 아늑하다.

작은 숲에는 원통형의 안개와 보자기.
벌통의 정신은 이것이 모든 것의 끝이라고 생각한다.
여기 앞장서 갔던 사람들은 지나치게 경쾌해져 들어온다.
내가 가만히 서 있기만 하면, 그들은 야생 파슬리처럼 생각할 테고,
그들의 적대감에 언짢아하지 않는 아둔한 사람,

아무런 반응이 없는, 산울타리 안에 사는 사람으로 여길 것이다.
마을 사람들은 칸막이 공간을 열고, 여왕벌을 찾았다.
숨었나, 꿀을 먹고 있나? 그녀는 매우 영리하다.
그녀는 늙었고, 늙었고, 늙었다, 한 해를 더 살아야만 하고, 그녀는 그 사실을 안다.
그동안 손가락 관절 모양의 벌집 구멍에서 새로 온 숫처녀 벌들은

반드시 자신들이 승리하게 될 결투와,
그들과 그녀에게 반한 천국으로 향하는 여성 살인범의 고공비행[1],
신부 벌이 나는 것을 분리하는 왁스로 만든 장막을 꿈꾼다.
마을 사람들은 숫처녀 벌들을 움직여보지만, 죽이지는 않을 것이다.
늙은 여왕벌은 자신을 보여주지 않는다, 그녀는 배은망덕한가?

나는 지쳤고, 지쳤다.
칼이 점점 희미해가는 것 안에 있는 하얀색 기둥[2].
나는 마술사의 기죽지 않는 소녀다.
마을 사람들은 가면을 벗고, 악수를 한다.
작은 숲에 있는 긴 하얀 상자는 누구의 것인가, 그들이 이루어놓은 것, 바로 내가 무심한 이유다.

1962년 10월 3일

벌 상자의 도착

나는 이걸 주문했다, 의자처럼 네모나고
너무 무거워서 들 수 없는 깨끗한 나무 상자.
그 안에서 이런 소음만 들리지 않는다면,
나는 그걸 난쟁이나
네모꼴 갓난아이의 관이라 할 수도 있을 것이다.

상자는 자물쇠로 잠겨 있지만, 위험하다.
오늘 밤 나는 이 상자와 지내야 하고
떨어질 수는 없다.
창이 없어서, 그 안에 무엇이 있는지 볼 수 없다.
단지 작은 격자판 창살이 있을 뿐, 출구는 없다.

나는 창살에 눈을 대어본다.
깜깜하다, 깜깜하다,
검은색 위에 검은색이 화가 난 듯 기어오르며
수출용으로 작게 오그라진
아프리카인의 손처럼 우글우글한 느낌을 주면서.

어떻게 그들을 꺼낼 수 있나?
무엇보다 나를 섬뜩하게 하는 것은 알아들을 수 없는 음절,
저 소음이다.
마치 로마 군중 같다,

하나씩 치면 적지만, 함께 뭉치면 맙소사!

내 귀를 소란스러운 라틴어에 갖다 댄다.
나는 카이사르가 아니다.
단지 미치광이들이 든 상자를 주문했을 뿐이다.
그들은 되돌려 보내질 수 있다.
내가 아무것도 먹이지 않으면, 그들은 죽을 수 있다, 나는 주인이다.

나는 그들이 얼마나 배고픈지 궁금하다.
내가 자물쇠를 풀고 뒤로 물러서서 한 그루 나무로 변해버린다면,
그들이 나를 잊어버릴지 궁금하다.
금빛의 주랑 안에는 금련화가,
벚나무의 페티코트가 있다.

그들은 아마도 달빛 정장을 입고 장례식 베일을 두른 나를,
즉시 무시할 것이다.
나는 꿀의 원천이 아니다
그러니 왜 나에게 의지하겠는가?
내일 나는 친절한 신이 되어, 그들을 자유로이 풀어주리라.

상자는 단지 임시변통일 뿐이다.

1962년 10월 4일

벌침[1]

맨손으로, 나는 벌집을 건넨다.
하얀 옷을 입은 남자가 맨손인 채로, 웃고 있다,
단정하고 고운 명주로 만든 긴 장갑은
손목의 연결 부분이 백합꽃에 맞닿아 있다.
그와 나

우리 사이엔 천여 개의 깨끗한 벌집 구멍이 있다,
노란 컵 모양의 벌집 여덟 개와
'달콤함, 달콤함'을 생각하면서
넘쳐나는 사랑으로 내가 에나멜 칠을 한
분홍색 꽃무늬가 있는

하얀 찻잔 모양의 벌집.
조가비의 화석처럼 회색빛의 번식용 벌집 구멍은
아주 오래되어 보여서, 나를 두렵게 한다.
내가 뭘 구입하고 있나, 벌레 먹은 마호가니 나무인가?
그 안에 여왕벌이 정말 있나?

여왕벌이 있다면, 그녀는 늙었고,
찢긴 숄 같은 날개를 달고서,
플러시 천으로 문지른 기다란 몸은,
초라하게 벌거벗었고, 여왕 같지 않으며 수치스럽기까지.

나는 날개 달린, 하나도 놀랍지 않은 암컷들,

꿀 만드는 일벌 무리의
종렬 안에 서 있다.
수년간 먼지를 먹으며
덥수룩한 털로 접시를 닦았지만
나는 일벌이 아니다

그리고 기이함이 위험한 피부에서
파란 이슬이 되어 증발하는 걸 보아왔다.
그들이 나를 미워할까,
활짝 핀 벚꽃이나, 활짝 핀 클로버만이 화젯거리인
허둥지둥하기만 하는 이 암컷들이?

거의 끝났다.
나는 잘 해낸다.
이건 내 꿀 제조기다,
달이 상아 가루로 바다를 닦아내듯이
용마루 지붕의 더껑이를 문질러 닦아내는 부지런한 처녀처럼

봄에는 문을 활짝 열고
아무런 생각 없이 일할 것이다.

누군가 보고 있다.
그는 양봉 장수와도 나와도 무관하다.
이제 여덟 번 높이 튀어 오르며

위대한 희생 제물, 그는 가버렸다.
여기 그의 슬리퍼 한 짝이 있고, 여기 또 다른 짝이 있다,
그리고 그가 모자 대신에 썼던
흰색 사각 리넨이 있다.
그는 친절했고,

그 노력의 땀은
세상이 열매를 맺도록 세게 잡아당기는 비였다.
벌들이 그를 발견했고,
거짓말처럼 그의 입술에 틀을 만들어 넣어
그의 외모를 복잡하게 만들었다.

그들은 죽음이 가치 있다고 생각했지만, 나는
여왕이라는, 회복해야 할 자아가 있다.
그녀는 죽었나, 잠자고 있나?
사자처럼 붉은 몸에 유리 같은 날개를 단
그녀는 어디에 다녀왔나?

이전보다 훨씬 더 무섭게,
그녀는 날고 있다
하늘의 붉은 상처, 그녀를 죽인
기계 위를 나는 붉은 유성의 형상으로.
웅장한 무덤, 밀랍으로 만든 집.

1962년 10월 6일

벌 떼[1]

누군가 무언가를 향해 우리 마을에 사격을 가한다.
일요일 거리 안에서 들리는 둔탁한 팡팡 소리.
질투심은 유혈이 낭자하게 할 수 있고,
검은 장미를 만들 수도 있다.
사격을 가하는 이들은 누구인가?

칼을 꺼내 겨누는 사람은 바로 당신이다
워털루전투에서, 워털루전투에서, 나폴레옹이여,
당신의 작은 등 위에 엘바 섬의 둥근 언덕과
설원, 전체 모임 때마다,
반짝이는 식탁용 나이프와 포크를 정렬하며, 조용히!라고 말하면서

조용히! 당신과 함께 체스 두는 사람들과
잠자코 묵묵히 상아로 만든 체스 말이 있다.
프랑스산 장화 밑창의 디딤돌,
구두코의 발등에서 진흙이 꿈틀거린다.
러시아의 금칠한 핑크빛 둥근 지붕은 녹아내려

탐욕의 용광로 안에 떠다닌다. 구름, 구름.
그래서 검은 소나무 안에, 이십일 미터 상공 위로
벌 떼가 둥글게 뭉쳤다 탈주한다.
사격을 가해야만 한다. 팡! 팡!

너무 아둔하여 총알을 천둥이라고 생각한다.

총알이 신의 목소리라고 생각한다
주둥이와 발톱과 개의 환한 웃음,
노란색 뒷다리가 있는, 개 떼를 관대하게 봐주는,
떼 지어, 떼 지어, 모든 사람처럼
상아의 뼈를 보고 환하게 웃고 있는 개 떼.

벌은 너무 멀리 갔다. 이십일 미터 높이로!
러시아, 폴란드, 독일!
부드러운 언덕과 유사한 오래된 심홍색 경작지가
초라하게 축소되어
강으로 변해버렸고, 강은 교차했다.

벌은 검고 둥근 탄환을 지니고,
모두가 달아나는 고슴도치를 콕 찌르기로 의기투합한다.
손이 잿빛인 남자는 그들이 꿈에 그리는
꿀 벌통 아래에 서 있다, 벌통 기지에서
강철 활 모양을 한 기차는

출발하고 도착한다, 최종 목적지는 없다.
팡! 팡! 그들은 산산이 부서져

담쟁이가 덤불로 떨어진다.
마차 모는 사람, 길을 이끄는 사람, 북군의 군대에겐 너무 힘겹다!
붉은색 넝마, 나폴레옹!

승리의 마지막 배지.
벌 떼가 짚으로 만든 삼각모 안으로 고꾸라졌다.
엘바 섬, 엘바 섬, 바다 위의 거품이여!
육공군 원수, 해군 대장, 장군 들의 창백한 패배자들은
자신들에게 적합한 장소로 이리저리 빠져나갔다.

정말로 교훈적이다!
모국 프랑스의 실내장식 용품으로 드리워진 널빤지를 걸어서
새로 만든 웅장한 묘지,
상아로 만든 궁궐 같은, 갈라진 소나무 안으로 들어가는,
침묵하는, 띠 장식을 두른 대다수 무리.

손이 잿빛인 남자는 미소 짓는다.
극단적으로 실용적인, 사업가의 미소.
그것들은 손이 아니라,
석면 용기다.
팡! 팡! "그것들이 나를 죽였어야 했다."

압정만큼 큰 벌침!
벌은 명예심,
음흉한 고집 센 마음을 품은 것처럼 보인다.
나폴레옹은 기뻐했다, 그는 모든 것에 기뻐했다.
오 유럽! 오 엄청난 양의 벌꿀!

1962년 10월 7일

겨울나기

지금은 편안한 시간, 할 일이 아무것도 없다.
나는 산파의 원심분리기를 빙빙 돌렸다,
나에겐 여섯 병이나,
꿀이 있고,
와인 저장소에 고양이 여섯 마리의 눈,

창문도 없는 어두운 곳에서 겨울을 나면서
집의 한복판에
지난번 세입자가 남겨둔 역겨운 냄새가 나는 잼 옆에서
빈 병들이 반짝거린다.
아무개 선생의 독한 진.

여기는 내가 결코 가본 적이 없는 방이다.
여기는 내가 결코 숨 쉬어본 적이 없는 방이다.
어둠이 박쥐처럼 모여 있고,
전기 불빛은 없다
하지만 횃불과 소름 끼치는 사물들 위로 비치는

어렴풋한 중국인같이 누르스름한 빛.
흉악한 어리석음. 부패.
소유.
잔인하지도 않고 무관심하지도 않으며

단지 무지몽매할 뿐.

나를 소유한 건 그들이다.
지금은 벌이 견디어내는 시간. 내가 잘 모르는 벌들은
아주 천천히
내가 채취한 꿀을 보충하기 위해
양철 시럽 통을 향해

군인처럼 일렬종대로 행진하며.
정제된 눈같이
'테이트와 라일' 설탕은 그들이 계속해서 행진하게 한다.
그들이 생계를 잇는 것은 꽃이 아니라, '테이트와 라일' 덕분이다.
그들은 설탕을 섭취한다. 추위가 자리를 잡았다.

이제 그들은 한 덩어리가 된다,
저 모든 하얀 것에 편견을 품고
까맣게 된 채.
설탕의 미소는 새하얗다.
마이센 도자기의 상당히 긴 점토처럼, 미소는 사방에 펼쳐져 있다,

따듯한 날에,
그들은 죽은 벌들을 옮길 수 있는 곳까지만 이동한다.

모두 암컷이고,
하녀 벌과 기다란 여왕벌이 있다.
그들은 무뚝뚝하고, 날렵하지 못해 비틀거리는,

촌스러운 수컷들을 제거했다.
겨울은 암컷을 위한 계절.
스페인산 호두로 만든 요람에서,
꾸준히 털실을 짜는 암컷은
추위 속에 몸을 웅크리고 너무 무감각해져 아무 생각도 할 수 없다.

벌통이 살아남을 수 있나, 글라디올러스 꽃들이
새해를 맞아들이기 위해
자신들의 광휘를 보존하는 데 성공할 수 있을까?
그들은 무엇을 맛보나, 크리스마스 장미?
벌들이 난다. 그들은 봄을 경험한다.

1962년 10월 9일

비밀

비밀! 비밀!
얼마나 중요한지.
너는 청색 제복을 입고, 한 손바닥을 들어 올린
우람한, 교통경찰이다.

우리 사이에 차이점?
나는 눈이 하나고, 너는 두 개다.
희미하게 물결치는 비침 무늬로,
비밀은 너를 각인한다.

검은 탐지기 안에서 나타날까?
에덴동산 같은 신록 안에 사는 아프리카산 기린과
모로코 하마를 통해서
주저하는, 제거할 수 없는, 사실임이

밝혀질까?
그들은 경직된 네모 주름 장식 안에서 빤히 쳐다본다.
그들은 수출용이다,
한 사람은 바보, 다른 한 사람도 바보다.

비밀…… 임시 황색 신호
나무에 앉아서 "너, 너" 하며 구구구 우는

브랜디 손가락에
두 개의 눈 뒤에 있는 원숭이들 말고는 아무것도 반사되지 않는다.

손톱을 손질하고
더러운 찌꺼기를 들어내기 위해
꺼낼 수 있는 칼.
"해치지 않을 것이다."

저 크고 파란 머리.
사생아.
어떻게 사무실 책상 서랍 안에서 숨 쉬는지!
"저 란제리는 소중한 것인가?

"거기선 소금에 절인 대구 냄새가 난다, 너는
사과 하나 안에 클로버 몇 개를 꽂아놓고,
향주머니를 만들거나
그 사생아를 없애버리는 것이 낫다.

"모두 함께 없애버려라."
"아니, 아니, 그곳에서 행복하다."
"하지만 비밀은 밖으로 나가길 원한다!
봐, 봐! 기어나가길 원하잖아."

맙소사, 방해꾼이 간다!
콩코드 광장에 있는 자동차들.
조심해!
우르르 도망간다, 우르르 도망간다!

차의 경적 소리와 목쉰 소리의 혼란!
견고하게 만들어진 병의 분해,
무릎에서 활기를 잃은 거품.
너는 비틀거리며 걷는다,

난쟁이 어린 아기,
네 등에 있는 칼.
"나는 기운이 없다."
비밀은 새어나간다.

1962년 10월 10일

지원자[1]

먼저, 당신은 우리와 같은 부류의 사람인가요?
유리로 된 눈,
틀니나 목발,
치아 교정기나 갈고리 손,
고무로 만든 젖가슴이나 고무 샅,

무언가 상실했음을 보여주는 자국이 있나요? 없다고요, 없어요?
그렇다면 어떻게 우리가 당신에게 줄 수 있을까요?
그만 울어요.
당신의 손을 펴봐요.
비었나요? 비어 있네요. 자 여기

당신 손을 채워주고 기꺼이
찻잔을 날라다 주며 두통을 깨끗이 몰아내주고
당신이 하는 말이라면 다 들어줄 손이 있어요.
이것과 결혼할래요?
보증할 수 있어요, 이 손은

마지막엔 당신 눈을 엄지로 감겨주고,
슬픔을 녹여줄 거예요.
우린 소금에서 새로운 저장품을 만들어내죠.
나는 당신이 완전히 알몸 상태임을 알아요.

이 정장은 어떤가요.

검고 뻣뻣하지만, 과히 나쁘지 않아요.
이것과 결혼할래요?
방수도 되고, 잘 찢어지지도 않고,
화재에도 강하며 지붕으로 들어오는 폭탄도 막아내요.
나를 믿어봐요. 당신도 그 옷 속에 묻을 거니까.

이제 당신의 머리 차례, 미안합니다만, 머리가 비어 있네요.
내게 좋은 생각이 있어요.
이리 와봐요, 내 사랑, 옷장에서 나와요.
자, 그것에 대해 어떻게 생각하나요?
처음에는 종이처럼 꾸밈없이 드러나지만,

이십오 년이 지나면 그녀는 은이 될 거고,
오십 년이 지나면 금이 될 거예요.
당신이 어디를 보든지, 살아 있는 인형.
바느질도 할 수 있고, 요리도 할 수 있고,
말, 말, 말도 할 수 있어요.

일도 하죠, 아무런 문제없어요.
당신 몸에 구멍이 있네요, 그것은 찜질 약이죠.

당신은 눈이 하나네요, 그것은 이미지예요.
세상에, 이게 마지막 기회라고요.
그것과 결혼할래요, 결혼할래요, 결혼할래요.

1962년 10월 11일

아빠[1]

당신은 하지 마, 당신은 하지 마
이제는, 검정 구두가 아니야
나는 그걸 삼십 년이나 발처럼
신고 다녔지, 초라하고 창백한 얼굴로,
감히 숨도 제대로 쉬지 못하고 재채기도 못하면서.

아빠, 나는 당신을 죽여야 했지.
당신은 내가 그러기 전에 죽었지.
대리석처럼 무겁고, 신으로 가득 찬 자루,
샌프란시스코의 물개처럼 크고
잿빛 발가락 하나가 달린 무시무시한 조각상

아름다운 노셋 앞바다로
강낭콩 같은 초록빛을 쏟아내는
변덕스러운 대서양의 곶처럼 거대한.
나는 아빠를 되찾으려고 기도를 하곤 했지.
오 아빠.

전쟁, 전쟁, 전쟁의
굴림대로 납작하게 밀린
폴란드 마을에서, 독일어로.
하지만 마을의 이름은 평범하지.

내 폴란드 친구는

비슷한 이름이 열두 개 아니 그보다 많이 있다고 말하지.
그래서 나는 결코 당신이 어디에 발을 내딛는지,
뿌리를 내리는지 말할 수 없고,
당신에게 말을 걸 수도 없지.
혀가 턱 안에 박혀서 꼼짝도 않지.

혀는 가시철조망의 덫 안에 박혀 있지.
나, 나, 나, 나,
나는 말을 할 수 없지.
나는 모든 독일인은 아빠라고 생각했지.
그리고 음란한 언어

유대인처럼 나를 실어 나르는
기차, 기차.
다하우, 아우슈비츠, 벨젠으로 가는 유대인.
나는 유대인처럼 말하기 시작했지.
나는 내가 유대인일지도 모른다 생각하지

티롤의 눈, 비엔나의 깨끗한 맥주도
아주 순수하거나 진짜라고 할 수 없지.

내 집시 혈통과 기이한 운명과
내 타로 카드 점괘, 내 타로 카드 점괘를 보면
나는 약간은 유대인이지.

나는 항상 당신을 두려워했지,
독일 공군과 난해한 언어를 지닌 당신을.
말끔한 구레나룻과
아리안 족 혈통의 밝고 파란 눈동자를.
장갑차 조종사, 장갑차 조종사. 오 당신.

신이 아니라 나치의 만자가
아주 까맣게 덮고 있어서 하늘이 뚫고 나올 수 없었지.
모든 여성은 파시스트를 숭배하지,
얼굴에 있는 장화 자국과 당신처럼
잔인한 사람의 잔인한 잔인한 심장을.

아빠, 내 사진 속에서,
당신은 칠판 앞에 서 있지,
발이 아니라 턱에 움푹 팬 절개가 있지만
그것 때문에 덜 악마적인 건 아니지, 아니지
덜 나쁜 사람이 되는 건 아니지

내 예쁜 붉은 심장을 두 개로 찢어놓은 악마.
그들이 아빠를 땅에 묻었을 때 나는 열 살이었지.
스무 살 때 나는 죽으려 했고
당신에게 다시, 다시, 다시 돌아가려 했지.
뼈라도 되돌아가리라 생각했지.

하지만 그들은 나를 자루에서 끄집어내어
접착제로 붙여놓았지.
그리고 그때 나는 무엇을 해야 할지 알았지.
나는 당신의 모델을 만들었지,
악마의 표정으로 고문 형틀을 좋아하는

검정 옷을 입은 남자.
그리고 나는 그렇게 하겠다고, 그렇게 하겠다고 말했지.
하지만 아빠, 이제 완전히 끝났지.
검은 전화기는 뿌리째 뽑혀서,
목소리가 기어 나오질 못하지.

내가 한 사람을 죽인다면, 나는 둘을 죽이는 셈이지.
자기가 아빠라고 말하며,
내 피를 일 년 동안 빨아 마신 흡혈귀,
사실을 말하자면, 칠 년 동안.

아빠, 이젠 돌아누워도 돼요.

당신의 살찐 검은 심장에 말뚝이 박혀 있지.
그리고 마을 사람들은 당신을 조금도 좋아하지 않았지.
그들은 춤추면서 당신을 짓밟지.
그들은 그것이 당신이라는 걸 언제나 알고 있었지.
아빠, 아빠, 이 개자식, 나는 다 끝났어.

1962년 10월 12일

메두사

좁은 육지의 돌출부에서 돌로 막혀버린 입,
하얀 촉수로 굴리는 눈,
앞뒤가 맞지 않는 바다 이야기로 채워진 귀,
당신은 기력을 빼앗는 머리에 거처를 제공한다. 신의 안구,
자비의 수정체,

내 용골의 그림자 속에서 자신들의 왕성한 세포를 움직이며,
심장처럼 중심에 있는
붉은 반점을 밀어제치며,
가장 가까운 출발점까지 찢어지는 조수를 타고
그들의 예수 같은 머리를 질질 끌며 오는

당신의 한 패거리.
내가 정말 탈출한 건가?
내 마음은 당신에게 감겨 있고
오래되어 달라붙은 배꼽, 대서양의 해저 케이블은
기적적으로 수선된 상태를 잘 유지하는 듯하지.

어떤 경우에도, 당신은 늘 그곳에 있지.
내 전화선 끝에서 전율하는 숨결,
눈부시게 기분 좋게
만지고 빨아들이며 내 물 막대 위로

뛰어넘는 물굽이.

나는 당신더러 오라고 하지 않았지.
절대로 당신더러 오라고 하지 않았다고.
그럼에도, 그럼에도
당신은 바다를 넘어서 전속력으로 달려왔지,
발을 차며 장난치는 연인들을 마비시키는

통통하고 붉은 태반.
푸크시아의 붉은 종 모양 꽃에서 숨을 쥐어짜는
코브라 빛.
죽은 상태에서 돈도 없고,
엑스선처럼 과도하게 노출되어

나는 숨조차 쉴 수 없었지.
도대체 당신은 자신을 누구라고 생각하지?
성찬식 밀떡? 울어서 얼굴이 퉁퉁 부은 성모마리아?
나는 당신의 몸을 한 조각도 받아먹지 않을 거야,
내가 살고 있는 병,

무시무시한 로마교황청.
나는 뜨거운 소금에 진저리가 나지.

내시처럼 창백한, 당신의 소망은
내 죄를 질책하는 것.
꺼져, 꺼져, 미끌미끌한 촉수!

우리 사이엔 아무것도 없어.

1962년 10월 16일

교도소장

내가 밤에 흘린 땀방울로 그의 아침 식사는 순조로이 진행된다.
푸른 안개의 똑같은 현수막은 똑같은 나무와 주춧돌에 기대어
순조로이 회전한다.
열쇠를 딸랑거리는 사람,
그가 생각해낼 수 있는 전부인가?

나는 마취된 채 강간당했다.
일곱 시간 동안 정신을 잃고 녹초가 되어
검정 자루 속에 감금되었다
그곳에서 나는 태아나 고양이 같은 그의 몽정의 지렛대처럼
안정을 취한다.

무언가 사라졌다.
빨갛고 파란 비행선, 내 수면제는
나를 엄청난 높이에 내려놓는다.
등껍질이 산산이 조각난 채
나는 새들의 부리 쪽으로 흩어진다.

오 작은 나사송곳.
어떤 구멍들이 이 연약한 날日을 이미 가득 채웠는가!
내가 연분홍색 발을 지닌 흑인 여자인 척할 때,
그는 나를 담뱃불로 지진다.

나는 나 자신이다. 그것만으론 충분하지 않다.

고열이 내 머리카락 안에서 뜨끔거리고 굳어진다.
갈비뼈가 드러난다. 나는 무엇을 먹은 건가?
거짓말과 미소.
확실히 하늘은 저 색깔이 아니고,
확실히 풀잎은 물결쳐야만 한다.

하루 종일, 타버린 성냥개비를 접착제로 붙여 교회를 만들면서,
나는 완전히 다른 누군가를 꿈꾼다.
그리고 그는, 이러한 전복 때문에
나에게 상처를 준다, 그는
속임수의 갑옷을 입고,

기억상실증이라는 매우 냉정한 가면을 쓴다.
어떻게 내가 이곳에 왔지?
애매한 범인,
나는 다양한 방식으로 죽어간다.
목매달거나, 굶어 죽거나, 불에 타 죽거나, 갈고리에 매달려 죽거나.

나는 저 멀리서 들리는 천둥처럼 무기력한
그를 상상한다,

그의 그림자 안에서 나는 가짜 배급 음식을 먹었다.
나는 그가 죽거나 멀리 가버리길 소망한다.
그것은 불가능한 것으로 보인다.

저 자유로운 상태. 가라앉힐 고열이 없다면
암흑은 무엇을 할까? 뚫고 나아갈 눈이 없다면
빛은 무엇을 할까?
내가 없다면
그는 무엇을 할까, 할까, 할까?

1962년 10월 17일

레스보스[1] 섬

부엌 안의 야만!
감자가 쉿 소리를 내며 위협한다.
모든 것이 창문 없는 할리우드,
끔찍한 편두통처럼 주춤거리며 깜박이는 형광등,
문에 달려 있는 장식 없이 기다란 종잇조각.
과부의 곱슬머리 같은 무대 커튼.
그리고 사랑하는 이여, 나는 병적인 거짓말쟁이다,
그리고 내 아이. 그녀를 봐, 방바닥에 고개를 숙이고 있어,
실이 끊어진 작은 꼭두각시 인형처럼, 퇴장하라고 발길로 채이고서.
이런 그녀는 정신분열증 환자,
붉고 하얀 얼굴은 공황 상태,
네가 그녀의 고양이 새끼를 창밖으로 던져버렸다
시멘트 우물 같은 곳으로
그곳에서 고양이들은 똥을 싸고 토하고 울지만 그녀는 못 듣는다.
너는 그녀를 견딜 수 없다고 말한다,
그녀는 사생아.
고장 난 라디오처럼 나팔을 불어대던 너는
목소리와 역사,
새로운 전파에서 감지되는 소음을 없애버린다.
너는 내가 고양이 새끼를 물에 빠뜨려야 한다고 말한다. 그들의 냄새!
너는 내가 내 딸을 물에 빠뜨려야 한다고 말한다.
그녀가 두 살 때 미쳐버린다면, 열 살이 되면 목을 벨 거야.

오렌지색 리놀륨의 반들거리는 마름모꼴 무늬에서,
갓난아이는 통통한 달팽이처럼, 웃고 있다.
너는 그를 삼켜버릴 수 있다. 그는 소년이다.
너는 네 남편이 잘해주지 않는다고 말한다.
그의 유대인 엄마는 진주처럼 그의 소중한 성性을 보호한다.
너는 아기가 하나고, 나는 둘이다.
나는 콘월에서 떨어진 바위에 앉아 머리를 빗어야만 한다.
나는 호피 무늬 바지를 입고, 바람을 피워야만 한다.
나와 너,
우린 또 다른 생에서, 공기 안에서 만나야만 한다.

한편으로는 고기 지방과 아기 똥에서 풍기는 악취가 있다.
나는 어젯밤에 먹은 수면제에 취해 몽롱하다.
요리 연기, 지옥 연기가
우리의 머리 주위를 떠다닌다, 두 개의 독을 품은 대조적인 것들,
우리의 뼈, 우리의 머리카락.
나는 너를 '고아', 고아라 부른다. 너는 병이 났다.
태양은 궤양을 만들었고, 바람은 결핵을 안겨주었다.
예전에 너는 예뻤다.
뉴욕에서, 할리우드에서, 남자들은 말했다. "줄곧?
이야 아가씨, 당신은 대단히 예쁘군."
너는 전율이 느껴지게 연기를, 연기를, 연기를 했다.

무능한 남편이 커피를 마시려다 침대에서 쿵 떨어진다.
나는 그를 침대 안에 두려고 애를 쓴다,
번개에 대비한 낡은 깃대,
산성 용액, 너로부터 하늘을 가득 품고서.
그는 플라스틱 돌멩이 언덕 아래로 전속력으로 달리는 전차를
부풀어 오르게 한다. 섬광은 파란색이다.
수정체처럼 백만 조각으로 부서진 채,
파란 섬광이 흘러넘친다.

오 보석이여! 오 진귀한 것이여!
그날 밤 달은
혈액 주머니를 질질 끌고 다닌다,
병든 동물은
항구의 빛 너머에 있다.
그리고 그때 단단하게, 따로 떨어져, 창백하게
정상으로 되었다.
모래 위에 있는 비늘 모양의 광채가 나를 위협했다.
우린 계속해서 모래 한 주먹을 들어 올리고, 좋아하며,
밀가루 반죽처럼 황갈색의 모래를 주무른다,
실크는 모래 밟히는 소리가 난다.
개 한 마리가 개 같은 네 남편을 골랐다. 그는 계속 짖어댔다.

이제 나는 말이 없다,
목덜미까지
증오감이 가득, 가득 찼다.
나는 말하지 않는다.
나는 딱딱한 감자를 좋은 옷처럼 챙겨 넣는다.
나는 아기들을 챙긴다.
나는 병든 고양이들을 챙긴다.
오 유리 항아리,
네게 가득 차 있는 것은 사랑. 너는 네가 누구를 증오하는지 안다.
그는 공과 쇠사슬을 끌어안고 있다,
바다로 향한 문가에서,
하얗고 검은 바다가 휘몰아치고
그 바다를 다시 토해내는 문가에서.
매일 너는 그에게 영혼 따위를 물병처럼, 채워준다.
너는 너무 지쳐 있다.
네 목소리는 나의 귀걸이,
파닥거리며 빨아 마시는, 피를 좋아하는 박쥐.
그래 그거야. 그래 그거야.
너는 문에서 눈여겨 바라본다,
슬픈 마귀할멈처럼. "모든 여자는 창녀야.
나는 소통할 수 없어."

나는 너의 귀여운 실내장식이
갓난아이의 주먹처럼, 혹은 바다의 연인,
도벽증이 있는 아네모네처럼
너를 감싸는 것을 본다.
나는 아직 애송이.
나는 되돌아올지 모른다고 말한다.
너는 왜 거짓말하는지 알고 있다.

너의 선禪의 극락에서조차 우리는 만나지 않을 것이다.

1962년 10월 18일

갑작스러운 죽음

브레이크의 비명.
아니면 탄생의 울음소리인가?
여기 우리, 갑자기 쓰러져서 돌아가신
'팻소' 바지 공장을 경영하던 억만장자 삼촌.
그리고 당신은 의자에 앉아 내 곁에서 의식을 잃고.

운명의 수레바퀴, 두 마리 고무 유충이 스스로 꼬리를 깨문다.
스페인이 저 아래 있나?
빨갛고 노란, 두 격렬하게 뜨거운 쇠붙이가
뒤틀며 한숨짓는다, 어떤 종류의 광경인가?
잉글랜드는 아니고, 프랑스도 아니고, 아일랜드도 아니다.

폭력적이다. 우리는 이곳에 방문한 것이다,
어디선가 멀리서 비명을 지르는 빌어먹을 갓난아이 소리를 들으며.
공기 중엔 늘 빌어먹을 갓난아이가 있다.
나는 그것을 석양이라 부르려 하지만,
저렇게 울부짖는 석양을 들어본 적 있나?

당신은 턱 일곱 개 안에, 요지부동의 엉터리 배우처럼 잠겨 있어요.
삼촌, 삼촌,
내가 누구라 생각하나요?
칼을 품은 슬픈 햄릿?

당신은 당신의 삶을 어디에 숨겨놓았나요?

일 페니인가요, 진주인가요.
당신의 영혼은, 당신의 영혼은?
나는 그것을 부유하고 예쁜 소녀처럼 운반할 거예요,
천진난만하게 문을 열고 차에서 내려서
지브롤터에서 방송하며, 방송하며 살 거예요.

1962년 10월 19일

화씨 103도 고열 [1]

순수하다고? 무슨 의미지?
지옥의 혀는
감각이 없다, 지옥의 문에서 가쁜 숨을 몰아쉬는

둔하고 뚱뚱한 케르베로스[1]의
세 겹으로 된 혀처럼 감각이 없다.
학질에 걸린 힘줄은, 죄를 죄를

깨끗하게 핥지도 못한다.
부싯돌이 울부짖는다.
꺼져버린 양초의

지워지지 않는 냄새!
사랑하는 연인이여, 사랑하는 연인이여, 낮은 연기가
이사도라의 스카프처럼 나를 휘감는다, 나는 겁에 질렸다

스카프 한 장이 바퀴를 붙잡고 매달릴 것이다.
이렇게 누렇고 음침한 연기는
자신만의 고유한 원소를 만든다. 연기는 날아오르지 않을 것이다,

하지만 세계를 빙빙 돌 것이다
나이 든 사람들과 온순한 사람들,

구유 안에 있는 나약한

온실의 아기,
정원의 허공에 매달아놓은
소름 끼치는 연보랏빛 난초를 질식시키며,

악마 같은 표범!
방사능이 그것을 하얗게 변화시키고
한 시간 안에 죽여버렸다.

히로시마의 재처럼,
간통한 사람들의 몸에 윤활유를 바르고 먹어치우며.
죄, 죄.

사랑하는 이여, 밤새도록
나는 깜박거리며 있다, 꺼졌다, 켜졌다, 꺼졌다, 켜졌다.
침대보가 호색한의 키스처럼 무거워진다.

사흘 낮. 사흘 밤.
레몬 물, 닭고기
물, 물은 나를 구역질 나게 한다.

나는 너에 비해 아니 누구에 비해서도 너무 순수하다.
세상이 신에게 고통을 주듯이
너의 육체가 나에게 고통을 준다. 나는 초롱불.

내 머리는
일본 종이로 만든 달, 두들겨서 만든 내 금빛 피부는
대단히 섬세하고 대단히 값비싸다.

내 열이 너를 놀라게 하지 않았나. 그리고 내 빛도.
나는 스스로 왈칵왈칵 붉어지며, 불타오르고 나타났다가 사라지는
거대한 동백나무다.

나는 위로 날아오른다,
나는 승천하는지도 모른다.
뜨거운 금속 땀방울이 날아간다, 그리고 나는, 사랑하는 이여, 나는

장미와
입맞춤과 아기 천사들,
이러한 분홍색이 의미하는 모든 것에 둘러싸인

순수한 아세틸렌 가스의
숫처녀.

너나, 그에게 이끌리지 않고

그가 아니고, 그에 의해서도 아니고
(늙은 매춘부의 페티코트처럼, 소멸되는 내 자아),
낙원으로.

1962년 10월 20일

라이오네스[1]

라이오네스를 향해 휘파람을 부는 것은 부질없다!
그곳은 확실히 차가운 바다, 차가운 바다다.
그의 앞이마 위에 하얗고 높은 빙산을 바라보라.

그곳이 가라앉은 지점이다.
푸른색과 초록색,
잿빛으로 애매하게 금도금을 한

그곳을 휩쓸고 가는 그의 시선의 바다
그리고 종과 사람들, 암소들의 입에서
위로 터져 나온

둥근 거품.
라이오네스에 사는 사람들은 늘
천국은 다를 것이라 생각했지만,

똑같은 얼굴과
똑같은 장소……
충격이 아니었다.

맑고, 순순한, 숨 쉬기에 적합한 대기,
발밑에 있는 차가운 모래 알갱이,

그리고 거미 다리 같은 물의 눈부심이 들판과 거리 위에.

그들이 잊혔다고,
위대한 신이
나른하게 한쪽 눈을 감고 그들을 잉글랜드의 절벽 위로,

엄청난 역사 아래로 떨어뜨렸다는 생각은 전혀 떠오르지 않았다!
그들은 그가 웃는 것도,
하늘의 우리에서, 별의 우리에서

한 마리 동물처럼, 그가 방향을 바꾸는 것도 보지 못했다.
그는 너무 많은 전쟁을 겪었다!
그 마음에 생긴 여백의 구멍은 진짜 백지상태였다.

1962년 10월 21일

기억상실증 환자

부질없다, 부질없다, 이제, '알아보라고' 간청하는 것!
그렇게 완벽하게 멍한 상태에선 그걸 감추는 것 말곤 할 일이 없다.
이름, 집, 차 열쇠,

작은 장난감 아내.
잊힌 채, 한숨을 쉬고, 한숨을 쉰다.
아기 넷과 코커스패니얼 하나!

벌레만큼 작은 간호사들과 형식적으로 진료하는 의사는
그를 안으로 쑤셔 넣는다.
오래된 사건이

피부에서 벗겨진다.
모든 것을 배수구로 내려보내라!
감히 손으로 만져본 적이 없는 붉은 머리 누이처럼

베개를 끌어안고서,
그는 새로운 꿈을 꾼다.
쓸모없다, 제비뽑기는 쓸모없다!

그리고 또 다른 색깔의 제비뽑기.
어떻게 그들이 여행을 할까, 여행을 할까, 여행을 할까

그들의 오누이 관계를 야기하는 풍경은

혜성의 자취!
그리고 정액이 묻은 돈.
한 간호사가

녹색 음료를 가져오고, 한 간호사는 파란 음료를 가져온다.
그들은 별처럼 그의 양쪽에서 솟아오른다.
둘은 불꽃 같은 광채와 거품을 들이마신다.

오 누이여, 엄마여, 아내여,
달콤한 레테의 강은 나의 인생이다.
나는 결코, 결코, 결코, 돌아오지 않으리!

1962년 10월 21일

상처

수잔 오닐 로를 위하여

이 짜릿한 전율.
양파 대신 내 엄지손가락.
윗부분은 완전히 잘려나가고
살갗의

관절 같은 부분만 남겨진 채,
모자처럼 펄럭이며,
죽음같이 창백한 하얀색.
그러고 나서 저 붉은 플러시 천.

작은 순례자들이여,
아메리칸인디언의 도끼로 벗겨진 너의 머리 가죽.
칠면조의 턱뼈 같은
카펫은 심장에서

똑바로 굴러 나온다.
나는 그걸 밟고서,
분홍색 샴페인 병을
움켜잡는다.

이것은, 축배다.
틈에서

백만 병사가 달려 나온다,
모두 붉은 외투를 입고.

그들은 누구 편인가?
오 나의
난쟁이여, 나는 아프단다.
나는 얇은

종이같이 건조한 느낌을
없애려고 알약을 복용했다.
파괴 공작원,
가미카제 특공대원.

붕대로 된 너의
큐클럭스클랜 삼각 두건에 묻은
얼룩은
거뭇해지고 변색된다

둥글게 뭉친
네 심장의 걸쭉한 덩어리가
그 자그마한
침묵의 물방앗간과 마주칠 때

너는 얼마나 잘 뛰어오르는지.
두개골을 절개한 퇴역 군인,
천한 여자처럼,
몽당 엄지손가락.

            1962년 10월 24일

촛불 곁에서[1]

이것은 겨울이고, 밤이며, 작은 사랑이다.
검정 말갈기처럼,
초록색 별빛이 우리의 대문까지 뻗은
광휘로 만들어진 강철 같은
거칠고 둔탁한 촌스러운 물건.
나는 너를 내 팔에 꼭 쥔다.
너무 늦은 시간이다.
희미한 종소리가 시간을 알린다.
거울은 양초 하나의 위력으로 우리를 둥둥 떠다니게 한다.

이것은 우리가 서로 만나는 액체다,
숨 쉬는 것처럼 보이는 후광은
우리의 그림자를 사그라지게 하고
단지 불어대는 것만으로
다시 크게, 벽에 폭력적인 거인을 만든다.
성냥개비 하나 켜는 것이 너를 생생하게 만든다.
처음에 양초는 빛나지 않는다.
양초는 거의 아무것도 아닌,
희미한 푸른색을 띠는 쓸모없는 심지를 자른다.

작고 잠종인,
둥글게 말아 올린 고슴도치 모양의

네가 타오를 때까지 나는 숨을 죽인다. 노란 칼날이
길게 자란다. 너는 너의 빗장을 꽉 쥔다.
내 노랫소리가 너를 으르렁거리게 만든다.
인도산 카펫과 차가운 마룻바닥을 가로질러,
나는 배를 흔들듯 너를 흔든다
그러는 동안 나팔 부는 남자는
무릎을 꿇고, 등을 굽힌 채, 그가 할 수 있는 최선을 다해

하늘을 가리려는 빛으로
그의 하얀 기둥을 높이 들어 올린다,
저 암흑의 주머니! 그것은 도처에, 꽉 차 있다, 꽉 차 있다!
그는 너의 것이다, 작은 금속으로 만든 아틀라스.
빈약한 세습 재산, 네가 지닌 모든 것,
아이도 없고, 아내도 없이,
그의 바로 뒤에 다섯 가지 금속으로 만든 포탄 더미.
다섯 개의 포탄! 반짝반짝 빛나는 포탄 다섯 개!
하늘이 붕괴될 때, 내 사랑이여, 곡예를 부리며.

1962년 10월 24일

집 구경

오 결혼하지 않은 고모, 당신은 와야 해요.
현관으로 들어오세요!
작고 경쾌하게 움직이는
고모의 대담한 도마뱀붙이와 함께!
모든 이음새는 기이한 광택이 나고 모든 이음새는 순금이죠.
나는 슬리퍼를 신고 실내복을 입고 립스틱도 바르지 않았어요!

그리고 당신은 안내받기를 원했죠!
좋아요, 좋아요, 여기 내 집 주소예요.
자바섬 거위와 몽키 나무가 있는
당신의 집과는, 내 생각에, 비교가 되지 않죠.
이곳은 약간 불에 타버렸고,
난폭한 기구가 조금 있고, 다소 지저분하죠!

오 나는 내 손을 저것에 대지 말았어야 해요
고모, 물지도 모르죠!
저것은 내 서리 상자죠, 순순하게
하얀 솜털 때문에 고양이처럼 보이지만, 고양이가 아니에요.
당신은 그것이 만드는 것을 봐야 해요!
수백만 개의 바늘같이 가느다란 유리 케이크!

편두통이나 복통에도 좋아요. 그리고 여긴
내가 난로를 지피는 곳이죠,
석탄이 뜨거운 십자수를 놓은 곳. 사랑스러운 빛
한밤에 폭발하고
연기가 되어 날아가죠.
그리고 그게 바로 제가 머리카락이 없는 이유예요, 고모, 그게 바로

헛구역질하는 것처럼, 제가 이따금씩 숨이 막히는 이유예요.
석탄 가스는 무시무시해요.
당신이 좋아할 장소가 여기 있어요.
'모닝 글로리 수영장'!
파란색 수영장은 귀중하죠.
한 번에 마흔 시간이나 끓었답니다.

오 나는 내 손수건을 그 안에 담가서는 안 되었죠, 아프네요!
지난여름에, 맙소사, 지난여름에
수영장은 하녀 일곱 명과 배관공 한 사람을 삼켰고
그들을 푹 삶아서 셔츠처럼 압축하고 뻣뻣한 상태로 되돌렸죠.
제가 너무 신랄한가요? 제가 너무 싫어하나요?
여기 명세서가 있어요, 고모, 여기 지갑이 있고요.

편평한 모자를 쓰고 집에 차 마시러 오세요.

고모를 위해 레몬차를 드릴게요,
레몬차와 집게벌레 비스킷을. 무시무시하죠.
당신은 그것을 원치 않을 거예요.
집에 놀러 오세요, 날씨가 나빠지기 전에.
집에 놀러 오세요, 그리고 간호사는 만나러 가지 마세요!

그녀는 대머리일 거고, 눈이 없을 거예요,
하지만 고모, 그녀는 정말로 친절해요.
그녀는 발그레한 혈색을 띤, 타고난 산파죠.
쭈글거리는 손가락과 매우 적은 수고비로
그녀는 죽은 사람도 살릴 수 있어요.
자 제 안내를 즐기셨기를 **바라요**, 고모!

차 마시러 집에 놀러 오세요!

1962년 10월 25일

에어리얼[1]

암흑 속에서의 정지.
그때 바위산과 노정路程의
실체 없는 파란 유출.

신의 암사자,
뒷발굽과 무릎의 회전축!
이렇게 우리는 하나가 된다. 내가 붙잡을 수 없는

목덜미의 갈색 활 모양 같은
밭고랑이
갈라지며 빠르게 지나간다

검정 눈의
열매들이 어두운 갈고리를
내던진다.

입안 가득히 느껴지는 까맣고 달콤한 피,
그림자들,
무언가 다른 것이

나를 공기 속으로 끌고 간다.
넓적다리, 머리카락.

내 뒷발굽에서 떨어지는 얇은 조각들.

하얀
고다이바¹처럼, 나는 벗어버린다.
과거의 유물과 과거의 핍박을.

그리고 이제 나는
바다의 광채 같은 밀밭을 휘젓는다.
어린아이의 울음소리가

벽에서 녹아내린다.
그러면 나는
화살이고,

새빨간 눈,
아침의 큰 솥 안으로
자살하듯 돌진해서 뛰어드는

이슬이다.

1962년 10월 27일

10월의 양귀비꽃

오늘 아침에는 태양의 그림자도 그런 치맛자락을 잘 다룰 수 없다.
놀랍게도 붉은 심장이 코트 밖으로 삐져나온
구급차 안의 여인도.

창백하게 불타는 듯이
일산화탄소를 점화하는
하늘도,

중절모자 아래에 흐릿해져 멈춰버린 눈도,
전혀 요구하지 않았던
선물, 사랑의 선물.

오 맙소사 나는 대체 뭐 하는 사람인가,
서리 내린 숲 속에서, 수레국화가 맞이하는 새벽녘에,
이 때늦은 입을 크게 벌려 소리쳐야만 하다니.

1962년 10월 27일

닉과 촛대[1]

나는 광부다. 빛이 파랗게 타오른다.
창백한 종유석이
뚝뚝 떨어지고 걸쭉해진다,

흙으로 만든 자궁에서 생긴 눈물방울이
생기를 잃은 권태가 되어 스며 나온다.
까만 박쥐의 점잔 빼는 자태는

누더기 숄이 되어, 나를 감싼다,
냉정한 살인자들.
그들은 자두처럼 내게 들러붙는다.

칼슘 고드름의 오래된 동굴,
오래된 모방자.
심지어 도롱뇽이 하얗다,

저 성직자.
그리고, 물고기, 물고기.
맙소사, 그들은 얼음으로 만든 창유리,

칼의 결함,
피라냐 물고기

종교, 내 살아 있는

발가락에서 나온 첫 번째 성찬 예식을 들이마시며.
양초는
꿀꺽 삼키며 자신의 작은 고도를 회복한다.

양초의 노란 부분은 활활 타오른다.
오 사랑이여, 어떻게 이곳에 왔니?
잠들어서도

꼰 자세를 기억하는
오 태아여.
네 안에서 피는

루비색으로, 선명하게 피어오른다.
네가 깨닫는 고통은
너의 것이 아니다.

사랑이여, 사랑이여,
나는 장미꽃을 우리의 동굴에 걸어놓았다,
보드라운 카펫과 함께.

빅토리아 시대의 마지막 유물.

별들이

빛을 발하지 않는 주소로 곤두박질치게 하라,

못 쓰게 된 수은 원자는

무시무시한 우물로

뚝뚝 떨어지게 하라,

너는 우주가 부러워하며, 의지하는

견고한 것.

너는 헛간에 있는 갓난아기란다.

1962년 10월 29일

베일[1]

비취옥.
상당한 크기의 돌,
고통에 찬

풋내기 아담의 옆구리, 나는
다리를 꼰 채로, 미소 짓는다,
불가사의하게,

나의 명쾌함을 바꾸며.
아주 값진 것!
태양이 어떻게 이 어깨를 반들거리게 하는가!

그리고
나의 지칠 줄 모르는 사촌,
달은

치유할 수 없는 창백함을 띠며 떠오른다.
나무를 질질 끌면서.
덥수룩한 작은 용종,

작은 그물망,
내 이목을 끄는 일을 숨긴다.

나는 거울처럼 희미하게 빛난다.

신랑은 이러한 상황에 도착한다
거울의 군주!
그가 인도하는 것은 그 자신

이런 실크 칸막이 사이에서,
이런 옷 스치는 소리가 바삭거리는 소모품 사이에서.
나는 숨을 쉰다,

입의 베일은 그 커튼을 약간 움직인다
내 눈가의
베일은

무지개의 연결.
나는 그의 것.
그가 없을 때조차도,

나는
내 불가능의 덮개 안에서
돌고 돈다,

아주 귀하고 조용한,
이런 작은 앵무새, 마코 앵무새 사이에서!
오 수다쟁이들

속눈썹 시종들!
나는 공작새처럼
깃털 하나를 풀어 헤치리라.

입술 시종들!
나는 곡조 하나를
풀어 헤치리라

하루 종일 크리스털 유리를
매달고 있는
공기 중의 샹들리에를

산산이 부숴버리는
무지한 백성.
시종!

시종들!
그리고 그의 다음 발걸음에

나는 풀어 헤치리라

나는 풀어 헤치리라.
그가 심장처럼 보호한,
보석이 박힌 작은 인형으로부터

암사자,
욕조 안에서의 비명 소리,
구멍 난 외투를.

1962년 10월 29일

나자로[1] 부인[1]

나는 그것을 다시 해냈죠.
십 년에 한 번
나는 그것을 해내죠.

걸어 다니는 기적, 나의 피부는
나치의 램프 갓처럼 밝고
내 오른발은

종잇장처럼 가볍고,
내 얼굴은 형체를 알아보기 어려운, 질 좋은
유대인 침대보.

작은 수건을 벗겨봐
오 나의 적.
내가 두려운가요?

코, 눈구멍, 치아?
시큼한 냄새는
하루만 지나면 사라질 거예요.

조만간, 조만간, 무덤이 좀먹은
육체는 나에게

편안해질 거예요.

그리고 나는 여인이 될 거예요.
이제 겨우 서른 살.
그리고 고양이처럼 아홉 번 죽지요.

이번이 세 번째.
얼마나 많은 쓰레기를
십 년마다 없애야 하나.

혈관이 백만 개라니.
땅콩을 씹어 먹는 군중은
감겼던 내 손과 발이 풀리는 모습을

구경하려고 팔로 밀치죠.
대단한 스트립쇼.
신사, 숙녀 여러분

이들은 내 손이며
내 무릎입니다.
나는 피부이면서 뼈일 겁니다,

그럼에도, 나는 똑같은, 바로 그 여자죠.
그것이 처음 일어났을 때 나는 열 살이었죠.
그것은 사고였어요.

두 번째에
나는 완전히 끝내고 다시는 살아나지 않으려 했죠.
조개껍데기처럼

나는 꽁꽁 닫아버렸죠.
그들은 내 이름을 부르고 또 불러야 했죠
그리고 끈끈한 진주처럼 나에게서 벌레를 떼어냈죠.

죽어가는 것은
예술이죠, 다른 모든 것처럼.
나는 그것을 뛰어나게 잘하죠.

나는 그것이 지옥처럼 느껴지게 잘해요.
나는 그것이 현실처럼 느껴지게 잘해요.
내 천직이라 말할 수 있어요.

조그만 방 안에서 그것을 하기는 쉽죠.
그것을 하고 머무를 만큼 쉽죠.

백주대낮에 그것은

극적으로 되돌아오는 거죠
똑같은 장소로, 똑같은 얼굴로, 똑같은 야만인에게로
흥분한 외침.

"기적이야!"
저 외침이 나를 황홀하게 만들죠.
관람료가 있어요.

내 상처를 구경하는 데, 관람료가 있어요
내 심장 소리를 듣는 데.
정말 멋지죠.

그리고 관람료가, 정말 비싼 관람료가 있어요
한마디 건네거나 몸을 만지는 데
또는 피 한 방울이나

또는 머리카락 한 올이나 내 옷가지를 만지는 데.
자, 자, 의사 선생
자, 적 선생.

나는 당신의 작품이고,
나는 당신의 재산이며,
녹아내리며 비명을 지르는

순금의 갓난아이죠.
나는 뒤집히며 불에 타요.
내가 당신의 염려를 과소평가한다고 생각하진 마세요.

재, 재.
당신은 꼬챙이로 찔러보고 휘저어보죠.
살, 뼈, 거기에는 아무것도 없어요.

비누 한 조각,
결혼반지
금으로 된 의치.

하느님 선생, 악마 선생
조심하세요
조심하세요

재 속에서
나는 빨간 머리를 하고 다시 살아나서

남자들을 공기처럼 먹는답니다.

　　　　　　　　　　　　　　　1962년 10월 23~29일

급사

나뭇잎 접시 위 달팽이들의 소식이라고?
내 것은 아니야. 받아들이지 마라.

밀봉된 양철 통 안에 든 아세트산이라고?
받아들이지 마라. 진짜가 아니야.

태양에 박혀 있는 금반지라고?
거짓말. 거짓말과 슬픔.

나뭇잎의 서리, 아홉 개의 까만
알프스 봉우리 정상에서

혼자서 이야기하며 탁탁 소리를 내는
얼룩 하나 없이 깨끗한 큰 솥.

거울 속에 비치는 혼란,
잿빛 거울을 산산이 조각내는 바다.

사랑, 사랑, 나의 한창때여.

1962년 11월 4일

도착

얼마나 멀까?
이제 얼마나 남았나?
거대한 고릴라의 배 같은
바퀴가 움직인다, 그들이 나를 소스라치게 놀라게 한다.
크루프[1] 가문의 끔찍한 두뇌, 회전하는
시꺼먼 총구멍,
대포 소리처럼 결근!을 알리는
출퇴근 시간기록계 소리.
내가 건너야 하는 러시아, 이런저런 전쟁.
나는 유개화차의 짚더미 위로
조용히 내 몸을 질질 끌고 간다.
지금은 뇌물을 주는 시간.
바퀴는 무엇을 먹을까, 신처럼
스스로의 호에 고정된 이런 바퀴는,
의지의 은빛 가죽 끈.
인정머리 없이. 그리고 그들의 자만심!
모든 신이 알고 있는 건 목적지다.
나는 이 동전 투입구 안에 있는 한 통의 편지.
어떤 이름에게로, 두 눈동자에게로 날아간다.
거기엔 불이 있을까, 거기엔 빵이 있을까?
여긴 엄청난 진흙 구덩이다.
기차 정거장이다, 수도꼭지의 물,

그 베일, 수녀원 안에서 베일을 견뎌내며
부상병을 어루만져주는 간호사들,
피를 아직도 콸콸 쏟아내는 사람들,
끊임없는 비명으로 가득한 텐트.
밖에 쌓여 있는 다리, 팔
인형들의 병원.
그리고 사람들, 이런 상태로
피를 콸콸 쏟은 남은 사람들,
일 킬로미터 앞서
한 시간 앞서 다가간다.
부러진 화살의 왕조!

얼마나 남았나?
내 발엔 걸쭉하고 붉은,
그리고 미끌미끌한 진흙이 묻어 있다. 내가 소생한
이 땅덩어리는 아담의 편이구나, 그러면 나는 고통에 신음한다.
나는 나 자신을 되돌릴 수 없고, 기차는 연기를 내뿜는다.
악마의 이빨처럼, 연기를 내뿜고
숨을 쉬면서, 굴러갈 준비가 된 그 톱니바퀴.
그 끝에는 일 분이 있다,
일 분, 이슬 한 방울.
얼마나 남았나?

내가 가려는 곳은
아주 작은 곳인데, 이런 장애물은 도대체 뭔가.
종교계 사람들, 화환을 든 어린아이들이 애도하는
이 여인의 몸,
숯덩이가 된 치마와 데스마스크.
그리고 이제 폭발이.
천둥과 총.
우리 사이에 불꽃이 일어난다.
공기 한가운데를 돌고 돌아
만져지지 않고 만질 수도 없는
그런 조용한 장소는 없는가.
기차는 그저 질질 끌려가며, 비명을 지른다.
목적지를 향한 집착에 제정신이 아닌
동물,
피 얼룩,
너울거리는 불꽃의 끝에서 나타나는 얼굴.
나는 번데기처럼 부상당한 사람들을 묻으리라,
나는 죽은 사람들을 세고 묻으리라.
그들의 영혼이 이슬 속에서 몸부림치다가,
내 발자취 속에서 분노하게 내버려두자.
철도의 객차가 흔들린다, 그것들은 아기 요람이다.
그리고 나는, 낡은 붕대를 감은 이 살갗,

권태, 낯익은 얼굴들로부터 걸어 나와,

아기처럼 순수한 상태로,
레테의 검은 차에서 내려 너를 향해 걸어간다.

1962년 11월 6일

밤의 춤[1]

방긋 웃음이 풀밭에 떨어진다.
돌이킬 수 없는!

그리고 어떻게 네 밤의 춤에
넋을 잃고 있을까. 수학에 몰두하듯이?

그런 천진난만한 깡충거림과 몸 비틀기,
확실히 밤의 춤은 세계를

영원히 여행한다, 나는 완전히
아름다움이 결여된 채 앉아 있지는 않을 것이다,

네 작은 숨결의 선물, 네 잠의
물에 젖은 풀잎 냄새, 백합, 백합.

그 잎살은 아무런 관련이 없다.
자아의 차가운 주름과 칼라,

그리고 얼룩무늬와 화끈한 꽃잎의 펼침으로.
스스로 아름답게 꾸미는 호랑이.

혜성에는

가로질러 갈 아주 멋진 공간이 있고,

망각으로 가득 찬, 아주 근사한 냉정함이 있다.
그렇게 따듯하고 인간적인 너의 손짓 몸짓은 사라진다.

그때 천국의 어두운 기억상실증으로
피를 흘리며 껍질이 벗겨진

혜성의 연분홍색 빛.
왜 나에게

축복처럼,
하얀 육면체의 눈송이처럼

내 눈과 입술과 머리칼 위로 떨어지는
램프와 행성이 주어졌는가,

어루만지고 녹아내려.
아무 데도 없다.

         1962년 11월 6일

걸리버

너의 몸 위로 구름이
높이, 높이 그리고 싸늘하게
약간은 평평하게 지나간다,

보이지 않는 유리 위를 떠다니듯이.
백조와 달리,
반사된 그림자 없이.

너와 달리,
아무런 끈이 달려 있지 않은 채.
모든 구름은 침착하고, 모든 구름은 파랗다. 너와는 달리.

저기 뒤쪽에서, 너는,
하늘을 바라본다.
빈약한 족쇄를 휘감고 연결한,

고소高所 작업원들이 너를 발견했다,
그들의 유혹물.
너무 많은 실크.

얼마나 그들이 너를 증오하는지.
그들은 네 손가락 사이 움푹 팬 곳에서 대화를 나누는, 자벌레.

그들은 너를 자신들의 진열장 안에서 잠들게 할 것이다,

이 발가락과 저 발가락은 역사적 유물.
행진을 개시하라!
일곱 중대가 행진 개시,

크리벨리의 그림 안에서 빙빙 도는 먼 거리처럼, 손이 닿지 않는 곳.
이 눈이 독수리가 되게 하라,
이 입술의 그림자는 거대한 심연이 되게 하라.

1962년 11월 6일

탈리도마이드[1]

오 반달.

반쪽 두뇌, 찬란한 빛.
백인처럼 가면을 쓴, 흑인이여

너의 시꺼먼
절단된 사지가 살금살금 다가와서 오싹하게 한다,

거미집 같고, 안전하지 않게.
어떤 장갑

어떤 가죽 같은 것이
나를 저 그림자로부터.

보호할 수 있을까
없애버릴 수 없는 새싹,

어깨선에 있는 손목 관절,
존재를 밀어 넣고,

부재의 피 양막이 잘린 부분을
질질 끌며 가는

얼굴들.
밤새도록 나는

나에게 주어진 공간을 공작한다,
젖은 두 눈과

날카로운 비명 소리의 사랑.
무관심의

하얀 침!
검은 열매는 회전하며 땅에 떨어진다.

유리가 날카로운 소리를 내며 깨진다,
이미지는

기온이 떨어진 수은주처럼 사라지고 정지된다.
1962년 11월 8일

11월의 편지

사랑이여, 세상은
갑자기 색깔을 바꾸고, 바꾼다. 가로등 빛은
아침 아홉 시에 쥐 꼬리를 꿰뚫어
나도싸리의 꼬투리를 분리한다.
북극 지방,

이 작고 검은 원은
빛바랜 실크 풀잎을 지닌다. 갓난아이의 머리칼.
부드럽고, 감미로운,
공기 안에 신선함이 있다.
나를 사랑스럽게 보호해준다.

나는 볼이 붉어지고 따듯해진다.
나는 내가 엄청날 수 있다고 생각한다,
나는 아주 바보같이 행복하다,
아름다운 빨간색을 살살이 눌러서 짜부라뜨리고 짜부라뜨린
내 고무장화.

이것은 내 소유물이다.
하루에 두 번씩
나는 보조를 맞추어 천천히 걷는다,
청록색을 띠는 상스러운 호랑가시나무와

조가비 관자, 깨끗한 쇠붙이,

그리고 오래된 시체들의 벽 냄새를 맡으면서.
나는 그들을 무척 좋아한다.
나는 그들을 역사처럼 좋아한다.
사과는 황금색이다,
상상해보라,

혼탁한 잿빛 죽음의 수프 안에 있는,
황금 나뭇잎
백만 개의 움직이지 않는 쇠붙이와
불그레한 황금색 동그란 덩어리를 매단
내 나무 칠십 그루.

오 사랑이여, 오 독신주의자여.
나를 제외하고 아무도
허리 높이로 젖는 길을 걷지 않는다.
대체할 수 없는
황금, 테르모필레[1]의 입구들이 붉어지고 짙어진다.

1962년 11월 11일

죽음 주식회사[1]

두 사람, 물론 두 사람이다.
지금은 매우 자연스럽게 보인다.
결코 위를 쳐다보지 않고,
블레이크[1]의 눈처럼 눈꺼풀에 덮여 둥글게 뭉쳐진 눈으로,
그의 트레이드마크인 모반을 보여준다.

물에 덴 흉터,
콘도르의
벌거벗은 녹청을
보여주는 한 사람.
나는 시뻘건 고깃덩어리다. 그의 부리가

비스듬히 내리친다. 나는 아직 그의 것이 아니다.
그는 내가 얼마나 형편없이 사진을 찍는지 말한다.
그는 병원 냉동실 속에 있는
갓난아이들의 표정이 얼마나 귀여운지 말한다,
그 천진무구한

목가의 단순한 주름 장식,
그리고 그들의 이오니아식 수의에 새겨진
세로 골 주름 장식,
그리고 작은 두 발.

그는 웃지도 않고 담배를 피우지도 않는다.

다른 한 사람은 웃기도 하고 담배도 피운다,
그의 머리카락은 길고 그럴듯하다.
반짝이 의상 위에 수음하는
개자식,
그는 사랑받기를 원한다.

나는 꼼짝도 하지 않는다.
서리는 꽃을 만들고,
이슬은 별을 만든다,
죽음의 종소리,
죽음의 종소리.

누군가 당했구나.

1962년 11월 14일

세월

그들은 동물처럼 호랑가시나무의
우주 공간에서 등장한다
요가 수행자처럼, 뾰족한 나무 가시가 내가 의지하는 관념은 아니다,
하지만 신선함과 암흑이 너무 순수해서
그들은 꼼짝 못하게 정지해 있다.

오 신이여, 나는 당신과 같지 않다
당신의 공허한 어둠 안에서,
반짝반짝 빛나는 시시한 색종이 조각처럼, 별은 도처에 박혀 있다.
영원은 나를 지루하게 만든다,
나는 결코 영원을 원한 적이 없다.

내가 좋아하는 것은
움직이는 피스톤.
내 영혼은 그 앞에서 꼼짝 못한다.
그리고 말의 발굽과
무자비한 흔들기.

그리고 당신, 대단한 '정지 상태'.
저것 안에 있는 아주 멋진 것!
문가에서 포효하는 이 소리, 올해가 호랑이 해인가?
안에 있는

대단한 신성이

달려가서 그 소리와 끝장내기를 갈망하는,
예수 그리스도인가?
핏빛 열매는 온전한 상태고, 쥐 죽은 듯이 고요하다.
말발굽은 그 소리를 간직하려 하지 않을 것이다,
파란 지점에서 피스톤이 쉿 소리를 낸다.

1962년 11월 16일

무시무시한 상황

이 남자는 가명을 짓고
벌레처럼 그 뒤로 기어간다.

통화 중인 이 여자는
자신이 여자가 아니라, 남자라고 말한다.

가면은 늘어가고,
입과 눈과 코에 줄무늬가 난 벌레를 잡아먹는다,

죽은 사람처럼 더욱더,
여성자의 목소리는 공허해진다.

성대 입구에서 벌레들이 멈춘다.
그녀는 증오한다,

세포의 약탈자, 아름다움의 약탈자,
갓난아이에 대한 생각을.

그녀는 뚱뚱해지느니 차라리 죽음을 택할 것이다,
네페르티티[1]처럼 죽어서도 완벽하게,

험악한 가면이 모든 눈의 은빛 림보를

확대하는 것을 경청하며

그곳에서 아이는 결코 헤엄칠 수 없고,
오직 그가 그가 있다.

1962년 11월 16일

마리아의 노래[1]

일요일의 양은 살이 쪄서 맥을 못 춘다.
지방은
불투명함을 희생 제물로 바친다……

유리창, 신성한 황금.
불이 그것을 소중하게 만든다,
이교도의 양초 기름을 녹이고

유대인을 쫓아낸
바로 그 불.
그들의 두터운 장막은

폴란드의 상처 자국, 불타버린
독일 위로 떠다닌다.
그들은 죽지 않는다.

잿빛 새들이 내 마음을 사로잡는다,
입의 재, 눈의 재.
그들은 자리를 잡는다. 한 남자를

공중에서 없어지게 했던 높은
절벽 위에

오븐이 천국처럼 눈부시게 밝은 빛을 냈다.

내가 걸어 들어가는 이 대학살은,
마음속이다,
오 세상이 죽여서 먹게 될 황금빛 아기.

1962년 11월 19일

겨울나무

촉촉한 새벽 잉크는 파란색을 녹인다.
안개의 기록부에서 나무는
식물 그림처럼 보인다.
원을 그리면서, 점점 되살아난 기억,
일련의 결혼식.

여자보다 훨씬 더 진실하여,
낙태나 간통을 알지 못하는,
그들은 힘들이지 않고 씨를 뿌린다!
발이 없는, 바람을 경험하면서,
역사 안에 허리 깊숙이 박힌 채.

날개가 가득한, 초자연적인 세계.
이 안에서, 그들은 레다[1]이다.
오 나뭇잎과 감미로움의 어머니여
이들 피에타는 누구인가?
아무것도 위로하지 못하는, 노래하는 숲 비둘기의 그림자.

1962년 11월 26일

브라질리아

그들은 나타날까,
강철로 된 몸통을 지닌 이 사람들은
팔꿈치에 날개를 달고 눈구멍은

구름 덩어리가
말을 건네기를 기다리는,
이 멋진 사람들!

그리고 못이 박힌, 박힌
내 갓난아기.
그는 먼 거리를 감지하며

매끄러운 뼈 안에서 비명을 지른다.
그리고 자신의 치아 세 개를
내 엄지손가락으로 다듬으며,

거의 활동을 멈춘, 나.
그리고 별,
오래된 이야기.

나는 샛길에서 양 떼와 마차,
모성적인 피의 붉은 흙을 마주 대한다.

오 너는

광선 빛처럼 사람들을 삼키고,
이것을 남겨놓았구나
비둘기의 멸종에 회복되지 않은

안전한 거울,
영광
권력과 영광을.

1962년 12월 1일

자식 없는 여인

자궁은
배를 덜거덕 소리 나게 하고, 달은
어디로 가야 할지 모른 채 나무에서 내려온다.

내 상황은 손금이 없는 손이다,
길은 매듭으로 모아지고,
매듭은 나 자신,

나 자신은 네가 얻은 장미다.
이 몸,
이 상아는

어린아이의 비명처럼 신앙심이 없고.
거미처럼, 나는 거울을 실로 짓는다,
내 이미지에 충실하게,

피만을 언급하면서.
그것, 검붉은 피를 경험하라!
그리고 내 숲 속,

내 장례식,
그리고 이 언덕과

시체들의 입으로 이 희미하게 빛나는 것.

1962년 12월 1일

엿듣는 사람[1]

네 형제가 내 울타리를 손질할 거야!
그들이 너의 집을 어둡게 하지,
참견하기 좋아하는 재배업자,
내 어깨에 생긴 뽀루지는,
아무 생각 없이 긁혔다가,
피를 흘리고, 마치 그 자리에 있던 것처럼 생겼다.
열대지방의 얼룩은
여전히 너에게 지린내를 풍기는, 죄.
덤불 악취 같은 것.

너는 그 지역 사람이지만,
실로 불쾌한!
저 누런색!
기다란 니코틴 손가락 같은
네 몸에 대고
나는 하얀 담배를,
피운다, 둔감한 세포를 흥분시키는
너의 간접흡연을 위해서.

네 집에서 하룻밤 묵게 해다오!
나의 산만함, 나의 창백함.
피부를 녹여서

뼈마다 회색 촛농을 만드는
그들이 기이한 연금술을 시작하게 하라.
그래서 나는 이 미터 크기의 웨딩 케이크에
둘러싸인
훨씬 더 병색이 짙은 네 선임자를 보았다.
그는 심술궂지도 않았다.

내가 너의 커튼을 알아차리지 못했다고 생각하지 마라.
자정에, 네 시경에
불이 켜졌고(너는 책을 읽고 있다),
작고 천박한 어조로,
넘겨받은 초고를 신랄하게 지적하고,
내 원고를 가져오라 손짓하며,
융단 옷을 입고 손짓으로 부르는 사람.
동물원의 울음소리처럼,
네가 나를 붙잡고 말하고 싶어 하는,
몹시 상기된 감미로운 거울의 대화.

내가 네 앞에 갑자기 나타났을 때 얼마나 네가 움찔했는지!
팔짱을 끼고, 귀를 쫑긋 세우며,
떨어지지 않으려는, 떨어지지 않으려는
물방울 아래에 있는 노란색 두꺼비

소 떼를 거느리는 사람들이 있는 사막에서
그들의 젖통을 집으로 덜컹덜컹 밀고 가서
크고 푸른 눈을 지닌 마누라 같은, 전기로 젖을 짜는 사람에게로
신처럼, 또는 하늘처럼
그것을 바라보는 하찮은 사람들을 바라보며.

나는 외쳐 불렀다.
너는 기어서 나왔다,
갑자기 놀라게 하는 기상 안내원,
벨기에의 작은 난쟁이,
엷게 펴서 칠한, 버터같이
저교회파[1]의 미소.
이것이 바로 내가 존재하는 이유다.
하찮은 몸!
생쥐 같은 눈들이

내 소유물 위에서 깜박거리고,
편지 뚜껑을 지렛대로 움직이며,
의자 등받이에 죽어 있는
남자의 바지에 붙은
파리를 유심히 살펴본다,
여유로운 미소를 드러내며,

확인하려고 하는
두 갓난아이의 눈동자처럼.
두꺼비 돌²! 못된 여동생! 상냥한 이웃!

　　　　　　　　　　　　　1962년 10월 15일
　　　　　　　　　　　　　1962년 12월 31일

1963

이해가 시작할 무렵, 영국에는 1947년 이래 가장 심한 한파가 몰아쳤다. 1월 23일에 소설 『벨 자』가 빅토리아 루커스라는 가명으로 런던에서 출간되었다. 2월 11일 실비아 플라스는 스스로 생을 마감했다.

안개 속의 양[1]

언덕이 순백 속으로 뛰어내린다.
사람들 또는 별들이
나를 슬프게 바라본다, 나는 그들을 실망시킨다.

기차는 한 줄기 숨결을 남겨놓는다.
오 느린
녹슨 빛깔의 말,

말발굽, 구슬픈 종소리.
아침 내내,
아침이 어두워지고 있었다,

꽃이 버려진 채.
내 뼈는 고요함을 간직하고,
저 먼 들판은 내 심장을 녹인다.

그들은 별도 없고, 아버지도 없는,
어두운 바다, 천국으로 나를 보내겠다고
위협한다.

1962년 12월 2일
1963년 1월 28일

뮌헨의 마네킹

완벽함은 끔찍하다, 그것은 아이를 가질 수 없다.
흰 눈의 숨결처럼 차가워서, 자궁을 흙으로 틀어막는다

자궁에서 주목은 히드라처럼 입김을 분다,
생명의 나무와 생명의 나무는

달마다, 아무런 이유 없이 자신들의 달을 풀어 헤친다.
피의 홍수는 사랑의 홍수다,

철저한 희생.
그것은 의미한다. 나를 제외하고 이제 우상은 없다고,

나와 너를 제외하고는.
그래서, 그들의 유황색의 사랑스러움 안에서, 그들의 미소 안에서

오늘 밤 이 마네킹들은
뮌헨, 파리와 로마 사이에 있는 시체 안치소에 의지한다,

털옷을 걸치고 속에 아무런 옷을 입지 않고 대머리로,
은빛 막대기에 달린 오렌지 사탕,

아무런 생각이 없는, 참을 수 없는 존재.

눈송이가 어둠의 파편을,

아무도 관심을 두지 않는 것을 떨어뜨린다. 호텔 안에서
손은 문을 열고

광택용 카본지 상자에 구두를 내려놓는다
상자 안에 있는 널찍한 발가락은 내일이면 사라질 것이다.

오 이러한 유리창이 있는 가정의 잡일,
갓난아이 레이스, 초록색 나뭇잎 모양의 과자,

끝없이 깊은 자존심 안에서 졸고 있는 뚱뚱한 독일 사람들.
그리고 전선이 연결된 검정 전화기는

반짝거리며 빛나고
반짝거리며 빛나고 부드러워진

무언의 침묵. 새하얀 눈은 목소리가 없다.

1963년 1월 28일

토템[I]

엔진은 철도의 선로를 파괴한다, 선로는 은색이다,
그것은 멀리까지 펼쳐진다. 그럼에도 부식될 것이다.

엔진의 주행은 부질없다.
해 질 녘에는 물에 잠긴 들판의 아름다움이 있다,

두꺼운 옷을 입고 살짝 몸을 흔들며,
새벽은 돼지처럼 농부들을 금색으로 칠한다.[II]

스미스필드[1] 앞길의 하얀 탑들,
그들의 마음에 떠오르는 뚱뚱한 엉덩이와 피.

큰 식칼의 번뜩거림에는 인정사정이 없다,
조용히 속삭이는 도살업자의 처형대. "이건 어때, 어떠냐고?"

오목한 그릇[III] 안에서 산토끼는 유산했다,
향신료로 방부 처리된, 털의 껍질을 벗겨낸

죽은 산토끼 새끼의 희한하게 생긴 머리와 인간을 사랑하는 마음.
그것을 플라톤의 후산처럼 먹어버리자,

그리스도처럼 먹어버리자.

이들은 중요했던 사람들이다.

그들의 둥근 눈동자, 그들의 치아,
덜걱덜걱 소리 내고 짤깍거리는 막대기, 가짜 뱀^{IV}에 그들의 찡그림.

코브라의 머리가 나를 오싹하게 만들까.
뱀 눈의 고독함, 산의 눈

산을 통해 하늘이 끊임없이 펼쳐질까?
세계는 피로 달아올랐고 지극히 개인적이다

피로 상기된 채, 새벽은 말한다.
종착역은 없고, 단지 여행 가방만 있을 뿐이다

여행 가방 밖에서 동일한 자아가
소원 주머니가 달린 단조롭고 빛나는 양복처럼 펼쳐진다,

관념과 티켓, 짧은 우회 도로와 접이식 거울.
나는 제정신이 아니고, 많은 팔을 휘젓는 거미를 소리쳐 부른다.

그리고 파리의 눈 안에서 증식.
실제로 그것은 끔찍하다.

무한한 공간의 그물망 안에서
파리 떼는 파란 어린이처럼 윙윙 날아다닌다,

밧줄에 대롱대롱 매달린
많은 막대기와 더불어 하나의 죽음.

1963년 1월 28일

아이

너의 해맑은 눈은 완전히 아름다운 것이지.
나는 그 눈을 색깔과 오리로 채우고 싶구나,
동물원에 새로 등장한,

네가 이름을 지어주려 고심하는 오리 떼.
4월의 눈송이, 구상난풀,
주름 없는

작은 식물 줄기,
그 안에 비치는 형상이 웅장하고
고전적이어야 하는 물웅덩이

손으로 쥐어짜는
이러한 수고를 들이지 않고서도,
별 하나 없이 이 어두운 천장.

1963년 1월 28일

중풍 환자

마비가 일어났다. 계속 진행될까?
내 마음은 바윗덩이 같고,
혀도, 손가락도 사물을 쥘 수 없다,
맙소사 나를 아끼는

철 같은 허파는
내 두 개의 먼지 주머니
안팎으로 공기를 채워넣는다,
내가

재발되지 않게 해다오
종이테이프처럼 바깥세상이 미끄러지듯이 진행되는 동안에.
밤은 제비꽃과
눈 모양의 양탄자 장식과,

불빛을 가져온다,
부드럽게 속삭이는
익명의 사람들. "당신 괜찮아요?"
딱딱하게 굳어, 접근하기 어려운 젖가슴.

나는 상한 달걀처럼, 누워 있다
내가 만질 수 없는

전 세계 위에서,
새하얗고, 단단한

취침용 소파의 원통 위에서
나는 사진들을 떠올린다.
진주같이 하얀 치아가 입에 가득한,
창백하고 생기를 잃은, 1920년대식 모피를 입은 내 아내,

아내처럼 생기가 없는
두 젊은 여인은 "우리는 당신의 딸들이에요"라고 속삭인다.
고요한 물이
내 입술을 감싼다,

눈과 코, 귀,
내가 부숴버릴 수 없는
투명한 셀로판지.
벌거벗은 내 등에

나는 부처 같은 미소를 짓는다,
반지처럼 나에게서 빠져나간
모든 아쉬움과 욕망은
그들의 불빛을 끌어안은 채.

목련의
갈고리 모양 잎사귀는,
자신의 향기에 취해,
인생에서 아무것도 요구하지 않는다.

           1963년 1월 29일

바람둥이

회중시계, 나는 잘 확인한다.
숨을 구멍이 있는
거리들은 완전히 한쪽으로 기울어진 도마뱀 같은 균열이다.
막다른 골목에서 만나는 것이 가장 좋다,

거울 유리창이 늘어선
벨벳의 왕궁.
저기 한 사람은 안전하다,
가족사진은 없고,

코를 뚫은 고리도 없고, 울음소리도 없다.
영리한 녀석은 재빨리 가버린다, 여인들의 미소는
내 거대한 몸을 꼼짝 못하게 만든다
그리고 멋진 검은색 옷을 입고,

나는 해파리처럼 젖가슴의 찌꺼기를 분쇄한다.
성적 쾌감의 신음을 강화하기 위해
나는 달걀을 먹는다.
달걀과 생선은, 필수 요소,

최음제인 오징어와 함께.
내 정력이 정점에 도달했을 때

그리스도의 입처럼
내 입은 축 처진다.

내 금빛 관절의 잠음,
음탕한 여인을 은빛 잔물결로 바꾸는
내 방식은
카펫처럼, 고요함을 굴리는 것,

그리고 끝이 없다, 그것의 끝은 없다.
나는 결코 늙지 않으리라. 신선한 굴은
바다에서 비명을 지른다
퐁텐블로[1]처럼 나는 반짝거린다

만족한 상태에서,
폭포수에
부드럽게 기대며
나를 바라보는 물웅덩이 위로 눈을 돌린 채.

1963년 1월 29일

신비주의자

공기는 갈고리의 방앗간이다.
반짝거리며 술에 취해
답변 없는 질문들,
파리의 키스가 여름날 소나무 아래
퀴퀴한 악취를 풍기는 자궁 안에서 견디기 어려울 만큼 톡 쏘듯이.

나는 통나무 오두막 위에 내리쬐는 태양의 죽은 듯한 냄새와
항해의 뻣뻣함과 침대보를 휘감은 기다란 소금을
기억한다.
인간이 신을 보았다면, 구제책은 무엇인가?
인간이 갑자기 움직이지 않는다면

남겨진 부분 없이,
발가락도, 손가락도, 하나도 남김없이, 다 써버리고,
태양의 큰 화재 안에서, 고대의 대성당에서 길게 늘어진
얼룩마저 철저히 써버린 상태에서
구제책은 무엇인가?

성찬식 명판의 알약,
잔잔한 물가 산책하기? 기억?
아니면 두더지의 얼굴에서
그리스도의 밝은 면 찾아내기,

무기력한 꽃을 잘근잘근 씹는 사람,

소망하는 것이 아주 적어서 편안한 사람들.
클레마티스의 받침나무 아래
그녀의 작은, 빛이 바랜 오두막 안에 있는 곱사등이.
위대한 사랑은 없고, 자상함만이 있나?
바다는

그 위를 걷는 사람을 기억하는가?
의미는 미립자에서 새어나온다.
도시의 굴뚝이 숨을 쉬고, 유리창은 촉촉하며,
아이들은 어린이 침대에서 뛰어논다.
태양이 활짝 꽃을 피운다, 제라늄이다.

심장은 멈추지 않았다.

1963년 2월 1일

친절

친절은 내 집 주변에 미끄러지듯이 움직인다.
친절 님, 그녀는 정말 다정하다!
그녀의 반지에 박힌 파랗고 빨간 보석은 창문에서
연기를 낸다, 거울들은
미소로 가득 차 있다.

아이의 울음소리처럼 이렇게 생생한 소리는 무엇인가?
산토끼의 울음소리는 아마도 더 격렬하겠지만
그것은 영혼이 없다.
설탕은 모든 것을 치료할 수 있다고, 친절은 말한다.
설탕은 필요한 액체,

그것의 결정체는 찜질 약.
부드럽게 쪼가리를 골라낸
오 친절, 친절!
내 일본산 실크, 절박한 나비들은
아마도 즉시 핀으로 고정되어, 마비될 것이다.

그리고 네가 여기 온다, 김이 모락모락 나는
찻잔을 들고.
솟구치는 피는 시詩다,
그것을 멈출 수 없다.

너는 나에게 두 아이, 두 송이 장미를 건넸다.

1963년 2월 1일

말들

도끼들이
발작을 일으킨 뒤 나무가 울려 퍼진다,
그리고 메아리가!
말馬처럼 중심에서 멀어지며
이동하는 메아리.

수액은
눈물처럼,
물방울이 떨어지며 색깔이 변해
잡초 같은 이끼에 부식된
하얀 두개골 모양의

바위 위에
그 거울을 다시 만들려고
애쓰는 물처럼 솟아난다.
몇 년 뒤 나는
그들을 길 위에서 마주친다.

무미건조하고 기수가 없는 말들,
지칠 줄 모르는 말발굽 소리.
물웅덩이의 밑바닥에서,
박힌 별들이

삶을 지배하는 동안에.

1963년 2월 1일

타박상

희미한 보랏빛 색깔이 상처 주위에 넘친다.
몸의 나머지 부분은 모두 씻겼다,
진주 색깔.

바위 구멍 안에서
바다는 강박적으로 빨아들인다,
움푹 들어간 동공, 바다 전체의 회전축을.

파리만 한 크기의,
죽음의 표기가
벽을 타고 기어 내려온다.

심장은 오므라진다,
바다가 뒤로 미끄러진다,
거울에 침대보가 덮인다.

1963년 2월 4일

풍선

크리스마스 이후 그들은 우리와 함께 살았다,
악의가 없고 선명한,
달걀 모양의 영혼이 있는 동물,
허공의 반쯤을 차지하고는,
보이지 않는 비단결 같은 공기의 흐름 위에서

움직이고 비벼대다가,
공격을 받았을 때, 비명과
빵 소리를 내고는, 달려가 쉬려 하면서, 거의 떨지 않고.
노란색 닻 걸이, 파란색 물고기.
우리는 이런 괴상한 달들과 함께 살고 있다

케케묵은 가구 대신에!
밀짚 매트, 하얀 벽
그리고 소망처럼
마음을 즐겁게 해주는
희박한 공기로 가득 찬

이 움직이는 빨간색, 초록색의 공들이거나
별 모양의 금속으로 세공된 깃털로
오래된 땅을 축복하는
자유로운 공작새들.

네 어린

남동생은 자기 풍선을
고양이처럼 찍찍거리게 만든다.
그 반대편을 씹어 삼킬 수도 있는
우스꽝스러운 핑크빛 세계를 보는 척하다가
그는 한입 깨물고 나서,

뒤로 물러나
수수방관한다, 물처럼 투명한 세계를
응시하는 폭이 넓은 물병.
그의 조그마한 주먹 안엔
빨간 풍선 조각 하나.

1963년 2월 5일

가장자리

여인은 완성되었다.
그녀의 죽은

육체는 성취의 미소를 띤다,
그리스적 필연성의 환상이

그녀가 걸친 토가의 소용돌이무늬 안으로 흐른다,
그녀의 맨발은

이렇게 말하는 듯하다.
우리가 여기까지 왔지만, 이젠 다 끝났다.

흰 뱀처럼, 죽은 아이마다 똬리를 틀었다,
지금은 텅 비어 있는

각자의 작은 우유 주전자에.
장미 꽃잎이 닫히듯이

그녀는 아이들을 다시 자기 몸속으로
접어 넣었다

정원이 완고해지고

밤에 피는 꽃의 달콤하고 깊은 개구부에서 향기가 흘러나올 때.

뼈로 만든 두건을 바라보며,
달은 슬퍼할 것이 없다.

그녀는 이런 일에 익숙하다.
그녀의 검은 옷은 탁탁 소리를 내며 질질 끌린다.

1963년 2월 5일

습작 시

여기에 수록된 시 오십 편은 주로 1952년과 1953년에 쓰인 작품이다. 상당수는 스미스대학에서 알프레드 영 피셔 교수의 영문학 수업 때 과제로 쓴 것이며, 원고에는 그의 자세한 평가가 기록되어 있다. 실비아 플라스는 피셔의 지적과 제안을 대부분 받아들인 것으로 보인다.

쓰디쓴 딸기

아침 내내 딸기밭에서
사람들은 러시아인 이야기를 했다.
작업 구역 사이에 쭈그리고 앉아서
우리는 귀를 기울였다.
"폭탄이 그들을 날려버렸대."
우린 작업반장이 하는 말을 들었다.

말파리가 윙윙거렸고, 멈추었다가 쏘아댔다.
그리고 딸기의 맛은
진하고 시큼하게 변했다.

메리는 천천히 말했다, "나는 군대에 갈 만큼
나이 먹은 아들놈이 있어.
만약에 무슨 일이 생기기라도 하면……."

하늘은 높고 푸르렀다.
두 아이는 울퉁불퉁한 도로를 가로질러
어색하게 자라오른
길쭉한 잔디 속에서
술래잡기 놀이를 하며 웃었다.
들판은 괭이질로 상추를 가꾸고, 셀러리를 뽑는
햇볕에 그을린 남자들로 가득했다.

"징집안이 통과되었대요." 여인은 말했다.
"우리는 오래전에 그들을 폭탄으로 없애버려야 했어."
"그렇게 말하지 마세요." 금발로 머리를 딴
어린 소녀가 간청했다.

그 파란 눈동자는 막연한 공포감이 가득했다.
그녀는 수줍게 덧붙이기를, "나는 왜 아주머니들이
늘 이런 식으로 말하는지 이해가 되지 않아요……"
"오, 걱정하지 마라, 넬다."
여인은 재빠르게 말을 가로챘다.
색이 바랜 거친 무명천을 입은 그녀는
호리호리하면서 위엄 있는 형상으로 서 있었다.
사무적인 태도로 우리에게 물었다, "단지를 몇 개나 채웠지?"
그녀는 공책에 합계를 기록했고,
우리는 모두 다시 딸기를 따러 돌아갔다.

작업 구역 위에 무릎을 꿇고,
우린 빠르고 숙련된 손으로
나뭇잎 사이로 손을 뻗었다,
엄지와 집게손가락 사이에 있는
잔가지를 탁 부러뜨리기 전에
딸기를 안전하게 동그랗게 오므리면서.

가족 모임

바깥 거리에서 차 문이
쾅 하고 닫히는 소리를 들었다. 목소리들이 점점 가까워지고,
알아들을 수 없는 말싸움과
걸으면서 딸깍 소리를 내는 하이힐,
초인종 소리는 구릿빛 발톱으로
정오의 열기를 분산한다.
두 번째 멈춤.
내 맥박의 단조로운 박자는
희미한 적막함을 내리쳤다.
이제 문이 안에서 열린다.
오, 왁자지껄하는 사람들 소리를 들어보라,
인사하며 건네는 웃음소리와 비명,

늘 있기 마련인, 숨을 헐떡이는 뚱뚱한 사람,
엘리자베스 이모부터
모든 사람의 뺨에 기름이 자르르 흐르고,
저기, 기분이 좋아 빽빽 소리 질러대는,
핑크 색 옷을 입은, 사촌 제인은
희미한 눈동자와 불안한 나비 같은 손을 지닌
우리의 노처녀.
그러는 동안 모든 사람을 가로질러
쪼개진 나무처럼 투박하게

귀에 거슬리는 바리톤 목소리로 폴 삼촌은 말한다.
어린 조카들은 칭얼거리며
파티장 입구에서 침을 흘린다.

땅의 높은 첨탑 위에 있는 잠수부처럼
나는 계단 꼭대기 위에 서 있다.
혼란의 소용돌이가 나에게 추파를 던진다,
스펀지처럼 흡수된,
나는 내 정체성을 내던지며
숙명적인 잠수를 한다.

여성 작가

하루 종일 그녀는 세상의 뼈를 가지고 체스 놀이를 한다.
(갑자기 창문 너머 비가 내리는 동안) 특별한 편의를 누리면서
그녀는 쿠션 위에 구부리고 누워
이따금씩 죄악의 막대 사탕을 씹어 먹는다.

새침하고, 연분홍색 가슴을 지닌, 여성적인 그녀는
장미꽃 벽지로 된 방 안에서 초콜릿 환상을 키운다
방 안에는 광택이 나는 장롱이 삐거덕거리는 욕설을 속삭이고
온실의 장미는 부도덕한 꽃들을 떨어뜨린다.

그녀의 손가락에 낀 석류석 보석은 순식간에 반짝이고
핏빛은 원고지를 가로질러 비춘다.
그녀는 지하실에서 썩고 있는 치자나무의
달콤하면서도 병적인 냄새를 명상한다,

섬세한 은유에 푹 빠져, 거리에서 울고 있는
창백한 얼굴의 아이들로부터 나와 침잠한다.

4월 18일

내 모든 지난날의 점액물은
두개골의 움푹 파인 곳에서 썩는다

그렇게 임신이나 변비와 같은
어떤 명백한 현상 때문에
내 위가 수축한다면

나는 널 기억하지 않을 것이다
혹은 생치즈로 만든 달처럼
불규칙적인 잠 때문에
제비꽃 잎사귀처럼 영양이 풍부한
음식 때문에
이런 것들 때문에

그리고 잔디의 파괴적인 작은 뒤뜰에서
하늘과 나무 꼭대기의 공간에서

미래는 어스름한 무렵의 테니스공처럼
쉽게 되돌릴 수 없듯이
잃어버린 과거다

황금색 입들이 울부짖는다

황금색 입들이 울부짖는다,
청동 소년의 풋풋한 젊음이 확실성을 품고
천 번의 가을과
청동의 영웅적 이유에 설득당한
수만 개의 나뭇잎이 어떻게
그의 어깨에 미끄러져 내려앉았는지를 기억하며.
우린 다가오는 황금의 파멸을 무시하고
이 빛나는 쇠붙이 계절 속에서 즐거워한다.
죽은 사람들조차 선황색 국화꽃 사이에서 웃는다.

청동 소년은 수세기 동안 무릎까지 파묻힌 채 서 있고
결코 슬퍼하지 않는다,
그의 입술 위에 천 년 동안 비친 햇살과
나뭇잎이 그의 눈을 장님으로 만든
천 번의 가을을 기억하며.

조커에게 바치는 비가

입맞춤하다가 항상
기침을 하고 싶은 불경스러운 충동이 나타났고,
예배 중에도 교회의 설교대에서 항상
악마가 네게 웃으라며 자극했다.

네 슬픔을 가장한 예식 뒤에는
서투른 배우의 풍자적 희극 본능이 숨겨져 있다.
너는 인생이 단지 기념비적인 가짜라는
너의 유쾌한 믿음을 결코 바꾸지 않았다.

탄생의 희극적인 사건에서부터
죽음의 마지막 기괴한 농담까지
신성모독적인 희희낙락이라는 네 병은
영리한 입김으로 동성애 전염병을 퍼트렸다.

이제 한동안 너는 이성애자인 척 연기해야만 하고
벌레의 유머를 참고 견뎌야만 한다.

계단을 내려오는 에바에게
전원시

시계가 큰 소리로 울려 퍼진다. 고요함은 거짓이다, 내 사랑이여.
수레바퀴가 회전하고, 우주는 계속해서 움직인다.
(의기양양하게 너는 나선형 계단에서 멈춘다.)

소행성은 공기 속에서 변절자로 바뀌고,
행성은 오래된 타원형의 교묘함으로 음모를 꾸민다.
시계가 큰 소리로 울려 퍼진다. 고요함은 거짓이다, 내 사랑이여.

흩어진 붉은 장미는 너의 머리칼 안에서 노래 부른다.
심장이 타는 것처럼 피가 영원히 솟구친다.
(의기양양하게 너는 나선형 계단에서 멈춘다.)

은밀한 별들이 대기를 휘감고,
태양계에서 기울어진 태양은 계속해서 회전한다.
시계가 큰 소리로 울려 퍼진다. 고요함은 거짓이다, 내 사랑이여.

큰 소리로 불멸의 나이팅게일 무리는 선언한다.
육체가 간절히 바라면 사랑은 영원히 불태운다.
(의기양양하게 너는 나선형 계단에서 멈춘다.)

원을 그리는 황도대는 세월을 굴복시킨다.
편협한 아름다움은 결코 배우지 못하리라.

시계가 큰 소리로 울려 퍼진다. 고요함은 거짓이다, 내 사랑이여.
(의기양양하게 너는 나선형 계단에서 멈춘다.)

신데렐라

왕자는 선홍색 구두를 신은 소녀에게로 몸을 굽힌다,
론도가 느려질 때, 초록색 눈동자를 비스듬히 내리깔고,
은빛 부채 안에서 머리칼을 펄럭이는 소녀에게로. 이제 필름은
긴 유리로 만든 왕궁의 연회장을 전체적으로 촬영하려고

상하로 움직이는 바이올린에서 시작한다
연회장에서 하객들은 포도주처럼 빛 속으로 미끄러지듯 나아간다.
장미 양초는 라일락 벽면 위에서 희미하게 빛난다
큰 술병 백만 개의 반짝거림과

소용돌이 같은 무아지경에 빠진 부유한 연인들을 반사하며
오래전부터 시작된 휴일의 떠들썩한 잔치를 지켜본다,
거의 열두 시가 다 되자 기이한 소녀가 갑자기
죄책감에 시달려 멈추고, 창백해져서 왕자에게 매달릴 때까지

요란한 음악 소리와 칵테일 대화 속에서
그녀는 시계의 신랄한 똑딱 소리를 들었다.

버림받은 신부

내 생각은 난해하고 병적이다,
　내 눈물은 식초 같기도 하고,
아세트산 느낌이 드는 별이
　쓰라리게 깜박거리는 노란색과도 같다.

오늘 밤 매서운 바람 같은, 사랑은
　머지않아 험담을 한다,
그리고 나는 시큼한 레몬 같은 달의
　찡그린 얼굴을 하고 있다.

그러는 동안 초여름의 살구처럼,
　아주 작고, 푸르스름하며, 시큼한
내 연약하고 미숙한 심장은
　쭈글쭈글한 줄기 위에 축 늘어졌다.

소네트: 에바에게

좋아, 네가 두개골을 지녔고
시계를 깨부수듯 그것을 박살낼 수 있다고 가정해보자.
쇠붙이와 진귀한 돌의 부서진 부분을 세심히 관찰하며
너는 기울어진 강철 조각 사이에서 뼈를 박살낼 것이고, 그것을 붙
잡을 것이다.

이 사람은 여인이었다. 그녀의 사랑과 전략은
박살난 나사 바퀴와 자기 기억 장치의 무언의 기하학과,
어리석은 수리공의 변덕스러운 기분과
아직은 말하지 않은 까닭 모를 허튼 소리의 혼돈 속에서 드러난다.

남자도 반신半神도 둔감한 망상의 파편,
날씨와 향수, 정치와 확고한 이상에 관하여
진부한 표현을 담고 있는 양철 수레바퀴들을
한데 모을 수는 없다.

열세 명의 미치광이 속에서 잠시 동안 지저귀려고
바보 새는 뛰어오르며 취한 상태로 비스듬히 있다.

푸른 수염 사나이[1]

나는 푸른 수염 사나이의 서재로 통하는
열쇠를 되돌려보낸다.
그가 나와 자고 싶어 하기 때문에
열쇠를 되돌려보낸다.
그의 눈의 암실에서 나는
엑스선으로 촬영한 내 심장과 절단된 몸을 볼 수 있다.
나는 푸른 수염 사나이의 서재로 통하는
열쇠를 되돌려보낸다.

수중 야상곡

맑은 쪽빛 깊숙이
　희미한 빛의
　　터키석 조각이

이동 제트기 위로
　반짝이는 은박지의
　　가느다란 선 안에서 떨린다.

창백한 도다리는
　기울어지는 은빛 주변에서
　　흔들거린다.

얕은 물 안에서
　작고 민첩한 잉어가
　　금빛을 깜박인다.

적청색 홍합은
　나긋나긋하고 유연한
　　규조의 껍질을 부풀린다.

볼록한 해파리의

흐릿한 초승달 모양은
　녹색 우윳빛을 발한다.

뱀장어는 교묘하게 빠져나가는 꼬리 위에
　교활한 나선형 모양으로
　재빠르게 빙빙 돈다.

능숙한 바닷가재는
　날카로운 발로
　올리브 사이를 위협하듯 느릿느릿 걷는다.

물에 잠긴 종의
　청동 음색같이
　　둔탁하고 힘없는
　　　소리가 들려오는 그 아래에서.

수련사에게 보내는 편지

통상적인 잔소리를 받아들이게,
이름을 알 수 없는 조가비의
형체 없는 내장처럼 투박하고,
집의 불룩한 부분 아래에 있는 달팽이 주변에
민달팽이 또는 작은 싹이 뽐내듯 걷는
걸음걸이 같은 통속적인 잔소리를.

체계적인 훈련으로
연체동물같이 애매한 어휘를
변용하게.
일상적인 나긋나긋한
표정을
뼈와 같은 단단한 미소로 강경하게 하게.

이처럼 적당한 담금질 작업을 하려면,
얼음으로 만든 예술 작품 안에
역설의 용광로를 달구도록 하게.
사랑과 논리를 뒤섞고,
만일 지루한 위험이
이것을 위기에 빠트릴 것 같으면, 기억하게.

용해된 흙의 형태를 만드는 것은

태양열 터빈이었고,
다이아몬드 돌은 탄소에서
가장 단단한 물질로 결정화되는 데
세상과 시간의 무게가
필요했다는 것을.

달의 변형

차가운 달은 물러선다, 운명이 시작되는 지점을
공습하려고 감히 하늘 전체를 훼손하려는
  조종사를 받아들이기 거부하면서,
조종사는 그의 은빛 비행기로 하늘에 도전장을 던지고,
만족감을 요구하면서, 결투는 일어나지 않았다.
  말 없는 공기는 단지 엷어지고 엷어진다.

하늘은 더 가까워지려 하지 않는다. 절대로,
그것은 초연함을 유지하고,
  흰 천으로 싸인 낙하산은
가공의 희망을 결코 버리지 못한 채,
고요한 둥근 지붕에 헛되이 도전하는
  낙하하는 사람과 늘 같은 거리를 유지한다.

어떠한 위반도 천천히 오는 재앙에
보험 배당금을 주지는 않는다. 깨물어 먹은 사과는
  시골뜨기 이브의 에덴동산을 끝장냈다.
분별력은 두개골의 표면에서 나타나고
둥지에 있는 뻐꾸기처럼 굶어 죽으며 슬퍼하는
  천진한 종달새에게 지옥과 같은 상태를 만든다.

어떤 왕자가 우유를 짜는 양동이로 변하고 만

반짝거리는 성배를 손에 쥔 적이 있는가?
   찾은 비밀은 모두 휴게실에서 만들어지는 흔한 날조임이
드러나게 될 것이다.
매춘부를 클레오파트라로 만들 수 있는
   화장과 가루분의 교묘한 기술.

최상의 진리는 불과 얼음의 단련 안에서
형상화된 예술 작품이기 때문이며
   그것은 더러운 양말과
하루가 지난 빵 조각과
달걀 얼룩이 묻은 접시같이 어울리지 않는 요소를 감춘다.
   아마도 이러한 궤변이 우리를 달래줄 수 있으리라.

하지만 내면에서 심술궂은 꼬마 도깨비가
호기심에 이끌려서,
   금지된 망토의 가장자리 장식 밑을 살펴볼 것이다,
환멸 속에서 우상의 고결함을 망치는
진흙으로 만든 발가락과
   짧고 굽은 기형의 발에 우리의 눈을 고정할 때까지.

달빛에 비친 운모의 신비, 혹은 정밀한 망원경을 통해
우리가 관찰하는 마맛자국이 있는 얼굴 사이에서의 선택은

항상 이루어진다. 순진함은
동화고, 지성 그 자체는
스스로의 밧줄에
　목을 매단다.

우리가 무엇을 선택하든지, 성난 마녀는
어느 것이 어느 것인지 말했기 때문에 우리를 벌할 것이다.
　치명적인 평정 상태에서
우리는 모순의 십자로에서 우릴 꼼짝 못하게 만드는
위험한 기둥 위에서 균형을 유지한다,
　의심스러운 사실과 꿈에 대한 신념 사이에서 고통받으며.

도중에 나눈 대화

"만일 무슨 일이 생긴다면!"
엘리베이터 안내원의 일인자, 이브가
거만한 투우사 아담에게 한숨을 쉬며 말했다.
그들이 잘못을 저지르기 쉬운 매처럼 빠르게,
수직으로 돌진하는 시계 상자 안에서
사십구 층을 쏜살같이 지나갈 때.

"나는 백만장자 삼촌과 숙모가
풍부한 독버섯처럼 보호해주길 바라.
샤넬과 디올 가운
부드러운 소고기와 굉장히 훌륭한 포도주의 선물 파티,
인정심 많은 바보의 떼거리 안에서
내 사치스러운 욕구를 탐닉할 수 있게"

하찮은 싸구려 외투를 입고 가슴을 편 채
으뜸 투우사 가짜 아담은 큰소리로 말했다.
"오, 연방수사국 범죄 수사관이 모두 분통 터져 죽게 되길,
그리고 내 무수히 많은 달러가
수많은 진짜 지폐를 만들 수 있기를.
오, 화끈하고 과장된 농담!"

이브는 말하길, "나는 독을 품은 선충이

변함없는 연인들을 유혹하길 바라요.
연인들 각자는 발렌티노의 재치있는 말솜씨를 지닌
타고난 호탕함과 함께
덮개를 씌운 것 아래에서 유희를 위한 전문적인 기술이 있지요.
색정적이면서 우아한 이야기들 말예요."

마주 보게 할 수 있는 멋진 엄지손가락을 지닌
저 의기양양한 유인원, 아담은 덧붙이길,
"오, 도처에 널려 있는 무료 최음제를 위하여,
캐딜락 자동차에 만족한 듯 다가오는 사랑스러운 여인을 위하여
나와 왈츠를 추려고 새조개의 조가비 밖으로
나오는 관능적인 비너스를 위하여."

중력의 요새를 헤쳐나가며,
엘리베이터 안내원의 일인자, 이브와
거만한 으뜸 투우사 아담은
신비하고 신성한 기원에
공간의 수수께끼를 그러모으기 위해
사십구 층을 쏜살같이 지나갔다.

세상이 궤도 주변을 빙빙 돌고,
수천 명이 태어났다가 갑자기 죽는 것처럼,

그들은 둘 다 기압계가 내려가는 것을 지켜보았다,
거대하게 큰 은하수의 눈짓이
(너무 재빨라서 두 사람이 몰입할 겨를도 없이),
머리 위로 멍하니 나타났다.

버림받은 연인에게

싸늘해진 좁은 간이침대 위에 누워서
   슬픈 심경으로
검은색 사각 유리창 너머를 바라본다.

자정의 하늘에 나타난
   별의 모자이크는
사라지는 세월을 도형으로 나타내고,

그러는 동안 달에서, 내 애인의 눈은
   그의 냉엄한 신념의 광휘로
나를 오싹하게 만들어 죽을 지경이다.

일전에 나는 아주 작은 가시로
   그에게 상처를 주었다
나는 그의 살이 타버리거나

그 안의 열기가 점점 강해져서
   마침내 그가
신처럼 광휘를 내뿜으며 서 있으리라 생각하지 못했다.

이제 그로부터 숨기 위해
   내가 갈 수 있는 곳은 아무 데도 없다.

달과 태양은 그의 타는 듯한 불꽃을 비춰준다.

아침이면 모두
　다시 똑같아질 것이다.
분노의 새벽이 오기 전에 별은 희미해지니.

금색으로 칠한 수탉은 나를 위해
　정오의 정점이 될 때까지
시간의 고통을 거꾸로 돌려놓는다

그 번쩍이는 빛으로, 내 사랑은
　어떻게 내가 묵묵히
황금으로 만든 지옥에서 불타오르는지 보게 될 것이다.

꿈

그가 말했다, "간밤에, 잠을 잘 잤어
날씨가 바뀌기 전에
일어나서
습기가 있는 후텁지근한 바람을
방으로 들여보내기 위해 모든 덧문을 열었을 때
꾸었던 두 가지 기이한 꿈을 제외하고는.

첫 번째 꿈에서 나는 검은색 영구차를 타고
어둠 속을 운전하고 있었어,
많은 남자들과 함께
불빛과 충돌할 때까지, 그러자 즉시
미쳐 날뛰는 여인이 우리를 쫓아왔고
저돌적으로 우리의 차를 재빠르게 멈춰 세웠지.

울면서, 그녀는 우리가 잠시 들른 섬으로
왔어, 욕을 해대면서
내가 그렇게 무례한 공격자이고
눈에 보이지 않는 우주의 반짝이는 식물에
피해를 주었으니
벌금을 내야 한다고 주장했지.

그때 등 뒤에서 내가 그녀의 손을 잡고

입맞춤해야 한다는 경고의 목소리를 들었지
그녀가 날 사랑했고 용기 있는 포옹은
모든 벌금을 면할 수 있게 할 것이라며.
'나도 알아, 나도 알아.'
나는 친구에게 말했지.

하지만 나는 벌금이 물리길 기다렸고
여인의 빛나는 범칙금 소환장을 받았지
(그러는 동안 그녀는 눈물로 길을 닦았지),
그러고는 너를 향해 바람을 가르며 질주했지……
나는 중국에서 떠올랐던
악몽을 너에게 말하지 않아."

소네트: 시간에게

오늘 우리는 비취석으로 이동해 석류석에서 멈춘다
우리의 세월을 표시하며 똑딱거리는 보석 박힌 시계 사이에서.
죽음은 평범한 강철로 만든 차를 타고 오지만,
우리는 네온 불빛이 화려한 낮을 뽐내고 밤을 경멸한다.

하지만 이 플라스틱 창문으로 된 도시의
악마의 강철 밖에서, 나는 하수도 도랑에서
사납게 날뛰는 외로운 바람 소리,
내 귀에 울부짖는 그의 목소리만 들을 수 있다.

따라서 이교도 소녀를 향한 이 울음소리는
태양이 비치는 파란 바다 근처에 따다 남은 올리브를 남겨놓았고,
천 명의 왕에게 건배를 제의한 커다란 술병을 애도한다, 이 모든 게
슬픔을 가져오고, 전설적인 용을 위해 눈물짓기 때문이다.

시간은 영원히 별들의 유액을 흘려보내는
쇠창살의 위대한 기계 장치다.

인간 재판

평범한 우유 배달부는 문 앞까지 배달된,
   네모난 밀폐 병 안에 든 저 운명의 새벽을 가져왔다
태양이 산마루를 비추며 최후 심판의 날 법령을
   선포하는 동안에.

아침 신문은 대서특필 시간을 쟀다
   너는 원죄처럼 커피를 마셨다,
그리고 제트기 굉음 같은 신의 고함 소리에
   너는 일어서서 매끈한 푸른색 제복의 경찰관을 맞이했다.

단호한 천사 같은 눈빛에 꼼짝하지 못하고
   너는 법이 정한 바에 따라서
너의 네온 불빛 지옥에서 타 죽는 유죄판결을 선고받았다.

이제, 조상 대대로 내려온 가혹한 의자에서 훈련된,
   너는 진지한 눈빛으로 앉아서 구토를 할 지경이다,
네 두개골 안에 전기 충격이 있을 미래.

4월 새벽의 노래

초록색 베일로 드리워진 유리 탑 안에 있는
수채화 같은 분위기의 이 세계를 찬양하라
다이아몬드 땡그랑 소리가 혈액 안에서 찬송가를 부르고
나무의 수액이 혈관의 첨탑 위로 올라간다.

신성한 참새의 알아들을 수 없는 지저귐은
부드러운 새벽에 꿈꾸는 사람들을 깨우는 마드리갈,
그러는 동안 교황의 모범 앞에 서 있는 추기경 무리처럼
튤립이 태양에 고개를 숙여 인사한다.

비둘기는 분홍빛 홈이 파인 발로 지나가고
노란 수선화는 솔로몬의 은유처럼 싹트는 곳에서,
스노드롭 꽃의 물보라 속에서 세례를 받으며,
나는 사랑하는 사람과 풀잎으로 만든 화환을 쓰고 간다.

우리는 다시 착각에 빠지며
우리가 전보다 약간은 젊어졌다고 결론 내린다.

가서 값나가는 비둘기 새끼를 잡아오라

가서 황금색 열편裂片의 옥수수밭에 값나가는 비둘기 새끼를 잡아오라
그리고 메추라기가 즐비한 곳에서 우스꽝스러운 주근깨가 난 메추라기 털을 뽑아라.
지붕의 마루에서 통통한 푸른색 비둘기를 수확하라,
하지만 빠른 날개를 단 독수리는 날려보내라.

    빠른 날개를 단 독수리를 날려보내라
    그러면 하늘은 천둥으로 날카로운 소리를 낸다.
    번개가 너를 재로 만들지 못하게
    숨어라, 숨어라, 깊은 둥지 안으로.

가서 잎사귀로 가려진 동굴 안에서 잠자는 곰을 덫으로 잡아라
그리고 나른한 태양 안에서 낮잠 자는 사향쥐를 덫으로 잡아라.
진흙탕에서 뒹굴며 꿀꿀거리는 아둔한 돼지에게 속임수를 써라,
하지만 전속력으로 질주하는 양은 달리게 하라.

    전속력으로 질주하는 양을 달리게 하라
    그러면 눈이 뒤에서 흩날린다.
    눈보라가 너를 장님으로 만들지 못하게,
    숨어라, 숨어라, 안전한 동굴 속으로.

가서 게으른 조가비에서 보랏빛 달팽이를 골라라
그리고 시냇물 가장자리에서 조는 숭어에게 미끼를 놓아라.
청록색 해안가에서 값싼 굴을 채집하라,
그리고 움직임이 재빠른 고등어가 헤엄치게 하라.

움직임이 재빠른 고등어를 헤엄치게 하라
검푸른 파도가 굽이치는 곳에서,
물이 너를 빠져 죽게 하지 못하게,
숨어라, 숨어라, 따듯한 항구로.

사랑의 노래 삼중창

(1)

화강암 안에 큰 쪽의 흠은
　치명적인 결함을 나타내지만,
각각의 행성은
　모두 황도대로 향한다.

산의 도표는
　열병 차트를 그래프로 나타내지만,
어마어마한 저수지는
　심장에서 빠져나간다.

정확한 대양의 속도는
　피를 박절拍節하지만,
정연한 달의 움직임은
　은밀한 분출에서 진행된다.

계절마다 희곡은
　저 위에서 운명을 기획하지만,
모든 완전무결한 판단력은
　우리의 사소한 사랑으로 이동한다.

(2)

너를 향한 내 사랑은
　동사보다 원기 왕성하고,
태양의 장막을 빨아들이는
　별처럼 민첩하다.

각 음절의
　서커스 밧줄을 밟으면서,
용감한 젊은이가
　떨어진다면 골절상을 입을 것이다.

공간의 줄타기 광대,
　대담한 형용사는
사랑의 정점을 묘사하는
　어구를 향해 돌진한다.

명사처럼 민첩하게
　그는 공기 중으로 튀어 나간다.
행성의 황홀함은
　그의 경력을 최고조에 이르게 한다.

하지만 교묘한 접속사는
　유창한 웅변으로
도미문掉尾文의 목표인
　그의 서정적 행동을 연결할 것이다.

(3)

네가 혀를 도표로 만들려고
　새를 해부한다면,
너는 노래를 조음하는
　화음을 잘라낼 것이다.

네가 갈기를 경탄하려고
　동물을 난도질한다면,
너는 털이 나는 부분부터
　나머지를 망가뜨릴 것이다.

네가 지느러미를 분석하려고
　물고기를 맹렬히 공격한다면,
너의 두 손은 생성되는 뼈를
　파괴할 것이다.

심장이 움직이는 것을 알아내려고
 네가 내 심장을 뽑아버린다면,
너는 우리의 사랑을 황홀하게 하는
 시계를 정지할 것이다.

만가
전원시

꿀벌의 침이 내 아버지를 앗아갔다,
    날개의 장막이 우글거리는 속을 걷고
악천후가 고동치는 순간을 조롱했던 그를.

번개는 노란 비누 거품을 핥았지만
    뱀의 송곳니 자국을 놓쳤다.
꿀벌의 침은 내 아버지를 앗아갔다.

화를 내며 물놀이하는 사람처럼 바다를 호되게 꾸짖으며
    그는 지대의 최고봉에서 만조를 헤쳐나갔고
악천후가 고동치는 순간을 조롱했다.

그녀의 무덤을 황금 공으로 울려 퍼지게 하며,
    태양의 찡그림은 내 어머니를 쓰러뜨렸지만,
꿀벌의 침은 내 아버지를 앗아갔다.

그는 신의 총들을 성가신 것으로 간주했고,
    천사의 혀 공격을 비웃었으며
악천후가 고동치는 순간을 조롱했다.

오 사방팔방을 샅샅이 뒤져서
    왕들의 방긋 웃음을 엉망으로 만들 수 있는 사람을 찾아라.

꿀벌의 침이 내 아버지를 앗아갔다,
악천후가 고동치는 순간을 조롱했던 그를.

최후 심판의 날

박살난 평범한 시계의 꼭대기에 바보 새가 날아올라
  술에 취해 기대어 서 있다.
시간은 정신 나간 열세 사람 사이에서 환호성을 울린다.

모든 배우가 지독한 충격 속에서 멈춰 있는 동안에
  우리의 채색된 무대는 장면마다 산산이 부서진다.
바보 새가 날아올라 술에 취해 기대어 서 있다.

심판을 받은 도시가 한 구역씩 무너질 때
  거리에는 대재앙으로 파괴된 협곡 사이로 균열이 생긴다.
시간은 정신 나간 열세 사람 사이에서 환호성을 울린다.

부서진 유리가 산산조각으로 바닥에 흩트려 있다.
  우리 행운의 유품은 전당 잡혔다.
바보 새가 날아올라 술에 취해 기대어 서 있다.

신의 자재 스패너가 모든 기계를 망가트렸다.
  우리는 신성한 수탉의 울음소리를 들을 생각도 못했다.
시간은 정신 나간 열세 사람 사이에서 환호성을 울린다.

목적에 그 수단이 가치 있었는지 묻는 것은 너무 늦은 일이고,
  곤두박질친 주식을 계산하는 것은 너무 늦은 일이다.

바보 새가 날아올라 술에 취해 기대어 서 있다.
시간은 정신 나간 열세 사람 사이에서 환호성을 울린다.

아침에 부르는 달의 노래

오 환영의 달,
   혈관을 따라
황금빛으로 반짝거리는 자태로
   남자를 유혹하며,

수탉은 네 얼굴을
   조롱하고
저 둥근 얼굴을 어둡게 만들려고
   경쟁자를 향해 울음소리를 낸다

달은 우리가 이성의 상태를 벗어나서
   변덕스러운 성질이
이 꾸며낸 이야기의 지평선에 도달하도록
   주문을 걸었다.

새벽은 연인이
   연인을 아름답다고 여기게 하는
네 은빛 베일을
   벗겨낼 것이다.

논리의 빛은
   우리에게 보여주리라

모든 심란한 마술은
    무절제하다는 것을.

어떤 감미로운 변장도
    저 표정을 감당하지 못할 것이다
그 표정의 솔직함은
    사랑의 울타리 영역을 드러낸다.

더러움의 정원에서
    잠꾸러기들이 깨어난다
황금색으로 번쩍이는 그들의 교도관이
    옷걸이로 변하듯이.

밤이 창조해낸
    각각의 성스러운 몸은
현미경의 연구로
    망가졌다.

객관적 사실은 천사의 골격을
    망가뜨렸고
엄격한 진리는
    빛을 발하는 팔다리를 뒤틀리게 했다.

타들어가는 태양의
　공포 안에서 심사숙고하라.
네 거울에 뛰어들어
　그 안으로 침잠하라.

망명의 운명

이제, 거대한 잠의 아치형 지붕에서 깨어난
우리는 고향으로 돌아와
마음의 통로 아래에 곧게 선
지하 묘지의 큰 대도시를 발견한다.

우리가 흥청댔던 초록색 골목길은
악마적 위험의 지옥 소굴이 되어버렸다.
천사의 노래와 바이올린 둘 다 소리 나지 않는다.
시계의 똑딱 소리는 이방인의 죽음을 봉헌한다.

거꾸로 우리는 낮을 되찾기 위해 여행한다
이카로스처럼 우리가 미완성의 상태로 떨어지기 전에.
우리가 발견한 것은 쇠퇴한 신전과
태양을 가로질러 까맣게 휘갈겨 쓴 불경스러운 언어다.

여전히, 고집스럽게 우리는 인간 종족의 수수께끼가 담긴
견과를 깨부수려 애를 쏜다.

1954년 4월 16일

박탈당한 사람들

어마어마한 장기 융자금을 얼마큼은 갚아야만 하지
그러니 당신에게 저축 계획이 하나라도 있다면,
빨리 말해다오, 사랑하는 이여, 나에게 지금 말해다오.

기이한 병이 우리의 신성한 젖소를 덮쳤지,
우유나 꿀이 빈 깡통을 채우진 못하지.
어마어마한 장기 융자금을 얼마큼은 갚아야만 하지.

당신이 바구미 종족과 메뚜기 떼의
치명적인 공격을 멈추게 할 계획이 있다면
빨리 말해다오, 사랑하는 이여, 나에게 지금 말해다오.

압류한 모든 것을 계산하려고
우리의 채권자는 인사를 하며 앞장서 들어오지.
어마어마한 장기 융자금을 얼마큼은 갚아야만 하지.

우리가 세상이 시작되는 순간에 깨트린 맹세를
개선할 방법을 생각할 수 있다면
빨리 말해다오, 사랑하는 이여, 나에게 지금 말해다오

우리는 은행원이 내줄 돈은 모두 흥청망청 써왔고
필요한 부적은 모두 잘못 배치해놓았지.

어마어마한 장기 융자금을 얼마큼은 갚아야만 하지.
빨리 말해다오, 사랑하는 이여, 나에게 지금 말해다오!

훈계

오, 썩은 나무를 두드릴 생각은 하지 마라
   네가 이겼을 때 카드 게임을 더 하지 마라,
네가 알아야 할 것보다 더 알려고 애쓰지 마라.

사악한 마녀가 독을 넣었다 해도
   마법의 황금 사과는 모두 근사해 보인다.
오, 썩은 나무를 두드릴 생각은 하지 마라.

여기서는 달이 천사의 음식처럼 부드러워 보이고,
   여기서는 네가 태양 위에 있는 반점을 볼 수 없다.
네가 알아야 할 것보다 더 알려고 애쓰지 마라.

상냥함을 가장한 코브라는 두건을 쓰고
   예의 바른 신사처럼 거드름 피운다.
오, 썩은 나무를 두드릴 생각은 하지 마라.

천사들이 경계하는 태도를 취하는 동안에
   변장이 사람을 현혹하고 치명적인 장난이 행해진다.
네가 알아야 할 것보다 더 알려고 애쓰지 마라.

치명적인 비밀은 이해되었을 때 문득 생각나고
   행운의 별은 모두 황급히 사라진다.

썩은 나무를 두드릴 생각은 하지 마라,
네가 알아야 할 것보다 더 알려고 애쓰지 마라.

입맞춤으로 나를 희롱하려 하지 마라

새들이 여기에 있는 척하면서
입맞춤으로 나를 희롱하려 하지 마라,
죽어가는 사람도 조롱할 것이다.

돌멩이 하나도 마음이 없는 곳에선 자신을 속일 수 있고
숫처녀는 호색적인 비너스가 누워 있는 곳에 나타난다,
입맞춤으로 나를 희롱하려 하지 마라.

병마에 찌든 환자가 말에 책임지라 하면
우리의 고상한 의사 선생은 고통은 자신의 몫이라고 선언한다,
죽어가는 사람도 조롱할 것이다.

혈기 왕성한 총각은 모두 육신의 마비를 두려워하고
박공벽 안에 있는 노처녀는 하루 종일 울고 있다,
입맞춤으로 나를 희롱하려 하지 마라.

매끈하게 잘 빠진 영원불멸의 뱀은
즐거워지길 바라는 인간의 아이들에게 축복을 약속한다,
죽어가는 사람도 조롱할 것이다.

머지않아 무언가 혼돈에 빠진다,
노래하는 새들은 짐을 꾸려 날아가버린다,

그러니 입맞춤으로 나를 희롱하려 하지 마라,
죽어가는 사람도 조롱할 것이다.

죽은 사람들

타원형 고리 안에서 태양의 속도로 빙빙 돌며
사제의 예복을 입은 것처럼 진흙 망막 안에 누워
죽은 사람들은 사랑과 전쟁에 아무런 관심을 보이지 않는다,
완전히 기울어진 지구의 풍부한 자궁 안에서 잠잠하게 있으면서.

영적인 로마 황제들은 이런 죽은 사람들이 아니다.
그들은 오만한 가부장적 왕국이 도래하길 원치 않는다,
마침내 세상이 붕괴된 상태에서, 어물어물 잠자리에 들면서
그들은 단지 망각을 추구한다.

근사한 찰흙으로 둥그렇게 말리고 요람에 깊숙이 넣어진,
이런 정강이뼈들이 트럼펫 소리가 휘젓는 최후의 심판날 새벽에
순결한 상태로 깨어나지 않을 것이다.
그들은 거대한 잠 속에서 영원히 축 늘어져 있다.
그들이 제멋대로 저지른, 최후의 악명 높은 부패 때문에
신의 단호한, 충격받은 천사들은 결코 그들을 칭찬할 수 없다.

죽음의 무도[1]

곧게 뻗은 뿌리와 바위 사이 아래로,
　땅의 막힌 뚜껑 아래로 그늘진
잔디로 꾸민 관이 나타난다.

얼음 같은 수의 안에 단정하게 정돈되어,
　상냥한 해골은 여전히 세상 너머
열정을 갈망한다.

손은 사랑의 속셈 안에서
　생명력을 잃고, 차가워져 얼어붙은
유두 모양을 한 달의 유물로 거슬러 오른다.

열두 시, 해골은 뒤엉킨 틀에 휘감겨
　시시각각 움직이는 추억의 가시들로
광환을 두른다.

유니콘처럼 바늘은 끊임없이 고통을 주며,
　잠자는 숫처녀의 수의를 공격한다
그녀의 고집스러운 육체가 불에 탈 때까지.

핏속에 흐르는 산적에 마음이 끌려,
　정강이뼈가 이제 되살아난다,

무덤의 떼를 저버리라는 교묘한 꾐에 빠진 채.

두꺼운 판자에서 도망친, 비현실적인
   연인들은 달의 우유를 얻으려 애쓴다,
순수한 은은 그들의 상상의 행동을 흐릿하게 만든다.

밝게 빛을 발하며, 돌의 마을은
   새벽을 향해 울어대며
경고하는 닭 울음소리를 예감한다.

재의 입맞춤과 함께, 막다른 지하 세계로 이끌려,
유령들은 내려간다.

세 개의 원 안에서 행하는 서커스

술에 취한 신이 고안한
허리케인의 서커스 텐트 안에서
내 엉뚱한 심장은 샴페인색 비의 격노 속에서
다시 부풀어 오른다
그리고 천사가 모두 박수 치는 동안
파편이 풍향계처럼 윙윙 소리 내어 움직인다.

죽음처럼 무모하고 상냥하게
나는 사자의 굴을 침입한다.
위험의 장미 한 송이가 내 머리카락 안에서 불타오른다
하지만 나는 치명적인 재능으로 채찍을 휘두른다
사랑의 번민이 시작되는 동안
의자로 위험천만한 상처를 방어하며.

메피스토펠레스처럼 조롱하듯이,
마술사의 변장으로 가린 채,
내 죽음의 악마는 날개 달린 토끼들이 무릎 주변을 맴도는
공중 그네 위에 기우뚱하게 있고
내 눈을 그을리는 연기 속에서
악의에 찬 편안함을 품고 사라지려 한다.

봄의 서막

겨울 풍경은 이제 균형을 잡고 걸려 있다,
　고르곤의 눈에서 나온 파랗게 번쩍이는 빛에 얼어붙어.
스케이트 타는 이들은 인상적인 돌 그림 안에서 갑자기 멈췄다.

공기는 유리로 변하고 하늘 전체는
　기울어진 도자기 그릇처럼 부서지기 쉽게 되었다.
언덕과 계곡은 줄을 맞추어 경직되어 있다.

낙엽은 부싯돌의 마법에 갇혔다,
　수정 같은 대기 안에 고사리처럼 곱슬곱슬하게.
조형물이 다시 자세를 잡는 것은 전원 풍경을 정물화로 만든다.

마법에 역행하는 것이 계절의 흐름을 멈추고
　일어날 수 있는 모든 일을 지연하는 함정을
원 상태로 돌릴 수 있을까?

호수는 크리스털 유리 상자에 갇혀 있다,
　하지만 우리가 얼음이 어떻게 변할지 궁금해할 때
생명의 노래를 부르는 새들이 모든 바위에서 솟아오른다.

혁명적인 사랑을 위한 노래

오 그것을 버려라, 모두 바람에 날려버려라.
   우선 천상의 잎사귀를 날려버리고
   자부심으로 훌륭한 책의 장을 불어 날리게 하고,
네 손으로 잘난 체하는 천사들을 흩어지게 하라.

아버지가 될 나이에 하는 일들을 모두 없던 일로 만들라.
   와해된 아크로폴리스를 휙 내던지고,
   신성한 단계의 버팀목과 지주로
그 후에 일곱 가지 경이로운 일들을 내던져라

다음으로 달력을 혼란케 하라. 운명의 수레바퀴 범위를
   도표로 만들 컴퍼스나 저울이 없는
   충실한 짐 꾸러미를 보내라.
우리를 동여맬 어떤 것도 남겨두지 마라.

오래된 선집을 끄르고, 시계의 태엽을 풀어라,
   다루기 힘든 아이들이 하늘 아래서 쉴 새 없이 움직이고
   급하게 만든 페티코트를 입은 노처녀가
베고니아 꽃과 쌓아올린 블록과 함께 날아오를 때까지.

이제 쏟아붓는 공기 위
   속임수에 넘어간 죽은 자의 상자를 비워라.

신이 일사병을 유발하는 지옥에서
그가 창조한 재잘거리는 미치광이들 소식을 들을 때까지.

그때 청록색 공처럼 횅댕그렁한 세계를 세게 던져라
  둔화된 속임수를 모두 불살라버리기 위해
  대재난 상태로 되돌아가
다시 모두 함께 새롭게 시작하라.

사탄에게 보내는 소네트

네 눈의 암실에서 공상에 잠긴 마음은
권력의 쇠퇴를 가장하려고 재주를 부린다.
영리한 천사들은 자신의 불리한 상황을 끝내며
논리의 세계 저편으로 의식을 잃는다.

나선형으로 움직이는 혜성은 새하얀 세계를 빙빙 도는 홍수 안에서
던지기 위해 잉크를 분사하라 명하면서,
너는 모든 체제의 대낮의 서열을 구름으로 뒤덮고
신의 빛나는 사진을 어둡게 바꾼다.

새벽 시간을 훼손할 수 없는 인물들로
탄생의 공간 안에 네 불타오르는 이미지를 각인하려고
저 정반대의 빛 속에서 뾰족한 모양의 뱀이
태초의 팽창된 렌즈를 침해한다.

어떤 시계도 움직이지 않을 때까지, 오 자부심 강한 행성의
적대적이고, 침침한 아주 뜨거운 태양의 창조자여.

마술사가 그럴싸하게 보이는 것에 작별을 고하다

이 웅장한 거울로 된 호텔과는 끝났다,
형용사가 화려한 명사와 크로켓 경기를 하는 호텔과는.
생각건대 화려한 로코코 여왕들의 수사학과
당분간 나는 결별할 것이다.
사항. 의지가 되는 것의 위엄 있는 시시한 긴 이야기를 쫓아내고
진귀한 흰토끼 동사를 경매에 부쳐라.
오래가지 않는 직유법의 현란한 쪼가리와 그리핀[1]의 옷을 챙겨서
나의 뮤즈 앨리스에게 보내라.

내 천부적인 날쌘 재주는 다 소진되었다.
매드 해터[2]의 모자는 아무런 새로운 은유를 만들지 못하고,
횡설수설하는 사람은 그의 노래를 해독하지 못할 것이다.
양배추는 양배추고, 왕은 왕인
진짜 섬에 홀로 남겨진
체셔 고양이[3]처럼 사라질 시간이다.

한여름의 모빌

네 붓을 투명한 빛에 담그며 시작하라.
그런 다음 뒤피[1]의 파란 하늘에 당김음을 두어라
날개의 깃털 달린 푸가 곡조 안에 하얀 갈매기가
빙빙 도는 돛단배의 기울어진 앞쪽 부분으로. 능가하라

쇠라[2]를. 얼룩무늬 스쿠너가 태양 옆에 있고
바둑판 무늬의 파도 안에서 떨고 있는
터키석의 트레몰로를 설정하라. 이제 경쾌하게
물고기 지느러미 위에 반짝거리는 금속 조각 피치카토가

얼룩무늬 호박 동굴에서 뽑히게 하라
동굴에는 인어 노예가 편안하게 축 기대어 있다
젖은 머리 안에 엉켜 붙은 오렌지색 가리비 조개와 함께.
마티스[3]의 원숙한 팔레트에서 참신하게 등장하며,

진귀한 칼더[4] 모빌처럼 아주 독특하게
기획된 이날을 네 마음속에 보류하라.

악마 애인의 눈을 들여다보는 것에 관하여

여기 동공이 두 개 있다
   그 까만 원은
쳐다보는 사람을 모두
   불구자로 만든다.

내부를 훔쳐보는
   아름다운 여인은 모두
두꺼비의 몸으로
   변한다.

이들 거울 안에서
   세상은 뒤집힌다.
좋아하는 숭배자의
   타오르는 화살은

내미는 손에
   상처를 주려고 방향을 되돌리고
선홍색 상처의
   위험으로 불타오르게 한다.

불에 그을린 유리 안에서
   나는 내 모습을 찾는다,

어떤 불꽃이
　마녀의 얼굴을 손상할 수 있을까?

그래서 나는 저 용광로를 빤히 쳐다보았다
　미인들이 까맣게 타들어버린 곳
하지만 그곳에서 반사되는
　빛나는 비너스를 발견했다.

대담한 폭풍이 두개골을 강타하다

대담한 폭풍이 두개골을 강타하고,
잠자는 요새를 공격하며,
무기력한 상태에서, 평화를 갈망하는
경비원의 무릎을 꿇린다
그러는 동안 폭풍에 제멋대로 흥이 난
바람은 도시 전역을 깨운다.
회의적인 열대성 저기압은 엄중하고
성스러운 해골의 뼈를 차지하려 애쓴다.
논쟁하기 좋아하는 강풍은 조목조목
살이 얼마나 빨리 얼어붙은 관절을 금 가게 하는지,
허리케인 골칫덩이가 어떻게 정교회의 신전을
뒤흔드는지를 입증한다.

비의 주문은
노아의 기도를 경멸하며 물에 잠기게 만들고,
모세와 더 많은 사람들을 잃고,
신부와 창녀를 출입구로 내몬다.
어떤 유서 깊은 청사진도
이 최후의 암흑을 항해하기 위한 방주를 지을 수 없다.
강물은 선과 악을 경계 짓는
단계를 초월해 범람하고
궤변론자의 주장은

에덴동산의 고요함을 범람하며 제멋대로 날뛴다.
천사가 기부한 모든 불변의 진리는
상대성이론 안에서 허둥거린다.

번개가 신의 지구 궤도 가장자리에
주문을 건다. 법도 선지자도
하늘을 배반하려는 의도를 지닌
근무태만자를 교정할 수 없다.
이제 지구는 하늘의 독재와
소통하기를 거부하고,
태양계에서 탈퇴하는 것으로
천상의 풍습을 침해한다.
번쩍번쩍 빛나는 아이러니는
독자적인 반항의 불꽃을 자극한다
사회자의 목소리가 대재앙의 이단에
열중할 때까지.

대단원

전보는 네가 멀리 가버렸고
우리를 야단법석 파산 상태로 남겨두었다고 전한다.
나는 더 할 말이 없다.

명지휘자는 노래하는 새들에게 월급을 주고
그들은 열대 지역에 가는 티켓을 산다.
전보는 네가 멀리 가버렸다고 전한다.

영리한 털북숭이 개들은 전성기가 지났고
그들은 남아 있는 뼈 하나를 놓고 주사위를 던진다.
나는 더 할 말이 없다.

사자와 호랑이는 진흙으로 변하고
코끼리는 돌이 될 때까지 구슬프게 운다.
나는 더 할 말이 없다.

병적인 코브라의 재능이 나쁜 길로 빠졌고,
그는 전화로 자신의 독을 빌려줬다.
나는 더 할 말이 없다.

색깔이 화려한 텐트들이 만에서 앞으로 고꾸라진다.
신비한 톱밥은 기록한다, 수취인 불명.

전보는 네가 멀리 가버렸다고 전한다.
나는 더 할 말이 없다.

현실의 바다에 있는 두 연인과 한 명의 해안가 부랑자

냉정하고 결정적인, 상상력은
　허구적인 여름 별장을 폐쇄한다.
파란 전망은 판자로 둘러막아 졌다, 우리의 달콤한 휴가는
　모래시계 안으로 점점 줄어든다.

생각은 조수의 녹색 폭포 안에 뒤엉킨
　인어 머리칼의 미로를 발견하고
이제는 박쥐처럼 날개를 접어
　두개골의 후미진 곳으로 사라진다.

우리는 소망하던 우리가 아니다, 우리라는 존재는
　지금과 여기의 간극을 초월한
추정을 모두 금지한다.
　하얀 돌고래는 하얀 바다와 함께 떠나버렸다.

외로운 해안가 부랑자는
　급속히 변하는 조개껍데기의 파편 속에 웅크리고 앉아 있다
조롱하는 갈매기의 주거지 아래에서
　막대기로 부서진 비너스를 유심히 살피며.

해안가의 어떤 두드러진 변화도 파도의 돌아옴에 낄낄 웃음 짓는
　뼈의 가라앉은 정강이 살을 장식할 수 없다.

마음은 굴처럼 계속해서 애를 써보지만,
우리가 가진 것은 모래알뿐이다.

물은 규칙대로 흐를 것이다, 실제로 태양은
용의주도하게 떠올랐다가 질 것이다.
옹졸한 인간은 엄격한 달 안에서 살 수 없다,
그리고 바로 그렇고, 그렇고, 그렇다.

오렌지빛 안에 있는 검정 소나무

그것 안에서 네가 보는 것을 말해다오,
 오렌지빛에 검게 반사된
로르샤흐 검사의 얼룩 같은 소나무.

오렌지색 호박밭을 경작하라
 열두 시에 새까만 가짜 생쥐와
아홉 마리 검정 생쥐를 기묘하게 부화할 것이다,

또는 오렌지색을 맞닥뜨리고
 악마의 백내장을
코르크 마개 뽑이 얼룩이 진 희미한 신의 눈으로 만든다.

오렌지 애인을 반은 햇빛 안에
 반은 그늘 안에 놓아두어라, 그녀의 피부가
귤 위에 핀 검정 잎사귀 무늬를 새길 때까지.

검은 마술이나 성경책
 아니면 오렌지색과 검은색으로 된 사랑의 서정시를 읽어라
암흑이 오렌지 수탉의 지배를 받을 때까지,

하지만 이 모든 것보다 더 실리적으로,

어떻게 화가가 오렌지색과 검은색을 모호하게 만드는 솜씨를 지녔는지 말해보라.

종착역

현혹되기 쉬운 파란색 둥근 지붕에서 집으로 차를 몰면서,
몽상가는 밤사이에 독버섯의 역병처럼 갑자기 확 자란
지하 묘지의 농작물에 깜짝 놀라
자극받은 식욕을 자제한다.
그가 떠들썩하게 흥청댔던 식당은
탐욕스러운 칼날인 구더기의 유스호스텔이 되었다
구더기는 해골의 하얀 자궁 안에서
화려한 비단 같은 캐비어의 상한 상태를 누비며 다닌다.

이 진지한 미식가의 탁자를 돌려가며,
악마 같은 집사는 빈둥거리며 돌아다니고
지옥의 걸작인 가장 맛있는 고기 요리를 연회에 제공한다.
불타오르는 쟁반 위에 그 자신의 창백한 신부,
애가로 파슬리 장식을 한 채, 그녀는
봉헌할 그의 은총을 기다리며 누워 있다.

사랑은 시차

"시점은 사랑의 이분법을 폭로한다.
철로는 언제나 만나지만, 이곳은 아니고
  단지 불가능한 마음의 눈 안에서.
수평선은 후퇴한다, 우리가 궤변론자의 바다에
파도가 진짜 하늘을 흠뻑 적시는 척하는 저 지점을
  추월하려고 출항하려 할 때."

"자, 그렇다면, 우리가 동의한다면,
한 사람의 악마가 다른 사람의 신이라거나
  태양의 스펙트럼은 수많은 어두운 회색으로 이루어진 것이
그리 이상한 것은 아니다.
양가성의 헤어나기 힘든 상황에 대한 불안감은
  우리 인생 전체의 인과응보."

그러니 우린 열변을 토할 수 있다, 사랑하는 이여, 너와 난,
별이 모든 우주의 찬성과 반대에 관해
  자장가로 알릴 때까지.
우리의 강렬한 전문용어의 불꽃이
변하게 하는 것은 아무것도 없다, 열두 시에서 한 시로
  무심하게 움직이는 시곗바늘을 제외하곤.

논리나 행운으로 그들을 설파하려는

쉬운 상대처럼 우린 논쟁거리를 제안하고
　재미를 위해 스스로를 모순에 빠트린다.
웨이트리스는 우리의 코트를 들고
우린 스카프처럼 거친 바람을 두른다.
　사랑은 자신의 상대에게 달려보라고 조르는 파우누스[1].

이제 너, 나의 이지적인 레프러콘[2]은
바다 아래에서 한입에 꿀꺽 삼키는
　거대한 굴처럼, 내가 태양 전체를
삼키게 할 것이다. 너는 할복 혜성의 표지가
암흑을 뚫고 나와
　잠자는 마을을 불사를 수 있다고 말한다.

그러니 입맞춤하라. 애매한 출입구에서 거리의 술주정뱅이와
수상한 출입구에 서 있는 여인네는 그들의 월요일 이름들을 잊고,
　머릿속에 있는 촛불을 갖고 뛰논다,
나뭇잎이 펄럭이고, 산타클로스는 아낌없이 나눠주는 게임을 하듯
경비행기에서 사탕을 흩뿌리며
　날아다닌다.

달은 들여다보려고 아래로 기울인다. 진귀한 강물 안에서
물고기는 윙크하며 웃는다. 우린 아낌없이 여기저기

축복을 주고 안녕을 외치고,
귀가 먼 교회 마당에서 다시 안녕을 외친다.
마침내 별빛 아래 시체들이 화답으로
모든 노래를 마음에 새길 때까지.

이제 다시 입맞춤하라. 우리의 엄격한 아버지가
수많은 장면의 막을 올리기 위해 몸을 기울인다.
뻔뻔한 배우들은 그를 조롱한다,
무대 조명이 밝아오고, 객석 조명이 희미하게 사라질 때
발그레한 어릿광대의 숫자가 늘어나면서
무대 끝에서 끝으로 움직이며 경쾌하게 복화술로 노래한다.

이제 말하라, 우린 비웃는다, 검은색이나 하얀색이 시작되고
플루트와 바이올린이 구별되는 지점에서.
절대 진리의 대수학은
불쾌한 느낌을 주는 형태의 재빠른 변화 안에서 파멸한다
논쟁하기 좋아하는 건방진 젊은이들이
적대적인 신입 회원들과 합류하는 동안에.

'노는 것이 일'이라는 것은 역설이다.
프리마돈나는 뽀로통해지고 비평가들이 신랄하게 말할지라도,
대사의 행간 전체가 달아오른다,

고양된 행동, 강렬하고 짧은 통합을
몽상가는 현실적인 것, 현실주의자는 환영이라 부른다.
　새들의 비상과 같은 통찰력.

그들의 환희가 지속되는 비밀을 아는 동안,
하늘에 깊은 상처를 주는 화살.
　언젠가, 움직이며 화살 하나가 떨어질 것이고,
떨어지며, 육신이 경직되었을 때 다시 이완하면 치유되는
상처의 궤적을 따라 사라질 것이다.
　윤회하는 불사조는 결코 멈추지 않는다.

그러니 우리는 쇠락한 세계의 호두 껍데기 위를
맨발로 걸을 것이다, 영혼들이 빽빽 울며 항복할 때까지
　보잘것없는 지옥과 천국을 짓밟을 것이다.
잭의 대범한 콩 나무만큼 높게 우리의 침대를 짓고,
날카로운 큰 낫이 우리가 할당받은 날들을
　난도질할 때까지 누워서 사랑하자.

그때 파란 텐트가 앞으로 쓰러지게 하고, 별이 우수수 떨어지게
하고, 신이나 공허함이 우릴 오싹하게 하라.
　우리가 눈물 속에 가라앉을 때까지
오늘 우리는 숨 쉴 때마다 뿌린 씨를 거두기 시작한다,

하지만 사랑은 죽음을 모르고,
심장 더하기 심장의 단순한 합계 이상의 계산법도 모른다.

공중 곡예사

매일 밤, 이 능숙한 젊은 여인은
눈송이처럼 잘게 찢어진
침대보 가운데 누워 있다
꿈이 그녀의 몸을 침대에서
단단한 밧줄 곡예가 펼쳐지는
혹독한 공연장으로 데려갈 때까지.

밤마다 그녀는 위험천만한 줄 위에서
영리한 고양이 동작의 균형을 유지한다
거대한 홀 안에서,
거장의 의지를 말해주는
채찍을 휘두르는 소리와 고함 소리에 맞춰
섬세한 춤 동작의 스텝을 밟으며.

금빛을 두르고, 숨 막히는 공기를 가로질러
곧바로 나오면서,
그녀는 스텝을 밟고, 멈추었다가
연기의 완전한 중심 안에 매달려 있다
엄청난 무게가 그녀에게 떨어지려는 듯이
좌우로 흔들기 시작한다.

그렇게 훈련을 받았기에, 소녀는

모든 흔들림의 돌출과 위협을
잘 넘겼다.
능수능란한 묘기와 빠른 회전으로
그녀는 박수갈채를 받았다. 반짝반짝 빛나는 벨트가
그녀의 용감한 팔다리를 예리하게 조인다

그때, 이 힘든 일과가 끝나자, 그녀는 무릎을 굽혀 인사하고
침착하게 수직으로 내려왔다
유리 바닥을 가로질러서
무대 뒤로 안전하게 돌아가려고. 하지만, 노련한 눈으로 돌아보자,
호랑이 조련사와 희죽거리며 웃는 광대가
쭈그리고 앉은 채, 그녀를 향해 까만 공을 굴린다.

커다란 트럭들이
사자처럼 포효하며 굴러온다. 모든 것이 목표를 겨누고
육중한 걸음걸이로 움직인다
이 근사하고 날렵한 여왕을 가두고
그녀의 아주 힘든 아홉 살 인생을
산산이 조각내기 위해.

검정 추, 검정 공, 검정 트럭의
계략을 발견하자

그녀는 마지막 기교인 재빨리 몸 피하기 자세로 뛰어올라
위험한 꿈의 고리를 관통하여
요란한 알람 시계가 멈추었을 때
완전히 잠에서 깨어나 앉았다.

이제 기교에 대한 형벌로서
낮 동안 그녀는 두려움 속에서 움직여야만 한다
공포에 질린 상태로, 강철같이 혹독한 연습에서
분풀이로, 머리 위 하늘에 세워진 정교한 야외무대 전체가
그녀의 행운에 종지부를 찍기 위해
요란스럽게 떨어지면 안 되니까.

일광욕실의 아침

햇살이 자몽 주스 잔에 내리쬐고,
필로덴드론 잎사귀 사이로 초록색을 타오르게 한다
회복기에 있는 부인들이 돌보는
분홍과 베이지의 흠 없는 대나무로 지은 초현실적인 집 안에서.
열기의 그늘은 반짝거리는 네모난 유리창 안에서
소리 없이 흔들린다
여인들이, 출렁이는 수족관의
나른한 연옥에 사는 꿈꾸는 물고기처럼
둥둥 떠다니는 것 같을 때까지.

아침, 또 다른 날, 소음이 나지 않는 바퀴를 달고
한가로이 달리는 택시를 이야기한다.
풀을 먹인 하얀 코트, 고양이 앞발의 걸음걸이,
마음이 산란한 안내인, 파스텔 색깔의 알약 무더기,
터키석, 장미, 연한 자줏빛 산맥.
마음에 드는 사람만 찌르는 주삿바늘,
시간은 눈금이 난 관 속
수은주가 여느 때처럼 오르는 속도를 가리키는,
환자들이 서서히 태양과 혈청을 받아들이는 방 이야기를 늘어놓는다.

뒤얽힌 유리실로 기계적으로 만든 단조로운 새장 안에 갇힌
성미 까다로운 작은 앵무새처럼,

여인들은 어슬렁 걸으면서,
우아한 권태로움 속에서
잡지의 장을 넘기며 기다린다,
그 장소에 침입하여 현란한 기적이 일어나게 만드는
믿기 힘든 정의의 사도가 나타나서
강도처럼 자신들의 환상을 가로채길 희망하면서.
정오에, 생기 없는 남편들이 그들을 방문한다.

공주와 도깨비

(1)

꾸며낸 이야기에서는 나선형 계단이 나타나고
　잠에서 깬 공주는 열병을 앓던 침상을 떠나
자신에게 주문을 거는 하얀 불빛의 근원을 찾기 위해

그 계단을 오른다
　신성한 푸른색이 그녀의 상처 난 손에 기름을 발라줄
달로 향하는 계시적인 사다리에 오르고자.

마녀의 계략으로 반창고를 붙인 손가락은
　복잡한 자수에서 튕겨 나온
말벌 같은 핀에 찔렸다.

그녀는 바늘구멍에 적개심을 품고 계단에 오른다,
　은하수 옆에 반짝거리는 별표를 따라
소박한 가운을 조심스럽게 질질 끌면서.

천사들의 주랑이 들어오라 끄덕이고,
　그곳에는 오래되고, 무한하며 아름다운
그녀의 전설적인 대모가 기대 앉아 있다,

어린 소녀가 왕관을 쟁취하지 못하게 하려는
   교활한 마법사들도 모두 방해할 수 없는
질긴 양털실 한 줄을 물레에 돌리면서.

달빛 램프가 가르쳐준 비법에 따라,
   뾰족탑 안에 있는 불꽃 안에서 그녀를 밝게 비추면서,
공주는 그를 납치한 지하 기병대의

요란한 굉음과 허세를 듣는다
   그는 운명의 끈이다,
그녀가 이 광부의 아들을 도깨비 호위대에서 구출할 때까지
   그녀의 손목 주변을 꽉 잡은.

(2)

변덕스러운 밧줄을 잡아 끌어당기며 길 안내를 받은,
   그 소녀는 어두운 계단 아래로 내려가서,
왕궁의 자물쇠를 풀고

보이지 않게 빠져나와
   은색의 초소 주변 잔디 위에서 조는 보초병을 지나친다.
서리 낀 잔디를 가로질러 그녀는 반짝이는 실을 흔적으로 남긴다

울퉁불퉁한 바위의 미로 사이에서
    산 중턱까지 광부들이 만들어놓은
닳아서 헤진 오솔길로 인도하도록.

그 뒤편으로 달이 기우는
    가파르게 경사진 비탈을 힘겹게 오르면서,
그녀는 새로 판 구멍이 자신들의 사악한 여왕이 앉아 있던 방에

너무 가까이 왔기 때문에
    도깨비들이 광부의 오두막을 습격했다는
유모가 읽어준 기이한 이야기들을 떠올린다.

멀리서 낄낄대는 기괴한 웃음소리를 들으며,
    그녀는 부적 같은 끈을 꽉 잡고
철광석 무더기를 마주 본다.

안에 갇혀 있는 자부심 강한 소년이
    흥겹게 도깨비 무리 전체를 저주하며
뻔뻔스럽게 맞서는 노랫소리가 갑자기 들려온다.

그런 혼란 속에서도 흐트러지지 않고,

피 흐르는 발 주위를 신앙처럼 끈으로 묶은 채
공주는 돌을 하나씩 치워 광부를 풀어주고는
　　집으로 데려가 기사로 삼으려 한다.

(3)

떠오르는 태양이 비추는 꾸밈없는 부엌을 지나가면서
　　공주는 대낮의 번쩍거리는 빛으로 계단을 찾기 위해
의심 많은 소년을 잘 구슬린다.

손을 잡고, 그들은 자오선을 측정한다,
　　뻑뻑거리는 열기의 정점을 기어오르면서,
그녀가 재잘거리는 기계 소리를 들을 때까지

기계는 알파벳으로 아브라카다브라 주문을 새긴
　　다락방 문에 붙은 황도십이궁 뒤에서
그녀의 운명을 기묘하게 짰다.

물렛 가락의 은밀한 윙윙 소리를 가리키며,
　　그녀는 행성의 햇빛 안에 높이 떠 있는
하늘의 위대한 여신에게 머리 숙여 절하고

경의를 표하라며 풋내기 광부에게 말한다.
　크게 웃으며, 어리둥절한 소년은
왜 이 어리석은 장면 앞에서 무릎을 꿇어야 하는지 물었다

비둘기가 박공벽 위를 어슬렁거리며,
　흩어진 사과 껍질 묶음 안에 있는 마른 사과 속 주변을 돌고
구구구 울면서 카드리유 춤을 추는 장면 앞에서.

그의 말에, 분노한 대모는
　건초 더미의 미로 속으로 사라져버린다
그러는 동안 태양 빛은 마룻바닥 위에 실을 휘감는다.

오 두 번 다시 사치스러운 지푸라기가
　어린아이를 위해 겉치레로 지어낸 이야기를 만들지 않을 것이다
어린아이는 왕실의 피를 싸늘하게 바꾼
　황량하고도 극적인 시계 장치 앞에서 눈물 흘린다.

아슬아슬한 상황

조각상을 찬미하는 노래를 하라.
서로 가까이 모인 자세로
이끼 낀 뚜껑과 스쳐 지나가는 새 발자국을 사이로
뚫어지게 쳐다보는 확고한 시선을 향하여 노래를 하라
변덕스러운 초록색을 초월하여
변하지 않는 표시에
빛이 질주하며 희미하게 반짝거린다
이 위험천만한 공원에서

그럴듯한 정상에 있는 것처럼 노는 동안 내내
생기 있는 아이들은 재빨리 빙빙 돌며
그들의 놀이가 모두 얼마나 아슬아슬한지를
멈추어 이해하려 하지 않는다.
아니면, 가라! 그들은 외친다, 그네는
큰 나무 꼭대기까지 활 모양을 그린다,
가라! 회전목마가
아이들을 주변으로 끌어당긴다.

그리고 나는, 아이들처럼,
치명적인 능동형 동사에 매료되었다,
내 덧없는 눈이 눈물을 터뜨리게 해다오
나뭇잎과 구름으로 이루어진

아이의 기민한 불꽃놀이를 위해,
바위 속에 안전 소켓 장치를 한
저 무심한 눈들이
이 아이를 냉정하게 바라보는 동안.

시간의 분노

악의적인 별이 윙윙 움직이고
　모든 황금 사과가
속속들이 상할 때
　심술궂은 바람이 몰래 다가온다.

전조를 알리는 검정 새는
　나뭇가지 위에서 빙빙 돈다.
재난을 알리는 쉿 소리와 더불어
　시빌의 무녀가 지닌 나뭇잎이 흩날린다.

잡목림의 헛간을 지나서
　키 큰 해골들이 걸어 다닌다.
가지와 쐐기풀은
　오솔길을 뒤엉키게 한다.

여행객이 지나치는
　금세라도 무너질 것 같은 초원에서
낫 모양의 뱀 그림자가
　풀밭 속에 숨어 있다.

구부러진 우회로를 따라
　오두막에 가까이 왔을 때,

그는 문가에서
　늑대가 거칠게 문 두드리는 소리를 듣는다.

그의 아내와 아이들은
　총에 무자비하게 맞은 채 매달려 있고,
아기 요람에는 마녀가
　가마솥에는 죽음이 있다.

삼 부로 된 묘비명

(1)

청금석 같은 바다를 따라 흔들리며
　　유리병 전함의 무더기가 나타난다
각각 나에게 전하는 전보를 지니고.

"네 거울을 파괴하고 재난을 피하라,"라고
　　첫 번째 병이 재잘거린다. "바다가 모든 발자국을 지워버리는
조용한 섬에 살아라."

두 번째 병은 노래한다, "새벽까지 항구에서 한가하게 보내며
　　유랑하는 한량을 받아들이지 마라,
네 운명이 음흉한 공격자에게 말려들 수 있기 때문이다."

모든 배가 하강할 때 세 번째 병은 큰 소리로 외친다,
"물에 빠져 죽는 좋은 방법은 한 가지가 아니다."

(2)

조금씩 녹색의 정원을 게걸스레 먹어치우면서,
　　내 섬 위로 창공에 갈매기 떼가 날아다닌다
육지를 앗아가는 파도의 굶주림과

물에 흠뻑 젖은 상태 아래로 떨어지는
  대담한 항해사의 눈을 향해
갈매기는 정확한 공격을 개시하려 뛰어든다.

피는 물에 가라앉은 사람들을 봉헌하기 위해 들어 올린
  손에서 글리산도 연주법으로 흐른다.
높은 곳에, 외로운 갈매기가 바람에 멈춘다,

포만감에 찬 새들이 날아갔음을 알리며,
"물에 빠져 죽는 좋은 방법은 한 가지가 아니다."

(3)

녹색의 뾰족한 귀를 지닌 메뚜기 도깨비는
  내 문지방을 지나 잎꼭지 다리에서 깡충깡충 뛰어다니고,
조각난 별들의 땡그랑거리는 소리를 조롱한다.

벽이 있는 내 방은 재잘거리는 회색 상자다
  저기 그리고 저기 그리고 다시 저기, 그리고 그때
유리창은 하늘이 순전히 시시한 긴 이야기임을 보여주며

신이 사라지고
　빛나는 천사 같은 사람들을 다 숨긴
거대한 회색 상자의 뚜껑을 감추려 한다.

풀잎의 물결은 돌 위에 새긴다,
"물에 빠져 죽는 좋은 방법은 한 가지가 아니다."

옮긴이의 말

실비아 플라스에 대한
오해와 이해

1963년 영국의 겨울은 심한 혹한이 몰아쳤던 시기로, 예고 없이 전기와 가스가 들어오지 않았고, 이따금씩 전화도 연결되지 않던 최악의 시간으로 역사에 기록된다. 그해 2월 11일, 미국의 대표적인 여성 시인 실비아 플라스는 런던에 있는 자신의 아파트에서 가스를 들이마시고 서른두 해의 짧은 삶을 스스로 마감한다. 전기적 자료에 따르면, 당시 플라스는 남편 테드 휴스의 외도로 인해 이혼을 준비하며 별거 중이었고, 두 아이를 혼자서 키우던 '싱글 맘'이었다. 그가 살던 아파트는 복층 구조로 된 오래된 건물이었는데, 일 층 부엌에서 그의 시신이 발견되었고, 아이들은 이 층 침실에 있었다. 죽기 직전 플라스는 자고 있던 아이들이 깨면 배가 고플까 염려되어 우유와 쿠키를 머리맡에 두었고, 혹시라도 가스가 새어나가 해를 입힐까 두려워, 부엌 문틈을 테이프로 모두 단단히 봉한 채 오븐의 가스를 흡입하며, 마치 영화의 한 장면처럼 생을 끝맺었다.

플라스의 자살은 독자와 비평가에게 창조적 재능이 있는 젊은 시인의 요절에 대한 충격과 안타까운 마음을 불러일으켰지만, 그의 시 세계를 객관적으로 조망하는 데 큰 걸림돌로 작용하기도 했다. 비평가들은 1960년에 출판된 『거대한 조각상』보다, 1965년에 출판된 유고 시집 『에어리얼』에 더 많은 관심을 보였다. 『에어리얼』은 한국 독자에게도 비교적 잘 알려진 많은 시들(예를 들어, 「아빠」「나자로 부인」「벌침」등)이 수록된 시집이다. 이 시집에서 독자가 플라스의 시를 읽으면서 강렬하게 경험하는 것은 냉소적인 어조에 젖은 화자의 뼈에 사무친 분노다. 특히, 독자는 「아빠」의 마지막 행에 담긴 분노의 강렬함("아빠, 아빠, 이 개자식, 나는 다 끝났어")을 쉽게 잊지 못한다. 확실히 플라스의 시에서 감지되는 화자의 심리적 긴장감과, 분노와 고통은 매우 복합적인 어조로 표현된다.

이처럼 그의 시는 독자에게 결코 부드러운 위안을 주지 않으며, 오히려 '고통이 섞인 쾌감'을 제공하는 듯하다. 플라스의 시를 논할 때, 다수의 남성 비평가는 플라스 시의 특징과 독특한 시어를 분석하기보다, 아버지의 죽음으로 인한 정신적 충격이 시인의 작품 전체에 영향을 미쳤음을 강조하여, 죽음의 주제와 오이디푸스 콤플렉스에만 초점을 두어 시를 분석하기도 하고, 아울러 플라스의 자살을 끊임없이 상기하며 가부장 남성, 특히 아버지와 남편에 의해 그가 내면화했다고 여겨지는 피해 의식을 형상화한 이미지를 부각해 시 세계를 논한다. 이처럼 왜곡된 시각을 지닌 남성 비평가들의 자의적인 분석은 플라스를 마치 대중 드라마에 등장하는 비련의 주인공처럼 독자에게 소개했고, 그의 시에 대한 커다란 '오해'를 불러일으켰다.

한편, 1980년대 페미니즘 문학 비평가들은 플라스의 시에 나타난 분노의 목소리를 가부장적 사회에 대한 여성의 격렬한 저항으로 재평가하여, 여성 문학의 '신화' 혹은 페미니즘의 '아이콘'으로 부각한다. 오랫동안 억압되었던 여성의 분노를 문학적으로 형상화하는 것은 현대 영미 여성시에 나타난 중요한 특징이다. 여성의 육체적 욕망을 표현하는 것과 마찬가지로 분노 표출이 문화적으로 금기시되었다면, 문화적 금기를 깨고 시에서 화자의 분노를 그려내는 것은 전복적인 형태의 새로운 시 쓰기의 시작을 알리는 것이다. 그래서 페미니스트 문학 비평가들은 바로 현대문학의 새로운 징후를 대표하는 시인으로 플라스를 지목한다.

실제로 「아빠」에서 잘 나타나듯이, 파시스트적 아버지에 대한 극심한 애증과 충격적인 욕설을 통해 플라스의 시는 가부장적 억압에 대한 여성의 분노를 예리하게 형상화하고, 여성 주체를 무기력하게 만든 가부장적 상징 질서에 대한 맹렬한 공격을 표명한다. 현대시에서 '분노의 시학'을 논할 때 플라스의 작품이 줄곧 거론된 것은 결코 이상하지 않다. 플라스는 진지하게 화자의 심리 안에 내재된 고통과 분노의 의미를 예술적 창조로 승화된 적극적인 시어로 제시한다. 바로 이런 이유로 그의 시가 많은 여성 독자에게 실존적 공감과 예술적 지지를 받은 것이 사실이다.

하지만, 플라스의 시 전체를 면밀히 검토해보면, 그를 단지 '분노의 시학'의 대표적인 여성 시인으로 문학사에서 자리 매김하는 것은 독자와 비평가의 '오해'에서 비롯한 것임이 드러난다. 이 책은 시인이 책상 서랍에 숨겨둔 미완성의 시를 포함하여, 습작기에 쓴 시부터 죽기 직전까지 쓴 거의 모든 시를 담고 있다. 시인은 인간의 삶에 대한 형이상학적인 탐구를 극단적인 추상화의 방법을 통해 묘사하기도 하고, 1950~1960년대 미국 문화의 단면도를 제시하듯이 일상 언어를 통해 평범한 사람들의 삶의 모습에 세심한 눈길을 모으며 사실적으로 표현한다. 시를 읽다 보면, 당시 사람들이 살던 집의 모습을 비롯해서, 즐기던 음식과 음악의 종류, 대중에게 인기 있던 책을 상상하게 되며, 자연스럽게 그 세계로 빨려 들어가는 듯하다. 미묘한 극적 효과를 통해, 독자가 시의 화자가 된 착각을 불러일으키기도 하지만, 이는 화자의 목소리가 시인 내면의 목소리와 항상 일치하지 않는다는 것을 암시한다. 또한 그가 종종 사용했던 비아냥거리는 풍자와 냉소적 유머는 미국 문학 전통에서 흔히 발견할 수 있는 '블랙 유머'를 상기시키기도 한다. 그렇다면, 플라스는 진정 어떤 시인이 되길 원했을까?

그가 남긴 일기와 편지에서, 플라스는 독자가 자신의 시를 낭송하고 음미하길 간절히 염원한, 문학적 명성을 갈망하던 시인임이 밝혀진다. 다시 말해, 1940~1950년대 미국에서 여전히 견고한 입지를 형성하던 오든과 예이츠, 엘리엇과 같은 소위 위대한 남성 시인과 겨룰 만한 작품성이 뛰어난 시를 쓰기 위해 부단히 노력했다. 시인의 문학적 야심은 다양한 종류의 시 형식을 실험하고, 독창적인 시어를 창조하며, 형이상학적인 주제에 대한 고찰과 탐구를 게을리하지 않는 것으로 구체화된다. 그 어떤 여성 시인들보다 플라스는(14행 소네트를 비롯하여, 6행 6연체의 세스티나, 2행 연구의 시, 전원시 등) 기교와 정교함을 요구하는 시 형식을 과감하게 실험하며 시를 썼다.

　나아가 그가 창조한 시어들은 매우 혁신적인 것으로, 부단한 언어 실험을 통해서 이루어졌다. 1956년에 쓴 에세이,「케임브리지 편지」에서 플라스는 "무인도에서 성경 대신에 동의어 사전을 지니고 살겠다"라고 표명한다. 실제로 그는 항상 사전을 곁에 두고 언어의 의미와 그 가능성을 되새기는 일에 몰두하며, 새로운 시어를 창조했다. 플라스의 시어는 결코 단일한 의미를 지니지 않으며, 경직된 형태로 드러나지도 않는다. 진지한 어조의 학문적 언어로 시가 전개되다가, 갑자기 대화체의 일상어로 바뀌기도 하고, 난해하고 모호한 현학적인 시어와 영어의 단순한 관용어법과 경구가 혼합되어 나타나기도 한다. 이러한 시인의 언어 실험은 경계를 가로지르는 시 쓰기의 전형을 보여주는 것으로 평가할 수 있다. 다시 말해, 그의 독특한 시 쓰기는 신화와 고전

문학의 인용과, 철학과 심리학에서 사용되는 전문용어 및 추상적인 언어와 함께 대중잡지에서 즐겨 쓰던 은어 및 유행어를 등장시켜 고급문화와 저급문화의 경계를 해체하는 것이다. 그리스 로마 신화와 셰익스피어의 희극적 요소가 조야한 상업문화와 혼재된 속에서 고유한 시적 의미가 창조되고, 고급문화와 저급문화는 서로 경계를 가로지르며 그의 시 세계를 형성한다. 또한 플라스의 시에서 철학과 정치, 심리, 문화의 경계는 매우 모호해지며, 모두가 하나로 융합된 기묘한 콜라주 형태로 나타난다. 그의 시는 때때로 포스트모던 문화의 이미지를 적나라하게 제시하는 듯하다. 따라서 플라스의 시 읽기에서 독자가 체험하는 극도의 긴장감은 단순히 시인의 사적인 고통에 기인한 것으로 '오해'하는 대신에, 정치·역사·문화와 불가분의 관계에 있는 실존적 주체가 겪는 불안과 공포를 반영하는 것으로 '이해'해야 한다.

이 전집에 실린 300편 가량의 시를 읽노라면, 독자는 종종 날카롭고 신랄한 어조와 더불어 미묘한 시행과 복잡한 시어로 시의 의미를 파악하기 어려운 심한 당혹감을 체험한다. 때론 월러스 스티븐스의 시보다 훨씬 더 추상적으로 묘사한 시가 독자의 통찰력과 인내심을 요구하기도 한다. 시어의 지나친 추상화나 불확실하고 모호한 시어를 가리켜 여성 시인의 어설픈 창작 능력의 예라고 섣불리 폄하하는 비평가도 있다. 하지만 플라스는 거의 평생 동안 언어를 새롭게 창조하는 일에 집중한 시인이었다. 어쩌면 시인은 언어의 단일한 의미와 확고부동함이 지닌 한

계를 깨닫고, 난해한 시어를 통해 그 확정성을 극단적으로 뒤흔들려고 시도한 것인지 모르며, 또 그런 시도를 통해 언어의 내밀한 깊이와 중층성을 드러내어 언어의 의미를 확장하며 창조했다고도 할 수 있다. 이제 플라스 타계 50주기를 맞이하여 그의 시 전집 한국어 번역본을 마주하게 되었다. 미완성 시부터 1963년 시까지 플라스가 독자에게 남긴 시를 읽으며, 그의 사후에 오랫동안 지녔던 우리의 '오해'에서 벗어나 보다 포괄적인 '이해'를 할 필요가 있다.

2013년 여름
박주영

1956

폐허 속에서의 대화

I   조르조 데키리코Giorgio de Chirico, 1888~1978. 그리스 태생의 이탈리아 화가로 그늘진 풍경 묘사에 탁월했으며 초현실주의에 큰 영향을 주었다. 플라스는 이 화가의 그림을 특히 좋아해서 시의 소재로 많이 활용했다(역주)의 그림에 대한 시, 플라스는 자신의 방 앞에 이 그림의 우편엽서를 붙여놓았다.

까마귀 떼가 있는, 겨울 풍경

I   1956년 2월 20일 일기에서 플라스는 "좋은 시를 한 편 썼다. 「까마귀 떼가 있는, 겨울 풍경」인데, 이 시는 감동적이고 미학적이며 심리적 풍경을 담고 있다"라고 적었다.

욕조 이야기

I   1956년 2월 20일 일기에서 플라스는 "또 다른 근사한 시를 쓰기 시작했다. 「까마귀 떼가 있는, 겨울 풍경」보다 훨씬 난해한 시인데, 욕조에서 썼다. 너무 일반적인 묘사를 하지 않으려고 주의를 기울였다"라고 기록했다.

순수주의자에게 보내는 편지

1   구름 뻐꾸기 나라는 아리스토파네스Aristophanes의 작품 『새』에 등장한다. 신을 인류로부터 떼어놓기 위해 새가 세운 나라로 공상의 세계, 이상향을 상징한다. 「유령의 작별」 참고.

알리칸테 자장가

1   스페인 동부 지중해에 접한 항구 도시다.

결혼식 화환

1   독일에 위치한 호수로 독일과 스위스, 오스트리아 국경에 있다. 독일어로는 보덴제Bodensee라고 한다.

거미

I   아나시 거미는 서아프리카와 카리브 민담에 등장하는 장난꾸러기 요정으로 유명하다. 1956년 말에 플라스는 아프리카 민담에 관심이 많았고, 이후에 출판한 시에도 민담의 영향

이 드러난다.

1   기계 장치 신deus ex machina. 연극의 결말에 신이 갑자기 나타나 복잡한 내용을 해결하는 극적 장치를 가리킨다. 줄거리의 어려움을 해결하기 위한 부자연스럽고 억지스러운 결말을 의미한다.

11월의 묘지
I   웨스트요크셔, 헵톤스톨에 있는 묘지로 현재 시인이 묻혀 있다.

1957

영원한 월요일
I   플라스에게 월요일은 불길한 예감을 상징했다.(「현상」 등 다른 작품 참고.)

하드캐슬 크랙
I   헵덴 강의 계곡 이름이다. 영국 웨스트요크셔의 황무지를 지나는 고속도로 아래에 위치한 나무가 울창한 협곡이다.

1   잠 귀신sandman. 눈 속에 모래를 뿌려 아이를 잠들게 한다는 동화 속 인물이다.

여인과 토기 두상
I   문제의 '두상'은 케임브리지대 강둑 버드나무에 걸려 있던 것으로, 되찾지는 못했다. 처음에 플라스는 이 시 제목을 '토기 두상'으로 짓고, 가장 완벽한 제목이라며 흡족해했으나 이후 '여인'을 첨가하여 시 제목을 완성했다.

위든스에서 본 두 가지 풍경
I   탑 위든스는 영국 웨스트요크셔 하워스 지역, 황무지 벼랑 아래에 있는 폐허가 된 농가다. 에밀리 브론테의 『폭풍의 언덕』의 모델이 된 곳으로 전해진다. 첫 방문 때 플라스는 황무지에서 몇 킬로미터 떨어진 남쪽에서 그곳으로 향했다.

주 · 1957

고상한 석류석

I 저녁 무렵 삼십 분 정도 사람의 손과 얼굴이 어둠 속에서 빛나는 것처럼 보이는 기이한 현상에 대한 시다. 높은 곳에 위치한 황무지에서 관찰된다.

마음을 어지럽히는 뮤즈

I 영국 BBC 라디오 프로그램에서 이 시를 낭송하면서, 플라스는 다음과 같이 밝혔다. "이 시의 제목은 이탈리아 화가 조르조 데키리코의 그림, 〈마음을 어지럽히는 뮤즈〉에서 따왔다. 시를 쓰는 내내 내 마음속에는 이 그림에 나타나는 불가해한 인물들이 자리 잡고 있었다. 데키리코의 초기 작품의 특징이라 할 수 있는 길고 강력한 그림자를 드리우는 기이하고 선명한 빛 안에서, 고전적인 가운을 입고 앉아 있는 인형과 서 있는 인형, 끔찍한 얼굴의 형체가 없는 양재사의 마네킹 셋. 이들 마네킹은 20세기 형태의 사악한 세 여인을 암시한다. 운명의 세 여신, 『맥베스』에 나오는 세 마녀, 드퀸시Thomas de Quincy의 광기의 자매다.아편, 황홀감, 고통을 가리킨다(역주).

1 플라스의 남동생 워런 플라스가 어릴 때, 잠들기 전 어머니가 머리맡에서 들려주던 『믹시 블랙쇼트의 모험』에 등장하는 곰 인형이다. 워런은 어머니가 지어낸 곰 인형의 모험 이야기를 무척이나 좋아했다.

2 이 영양 간식으로 자주 쓰이던 차의 일종이다. 코코아 맛이 나며, 엿기름과 달걀, 우유가 주성분이다.

3 우뢰·비·농업의 신.

점판

I 이따금씩 플라스는 판판한 탁자 위에 일련의 글자들을 놓고는 그 안에 뒤집어놓은 유리잔에 손가락을 올린 채, 글자 한두 개로 '혼백'을 알아맞히는 게임을 즐겼다.
다음 시, 「점판에서 나눈 대화」는 1957에서 1958년 사이에 쓴 것이 틀림없으나, 플라스가 발표하지 않은 작품이다. 점판 세션의 하나로 실제 '혼백'의 어투를 사용했다. 이 시에서 이름 붙인 혼백은 일반적으로 사용되는 것이다. 그의 정보는 정확할 수 있다. (처음으로 그는 리틀우드의 축구 복권에 등장했고, 다음 토요일에 진행될 당첨 번호 열세 자리를 맞힐 가능성을 예측했다. 1956년 당시에 첫 당첨금은 7만 5000파운드였다. 이후 혼백의 시도는 점차 정확성이 떨어졌고 다른 사람들의 시도와 다를 바 없었다.) 재치가 있긴 했지만, 그의 의사소통 방식은 대체로 음울하고 소름 끼치는 것이었다.

주 • 1957

점판에서 나눈 대화
대화 형식의 시

등장인물: 시빌, 르로이

시빌
그러면, 가서 유리컵을 가져와. 하지만 오늘 밤도
다른 날과 똑같은 밤이 될 거란 걸 알아.
우리가 앉아서, 커피 탁자 사이로 얼굴을 맞대고
엎어놓은 와인 잔의 둥근 밑받침 위에 집게손가락을 올려놓고
우리의 운을 시험하는 동안,
그들은 지나쳐 가버릴 거야, 어딘가 무대 옆에 있는
이색적인 대리석처럼, 또는 옮기고, 옮겨지는

대대손손 내려오는 가구처럼 이동하면서.
이집트, 아니면 그리스의 웅장한 프리즈와
그것을 바라보는 그들의 눈. 드라이아이스가 지닌
차가운 화끈거림과 날카로움. 하지만 시계는
글자가 원 아래에서 변형된 이야기를
틀림없이 이해하지. 모두 스물여섯 글자.
'예'와 함께, '아니오'와 함께. 그리고 이 꾸밈없는 점판.

르로이
우리가 시작하기 전에 항상 너는 그렇게 말하지.
하지만 난 브랜디를 가져왔고 벽난로에 불을 지폈어
그러니 네가 주장하듯이 교묘한 유리잔은 그 서늘함을
추운 날씨의 심장의 피와 손목, 팔뚝, 어깨,
입술로 바꾸지 않을 거야.
석탄은 붉게 타올라.

시빌   아무런 일도 일어나지 않았어.
르로이   기다려봐. 그 여정은
시작되었어. 얼간이. 그리고 이제 원형 주변으로
첫 번째 혼백이 서서히 걸어 다녀. 내 생각에 글자들이 같은 장소에 머물러 있는 것을

주 · 1957

확실하게 만들고 있어. 그렇지 않으면, 매 순간 새 글자를 배워야 하잖아.
너는 누가 집에 있냐고 질문하려 했니? 내가 질문할까?
시빌   내가 질문할게.
거기 누구 아무도 없나요? 간다, 간다
'예'로 곧장 향하네. 판이라고 장담해. 판 말고는 누구를 불러들이겠어?
그는 신호를 보내고 있어. 이번엔 그냥 그러고는 사라지고,
다시 'ㅍ'으로 돌아오네, 마치 애칭만으로도
우리를 잘 아는 것처럼.
르로이   안녕, 판?
시빌 '안,'
'녕,' 그가 말한다. 손가락 밑에서
그가 당기는 게 느껴져? 네가
움직이는 거 아냐?
르로이   그렇지 않다는 거 너도 알잖아, 그리고……
시빌 그리고 여전히 난 못 믿지. 나도 알아. 난 어리석다고

생각해. 내가 지금 널 못 믿는다면
난 나 자신도 못 믿어. 내가 판을 믿는 게 잘못이지.
그가 축구 도박을 엉망으로 만든 이래로 가산이 기울었지. 거의 이길 듯이 우리를
조롱하면서, 매주, 엉망이 되기 전에, 우리가 그를 훈련시킨다고 생각할 때까지
기다리면서. 진실은 그에게 있지 않았지.
르로이   아마도. 하지만 어쩌면 도박이
지루했는지도 몰라. 그는 자본가보다는
철학자에 가까운 것 같아.
시빌   행운을 점치지 않는다면, 그가 무슨 소용이니? 그리고 도박판
이 아니면
행운은 어디서 나오니?
르로이   오 많이 있지.
예를 들어, 우리 삼촌이 소유한 유정.
그리고 백발이 성성한 네 후원자는
자신의 유언장을 우리 뜻에 맞게 바꿀 수도 있어. 우리 계속해서

주 · 1957

돈 문제를 물어볼까?
시빌　그건 이제 질렸어.
르로이
그럼 뭘 물어봐?
시빌　　　바로 그게 문제지. 그가
정말로 미래를 예견할 수 있다고 가정해봐. 도박 말고,
유언장 말고, 우리가 정말 알고 싶어 하는 게 뭘까?
르로이　모두 다
일, 사랑. 사후 세계……
시빌　솔직히 말해서

네 인생에서 명예 운이 있는지 궁금하니? 사랑에 대해 말하자면,
우리가 사랑을 잃고 나면 깊이 후회할 시간이 충분히 있을 거라 생각해.
또는 다른 누군가를. 나는 차라리 사후에 관해서
좀 자세히 물어봐야겠어. 그렇게 다급한 것은 아니지만.
적어도 나는 현실보다 사후 세계가 덜 두렵게 느껴져.
르로이　　　　　　　　　　　　　　　　　그건 네가
사후 세계를 믿지 않기 때문이지. 너는 현실의 위험에 귀 기울이려 하지 않지만,
지옥의 위험은 들으려 하거든, 지옥은 동화 이야기이기 때문이지.
시빌　　　　　　　　　　　　　　　　나도 믿을 거야
혼백들이 나에게 확신을
준다면.
르로이　어쨌든, 물어봐.
시빌　　　　나도 인정해. 난 항상 두려워.
유리잔이 내가 알고 싶지 않은 것을
불쑥 말할까 봐. 그래도 계속해봐야지.
판, 너 아직도 있니?
르로이　　　봐, '예'로 전력 질주,
준비되었단 의미지.
시빌　판,
현실 세계 다음에 사후 세계가 있니? 이 세계 이후 세계가 있니? 그가 아주 재빠르게

주 · 1957

'예'로 표시했어, 그의 확신은 그의 것이지, 우리의 것이 아니지.
너는 내 아버지가 어떻게 지내시는지 아니?
   르로이   계속
'예'에 남아 있어. 우리의 손가락을 끌어당기며.
   시빌   그렇다면,
어떻게 지내시니? 그가 글을 쓰네. '깃털을', 그는 미끄러지듯이
유리잔을 들어 올리네.

'두르고'. 이런 말은 생각해보지도
못했는데. 그의 말이 분명해. 그의 말.
   르로이   자 보라고,
너는 믿기 시작했어, 그가 생각지도 못한 말을 했다고 생각하니까.
그가 단지 '돌아가셨다'라고만 말했다면,
너는 그를 우리 자신의 헛된 복화술의 피해자라고 비난할 거야.
하지만 너나 나나 유리잔을 옮길 순 없어.
   시빌   그가 시작한 것을 마무리하게 하자.
판, 깃털이라니? 'ㅍ'…… 그가 다시 시작해,
깃털 사이로 우리를 세게 밀어 당기며. 깃털이
방에 까불어 나는 것 같아. 가느다란 밝은 빛이
내 눈동자를 벽에 고정하지, 마치 공기가 천사를 만드느라
애쓰듯이. '깃', '털', 그는 의미도 없는 말로
천천히 빠져들다가 우리가 못 알아듣게 하겠지.

러시아어나 세르보크로아티아어로 빠져들면서.
'ㅇ', '원', 그는 제정신이 아닌가 봐. 어떻게 'ㅇ'이 두 개가 붙어서 나오니?
또, 는.
또는 뭐? '원', '고'? 그가 멈췄어. 나는 저 글자들이 힌트만 약간 주면서
허튼 소리로 우리를 훈련시키는 것이 아니라
의미에 따라 나뉜 거였으면 좋겠어.
   르로이   너는 전체 의미에서
힌트만 약간 알려준다고 우기는구나. 판이 말한 것은 날개가 아니라,

668

주 · 1957

구더기야. 지독한 구더기의 깃털.
시빌   지루해. 너무 질질 끌어.
그게 우리가 말하려는 거야. 사물의 뿌리에 살고 있는 썩은 것에 관하여.
그가 몰래 움직였어, 도박판의 혼란스러움을 교묘히 이용해서
우리가 그의 예지력을 신뢰하도록 속임수를 쓰듯이, 밤마다 그는
신탁과 같은 우리의 직감을 교묘하게 도용했지.

내가 다 맞았어. 판은 우리 둘 직관의
꼭두각시일 뿐이야.
르로이   정말 그가 그런 거라면?
설령, 구름 안에, 아니면 네가 사방의 벽을 갈라지게 하길 반쯤 기대하는
명령하는 목소리의 합창 안에 웅크린, '믿음을 만드는 혼백'이 아니라고 해도 관찰해
볼 만한 거야.
네 믿음은 가라앉는 사실 위로 올리브 모양의 부리를 지닌 비둘기처럼 날아가지.

탁자와 의자는 쉽게 우리를 밀치며 나아갈 수 있지
실제 우리보다 현실적으로 훨씬 더 커지는 것으로
분노를 표출하지.
우리는 매 순간 소멸을 직면해, 우리의 눈이
탁자를 향해 호랑이를 향해 채찍 소리를 내며 부수고
거만한 형상의 의자 위에 성곽을 억지로 끼워두지 않는다면.
시빌   내가 아는
전부야. 경이로운 주먹이 나타나지 않을 때, 바로 내가 회전하고,
돌며, 내 요구의 규모가 마력으로 축소되는 이유야. 단지 중력의 지배에
대비해서, 솟아나는 탁자들, 음료수에 취한 채, 한 시간에 세 소년들을 예측하는
통찰력 있는 상황 포착은 급식 시설 계단에서 하찮은 장면을 연기할 거야.
이런 재능은 타고 났어.
르로이   그리고 지연되면,
너는 신들이 너무 자만해서 와인 잔의 변덕에
문지기의 의무를 실행하지 않고, 우리를 도토리처럼 배가 나온 성인이나
수녀의 둥근 수녀복에서 나오는 냉소 어린 미소로 만든 옹이 마디처럼

주 · 1957

이글거리는 눈을 제외하고 세상으로 보낸다고 말할 거야.
시빌   성인들의 문은 제쳐두고, 뒷문
이 현관이야,
그리고 나는 즉시 마녀로 몰려 화형당할 거야, 불붙여지고, 재가 될 때까지
몸이 비틀어진 채, 우리 자신 지옥의 보잘것없는 혼백을 대면하기보다

예언자인 척하며 거드름 피우는 고층 건물을
짓기 위해 우리 자신의 벽장에 보관한 자갈들을
교묘하게 훔치면서. 그러는 동안, 너는 우리가 얼마나
다재다능한지 고찰하기를 갈망하지.
너는 판을 지나치게 좋아했어 마치 그가 두 가지 재능을 타고나,
결혼 첫날밤에 위안을 주려고 아홉 달이나 빨리
태어나 버린 영적인 아이면서,
꾸지람이나, 섬세한 칭찬으로 낭송하라고 부추기면
적합한 약강 형식으로 기이한 시를 창작하곤 하는 총명한 소년으로,
우리의 첫아이라도 되듯이.
너는 평온한 상태인 것 같지만, 단지 나는
별개의 혈관과 이 유리잔 주둥이로 말하는
몇몇 다른 집단을 상상하고 싶어.
르로이   오 너는
가브리엘의 엄지손가락을 파이 안에 넣으려 하는구나
그러기 위해 네가 반드시 '엄마 거위'를 죽여야 한다면.
가브리엘 또는 악마. 이제 알겠어,
넌 정말로 어떤 사소한 요정들이 지껄이는지는
별로 관심이 없구나, 네 의구심을 사라지게 만들 수만 있다면.
나는 그런 회의론자의 의심을 날려버릴
쉽게 믿을 수 있는 말을 전혀 몰랐어. 완벽하게 각인한 의식으로,
너는 조롱할 거야, 하지만 무릎을 꿇게 될 거야
화염을 내뿜었고, 시뻘겋지만, 온전한 상태를 유지했던
대문 주변에 있는 딱총나무 열매 덤불이
나뭇잎의 초록색 격자무늬를 세차게 던진다면.

주 · 1957

너는 믿음을 재빠르게 고정할 기적이 필요 없어.
그것이 진짜임을 증명할

기적과 피 냄새.
시빌   너도 역시 무릎 꿇게 될 거야,
덤불이 혀를 빌려서 네게 말을 건넨다면. 너는 무릎을 꿇을 거야
말이 끝날 때까지, 그리고 이웃집에 논리적으로 따지듯이
잘 돌아가는 확성기의 전선을
슬그머니 찾을 거야. 다시 말해
네 셜록 홈스 같은 행동이 궁지에 몰린다면
너는 큰 가지 위에 말하는 새가 있는 세계의 사람들에게 충분한
신의 깃털을 지닌 내면의 목소리를 상상할 거야.
르로이   나는 이 갈비뼈에서 나온 콩 줄기처럼
신들을 심고 재배할 거야
나를 반박하려고

누군가 천국의 텐트 사이로 자신을 높이 들어 올리기 전에.
시빌   그 책임감 있는 말은
시시포스의 고난을 능가하는구나.
르로이   그렇다면, 판에게 물어봐,
어디 사는지. 그의 답변은 이 조롱을 끝장내고
우리에게 명확히 해줄 거야.
시빌   오, 다른 혼백처럼,

그는 더 영리하게 될 거야 그리고 그가 티베트의 퓨마 아니면
잔지바르의 라마 같다고 확신해
또 다른 여지를 주려고
우리의 잘 속는 기질을 유인하듯이.
르로이   네가 괜찮다면,
내가 물어볼게.
시빌   물어봐. 우리는 충분히 오랫동안 그를 기다렸어.

671

주 1957

하지만 공손하게 해. 너는 가끔 그에게
가혹하게 굴 때가 있어.
르로이   그는 게을러. 어린 소년처럼,
나태한 피에 활력을 주려면
이따금씩 매질이 필요해.
시빌   하지만 매질을
계속 받을 필요는 없어. 그가 우리 세계와 그들 세계의
중개자라면, 우리는 진실한 대답의 은총과 기회를
얻게 해줄 겸손한 습성으로 안전하게
게임을 하고 우리의 의문점을 정리하게 될 거야.
리로이   지체 없이
네 잘못을 인정하는구나? 그의 위력이 네가 좋아하는 사람들에게 계승된
운명의 암시를 지지할 때
너는 그의 신성을 즉시 철회할 거야,
그러면 너는 그가 말을 글로 쓰기 전에
천사 지위의 통행증을 발급해줄 거야
다음 문서가 우리의 빈약한 심리가 아닌,
별똥별 두 개의 결과로 그가 새끼를 낳도록 보증해준다면.
시빌   항상 정직하게
굴어야 해. 오 나는 산만한 양심으로 가시나무에
착취를 당하는 사람이 아니야
아무것도 얻는 것이 없다면. 반면에,
어떤 풋내기가 거인의 귀를 연상케 하는 모양의
동굴 밖에서 거인들에 대항하여
독을 분출하고 있니?
르로이   회오리바람이 그러했다면
신의 대변인으로서 이 유리잔이 그럴 거야.
작아, 하지만

요즘 목소리는 크기가 작아.
시빌   너무 냉소적으로 굴지 마.

르로이   내가 물어볼게,
그러면 누가 가장 영리한지 알게 될 거야. 판, 말해줘,
너는 어디에 사니?
시빌   그가 움직인다.
르로이   재빠르게 움직여
착한 소년처럼.
시빌   조심해. 그가 우리 손가락 끝을 움직여
풍자를 말할 수 있을지 나는 모르겠어.
르로이
그가 시작한다……
시빌   '신', '의', '파',
르로이: 신의 파이! 재미있군. 장난꾸러기가

물의 꿈처럼 사막에서 너를 지탱하는
하늘에 있는 파이 신기루에
농담을 던지는군.
시빌   기다려봐.
르로이   신의 파이 내가
못마땅한 건 아니야. 지빠귀로
가장자리까지 속을 채운 사제가 구운 고기 파이 스물네 개,
모두 악마.
시빌   기다려 봐. 그가 이동하고 있어. 아직 결론에
도달하지 않았어. 다시 시작하잖아. '신', '의'

'머' '리'. 자, 봐!
아깐 섞어서 한 말이라는 걸 진작 알았어. 통찰력은
고대의 숫처녀들에게만 허락되는 게 아니야.
참을성이 필요하지. 파란 달 안에 있던 베로니카 꽃과 연못이
하얀 리넨이나 물방울로 만든 망가지기 쉬운 칸막이의 그림자를
붙잡을 수 있다면, 어떤 믿음이 이 유리잔의 매개체로

주 · 1957

작동할지 아무도 모르지.
르로이   믿음, 맞아,
우리 둘이 믿음이 있었다면, 하지만 무관심의 가면 아래에서
너는 신중하게 기꺼이 도박을 연습하지. 우리 둘에게
판의 웃음은 그의 장난기를 발동할
열정을 이끌기 위함이지, 하지만 너로 말하자면, 무엇보다,
관객에서 천사 눈의 첫 번째 신호까지,
의례적인 냉소의 모자를 쓰고 천국의 희망을 감추려고 한다면,
그러면 그들을 살아 있는
하얀 산토끼들처럼 재빨리 흔들어보고,
무리 중에서 가장 경건한 토끼들과
막상막하로 달릴 준비를 해봐.
시빌   너 화났구나
판이 불쑥 네 머리가 아니라, 신의 머리를 썼으니까.
이제 그의 웃음은

너를 겨냥한 것 같아, 도박판, 예언과 네 두뇌의
헤아릴 수 없는 근저에서 나온 것들을
생각해내려는 계획을 품고서.
재수 없게도
일렬로 늘어선 살찐 물고기 대신에, 너는
네 자신의 해저보다 더 깊게 추를 매달았고,
만갑류의 머리를 하고, 이끼로 가발을 만들며, 갯가재의 팔다리를 지닌
키메라를 낚싯바늘로 잡았지, 키메라는 바다 밑바닥과
 주인의 집에 늦게 도달했고, 모든 사람이 추측했듯이
사라지지 않았다고 주장했어.
르로이   네가 와인 잔의 테두리에 종교를 달아놓는다면,
너는 그것을 신의 파이를 빻아 부술
장난감 당나귀에 달린 상품 꼬리처럼
핀으로 고정할 거야.
시빌   그렇다면, 그가 그렇게 거짓말을 잘한다면, 왜 너는 판을

주 · 1957

우리의 저녁 손님으로

소개하려고 했니?
르로이   거짓말은 우리의 것이지, 그의 것은 아니야.
판은 우리가 우리 자신 안에서 구체화하지 못한
음절에 민감하지. 그는 이런 글자에서 시의 행을
쓰겠지만, 박자는 우리의 박자지, 재능이 우리 것인 것과 마찬가지로,
우리의 관대함으로 그가 기생하는 피의 온도뿐만 아니라,
혀와, 생각이 그렇듯이.
시빌   그는 여전히 너를
지루하게 만들어서 조롱하게 하는구나, 그가 다름 아닌 너 자신의
모습을 비출 때.
르로이   그가 너를 지루하게 하듯이
그가 말도 안 되는 내 자유를
읊을 때.
시빌 나를 속였다고 생각하지 마. 나는 저 구더기들이
어디서 나타났는지 알고 있었어.
르로이   맹세하건대 나는 너처럼
알지 못했어.
시빌   오, 그만하자.
너는 그가 두 가지 거짓말을 했다고 했는데…….
르로이   네 고집 센 나무에서 딴
과일 두 개라고 부르렴. 신의 머리, 신의 파이는
너 자신의 부질없는 기대를 부추기지.
시빌   세 번째로
그의 집을 이름 대라고 부탁해봐. 내 의지를 굴복시키려고 네 의지를
삼세번에 맡겨봐. 사람들이 세 번째가 중요하다고
말하잖아.
르로이   그런 다툼은 좋은 우정을 망가트리지.
시빌   판
이번에 진실을 말해 줘. 네가 사는

주 · 1957

왕궁을 말해 줘.
르로이   네가 할 수 있는 한 명확하게
진실을 말해줘.
시빌   어디에 사니?
르로이   시작했어
마치 탐색견이 그를 끌어당기기라도 하듯이.
시빌   '심'
'ㄴ' 대신에 'ㅁ'을 쓰냐?
르로이   아니야. 그는 지금
'중'을 맞추었어. '심'.
시빌   중심 안에…….
르로이   '마', '음',
'의'.
시빌
마음의 중심 안에! 나는 네가 만족했기를
바라. 나는 진심으로 너에게 정중한 예를
갖추었어.
르로이   네가 판을 세 번이나
불러냈다니 매우 유감이야.
시빌   너무 자만하지 마. 과녁에 명중하기 전에
네 의지는 두 번이나 실패했잖아.
르로이   조숙한 아이를 돌보는
경쟁심 많은 부모처럼 우리 둘 중 하나가 판의 용맹이
다른 사람의 작품이 아니라, 우리 자신의 창조물임을
확인하려고 우리가 다툴 필요가 있나?
시빌   다툴 수밖에 없잖아
우리의 마음이 판의 선언을

유일하게 간직하고 있다면, 그리고 우리의 마음이
그렇게 상반되는 목적에 서로 긴장되어 있다면?
르로이   적어도 넌 빛을

보기라도 했지.
시빌　　　 난 아무런 빛도 보지 못했어 우리 둘 다
우리의 전쟁터 이 점판, 각자의 군대에서
서로 노려보는 동안. 그가 별로 잘하지 못하니
판을 포기하게 만들자.
르로이　　　　기다려.
시빌　　　　　　그가 움직여.
르로이　　　　　　　　그는 자신을 믿게 만들려고
깡충깡충 뛰어다니지. 그는 우리가 그를 믿게
만들고, 우리에게 합당한 이유를 제공하지.
시빌　　　　　　　　　　　아니야, 그는
우리한테 장난을 너무 많이 쳐. 봐, 거짓말을
너무 많이 하고 있어.
르로이　　　　마음 또는 실체,
그의 태도는 혐오스럽기도 해.
시빌　　　　　　　'원', '숭',
'이'.
르로이
　우리를 원숭이라고 불러.
시빌　　　　　　　내가 해결하지!
(유리잔을 깨며)
자! 그가 입을 다물었어!
르로이　　　　　　그렇다면. 훨씬 나아졌어,
유리를 깬 것은 아주 잘한 일이야.
시빌　　　　　　　　예전에, 꿈속에서,
유리잔을 박살낸 적이 있어, 그리고 그 꿈 이후로
반복해서 똑같은 꿈을 꿨어. 이제
끝났어.
르로이　　다 끝났고, 그를 개선할 방법은 없어.
시빌　　개선이 필요한 것은 그의 혀였지.
르로이　　　　　　　　　그래,

주 · 1957

벽난로에 있는 유리잔 파편이 나를 오싹하게 해.
마치 내가 그를 조금은 믿었던 것처럼. 그리고 그는
너도 아니고, 나도 아니고, 우리는 아닌,

누군가 딴 사람임이 분명해.
시빌   말도 안 돼,
하지만 이젠 분노가 누그러졌어, 나는
거대한 발톱을 지닌 새의 모습으로,
그림자를 드리우면서
헤매는 슬픔이 마음에 있어. 슬픔은
이제 이 방에 정착했지. 그 날개는 탁자를 어둡게 드리워.
의자는 그 어둠에 속해 있어. 나는 부패의 냄새를 맡았어
버섯의 밑바닥처럼. 너는

오늘 밤의 명언보다 더 지혜롭게 된 느낌이니?
르로이   나는 어둠 속에서
더 극도로 긴장되었지, 그리고 내가 나 자신과 내 믿음을
심하게 질책할 때 나는 나 자신의 엄격함에 사로잡혀.
나는 틈이 생기는 것을 보았어,
거실에서 달의 분화구가 넓어지면서,
그리고 내가 사랑했던 유령, 너는 찢어진 틈 사이로
창백하게 속박당한 채.
시빌   나는 칸막이가 어둠에서
활짝 피어나는 걸 보았어, 다른 난초보다 더
생생하고 진귀하게.
르로이   너는 그때 그를 망가뜨렸어.
시빌   나는 돌 아래에서,
밀랍처럼 창백한, 뿌리에 고정되어 있던,
너의 이미지를 망가뜨렸지.
르로이   죽음을 꿈꾸던 저 두 사람이 우리를
안으로 데려갔지. 세 번째가 그들을 제거했지.

주 • 1957

시빌   그리고 우리는 하나로 뭉쳤지
유리잔이 파편으로 산산조각 날 때.
르로이   혈관에서 피가 흐르는 육체를 지닌
죽음의 두 가지 꿈에 내기를 걸어보자,
뱀파이어가 피를 이용하듯이, 비현실적인 영역에서
우리의 입장을 포기하자.
시빌   이제 대담하게, 일찍이 마주 보았던 것에
우리의 등을 돌리자. 내 손을 잡아봐.
르로이
                 세상에, 네 손은 얼음처럼 차갑구나!
시빌   그렇다면 손을
비벼서
찬 기운을 없애줘. 자. 방이 정상으로 돌아왔어.
커튼을 닫자.
르로이   오늘 밤 창틀 저 너머가
몹시 격정적으로 보여.
시빌   바람은 11월이 끝났다고
알리지. 뒹구는 낙엽은 박쥐의 형상, 거미줄 날개 모양으로
휘몰아치지.
르로이   보름달 빛이
이웃의 박공 꼭대기의
도마뱀 비늘처럼 파란 타일에 반사되어 비추지.
시빌   서리가 거리를 뒤덮었어.
르로이
난 결심했어. 어떤 이성도 목소리의 엉킴을
풀 수 없어.
시빌   우리는 미로를 잊어버리고
그 안에 혼백의 거동을 무시하기로

약속하자.
르로이   나는 단지 문을 닫고

주 · 1957

어떤 추측도 논쟁적인 언어의 혼란을 뚫고서 불변의 진리로
찾아 나아갈 수 없다는
맹세를 하면서 빗장을 걸지.
시빌   예언적 흥분 상태에서
무녀는 우리가 들은 것을 들었어,
연기 나는 갈라진 틈새에서, 삼각의자에 묶여서,
신의 언어, 아니면 악마의 언어,

또는 그녀 자신의 언어로 숨 쉬면서,
말의 애매한 뒤엉킴 속에 갇혀서.
르로이   커튼은 내려왔어.
시빌
탁자는 밤새도록 탁자로 있을 것 같아,
우리의 눈은 자는 동안에
닫혀야 하는데.
르로이   우리가 곁눈질할 때
의자가 사라지거나 성곽으로 변하지 않을 거야.
시빌   그렇지.
저 석탄이 타는 것처럼 분명하게, 거실은

다시 본연의 모습을 찾고, 우리 것이지.
르로이   몽상가의 꿈은
사라졌어. 우리는 현실로
되돌아오지.
시빌   우리 시대의 예의범절이
우리를 지탱하기를.
르로이   사고와 행동 모두
증인이 되기를, 우리가 선의를 지닌
가장 중요한 순간에.
모두   불이 꺼지면
두 명의 현실 사람들은 현실적인 방에서 숨을 쉬기를.

주 · 1957 | 1958

신탁의 몰락에 관하여
I   플라스는 종종 예지력이 번득이는 순간(항상 사소한 일에 관한 것이었지만)을 언급하곤 했다.
II   아놀드 뵈클린Arnold Böecklin. 스위스의 후기 낭만주의 화가다.

복수에서 얻은 교훈
1   헨리 수소Henry Suso. 14세기 독일의 성인. 하인리히 조이제Heinlich Seuse의 영어식 이름이다. 신비주의 신부였다. 죄를 짓지 않으려고 스스로 극심하게 고행한 것으로 유명하다. 압정 150여 개 위에 누워서 피부 속까지 찌르도록 하거나, 뾰족한 바늘과 압정 위에 불편한 잠자리를 만들어 잠을 청하기도 했으며 겨울에 지하실의 마룻바닥에서 잠을 자며 동상에 걸리기도 했다. 몸은 온통 상처투성이였고 목구멍은 갈증으로 갈라져 있었다. 생전에 25년 이상, 목욕을 하지 않은 것도 유명한 일화다.
2   기원전 600년경 페르시아의 왕이다. 많은 전쟁을 승리로 이끌어서 제국을 건설했다. 그는 백성에게 온화한 왕이었으며, 종교의 자유를 최대한 허용했고, 뛰어난 전투 지도자로 신하들에게 존경받았다. 전장에서 사망했다.
3   키로스 왕이 말 한 마리가 물에 빠진 것에 격분하여, 군대가 바빌론을 공격하지 않고 긴데스 강을 지키도록 병력을 배치했던 일화를 암시한다.

1958

나무 안에 있는 처녀
I   1958년에 〈예술 뉴스Art News〉는 플라스에게 그림에 기초한 시 쓰기를 요청했다. 이 시를 비롯하여 「페르세우스」와 「전투 장면」 「유령의 작별」과 같은 시들은 파울 클레Paul Klee, 1879~1940. 그의 작품은 표현주의, 입체파, 초현실주의 등 여러 다양한 예술 형태의 영향을 받았다. 러시아 화가 칸딘스키와 함께 바우하우스에서 가르친 것으로 유명하다(역주)의 그림과 연관 있다.
1   그리스 신화에 등장하는 요정. 아폴로의 추적을 피해 월계수로 변했다.
2   그리스 신화에 등장하는 요정. 목신 판에 쫓기다가 갈대로 변해 판의 갈대 피리가 되었다.
3   그리스 신화에 등장하는 숲·들·목양의 신으로, 다리는 염소이고, 때로 염소의 뿔이나 귀가 달린 모습으로 그려지기도 한다. 로마 신화에서 파우누스Faunus로 불린다.
4   육안으로 보이는 조직 등을 대상으로 하는 해부학을 가리킨다.

주 · 1958

페르세우스

1 트로이 아폴로 신전의 사제다. 여신 아테나의 노여움을 사 아들과 함께 바다뱀에 감겨 죽었다.
2 노려보거나 입김을 불어 사람을 죽였다는 전설적 동물이다.
3 오이디푸스와 그의 어머니 이오카스테 사이에 태어난 딸이다.
4 1677년 프랑스의 극작가 라신느가 발표한 5막짜리 비극에 등장하는 주인공이다.
5 1612년 영국의 극작가 존 웹스터가 발표한 비극 「말피의 공작 부인」에 등장하는 인물이다.

전투 장면

1 이 시는 플라스의 대표적인 주석 시[Ekphrastic Poetry, 소설이나 그림, 영화에 대한 설명으로 이루어진 시(역주)로, 파울 클레가 1923년에 발표한 그림과 제목이 같다. 「항해자」는 8세기에 고대 영어로 쓰인 서정시로, 뱃사람의 극적 독백으로 이루어져 있다. 이 작품에서 주인공은 북극 바다의 혹한과 두려웠던 해일, 선원들의 모진 고난을 회상한다. 이 시는 음울한 어조로 일관되어 있다. 바다는 선원에게 비극적 운명을 상징하면서 귀향을 재촉하는 역할을 한다. 클레의 그림은 선원들의 고난을 희극적으로 묘사하면서 전체적인 분위기는 환상적인 색채로 가득하다. 8세기의 서정시가 무자비한 자연과 투쟁을 벌이는 뱃사람에 초점을 두었다면, 클레의 그림은 행복한 환상의 세계를 통해 광폭한 바다와 뱃사람들이 조화롭게 공존해야 함을 강조한다.
2 허먼 멜빌의 『백경』에 나오는 주인공으로, 하얀 고래를 포기하지 않고 추격하는 고집 센 선장이다.

백합 사이의 붉은 소파에 앉아 있는 야드비가

I 플라스는 앙리 루소의 그림, 〈꿈〉루소는 거대한 유화로 정글을 표현하면서 캔버스 안에 붉은색 소파에 누워 있는 나체의 야드비가를 그려 넣었다. 야드비가는 루소가 청년 시절에 사귀었던 폴란드 태생의 여인이다. 이 그림에는 정글의 다양한 나무와 꽃, 동물이 등장하며, 정글을 감상하는 듯 붉은 소파에 비스듬히 누워서 정글을 응시하고 있는 나체의 야드비가가 인상적인 작품이다(역주)을 시로 형상화했다. 플라스는 1958년 3월 27일에 "내가 처음으로, 유일하게 잘 쓴 세스티나"라고 일기에 적었다.
1 세스티나Sestina. 3행 연구 여섯 개와 3행의 결구로 이루어진 시를 말한다.

겨울 이야기

1 미국에서 유명한 백화점 이름이다. 본위트 텔러Bonwit Teller는 뉴욕 주에 있고, 제이Jay는 조

주 • 1958

지아 주에 있다.
2 사무엘 스틸맨 피어스Samuel Stillman Pierce가 1831년에 설립한 대형 식료품점이다.
3 보스턴에 위치한 유명한 아웃렛 상점이다.
4 산타클로스의 썰매를 끌던 사슴들이다.
5 핀크니Pinckney는 미시간 주에 위치한 마을이고, 마운트 버넌Mount Vernon은 버지니아 주에 있는 조지 워싱턴 대통령의 대저택이며, 체스트너트Chestnut는 보스턴 서쪽에 위치한 언덕으로 주변에 저수지가 조성되어 아름다운 경관을 이룬다.

우각호 위로
1 애디론댁 산맥Adirondack Mountains. 뉴욕 주의 북동쪽에 위치한 국립공원으로 작은 산맥들이 밀집되어 기이한 자연 광경을 이룬다.
2 모내드녹Monadnock은 원래 아메리카 원주민의 용어로, 주변의 풍경에서 홀로 우뚝 솟아 있기 때문에 '고립된 언덕'이나 '외로운 산'을 의미한다. 지형학자들은 마운트 모내드녹을 뉴햄프셔 남서쪽 지역에 붙였다.

조각가
1 조각가 레너드 배스킨의 집과 작업실 주변에는 죽은 사람들의 청동 조각상이 많이 놓여 있었다.

바닷속 깊은 곳에
1 '아버지-바다 신-뮤즈'의 신비적인 역할 안에서 아버지를 노래한, 아버지에 관한 플라스의 첫 번째 시다. 플라스는 잠수함 세계에 관한 쿠스토자크 쿠스토Jacques Yves Cousteau. 프랑스의 해군 장교, 해저 탐험가이며 발명가이고 사진작가였다. 바다와 물속 삶의 형태에 관한 많은 연구를 남겼다(역주)의 책을 읽으면서 이 시를 썼는데, 꼼짝하지 않으며 책 읽기와 시 쓰기를 번갈아 했다.
1 이 시의 제목은 윌리엄 셰익스피어의 『템페스트』에서 요정 에어리얼이 부르던 노래에서 유래한다. 바다 저 깊은 곳에 아버지를 잃은 사람에 관한 노래다. 아버지의 시신은 썩지 않을 것인데, 바다가 아버지의 뼈를 산호로 바꾸고 눈은 진주로 바꾸었기 때문이다. 바다는 결국 아버지를 훨씬 더 멋지고, 화려하며 기이하게 변모시킨다. 아버지는 바다 요정이 되어 매시간 종을 울린다.

바닷속 깊은 곳에 네 아버지가 누워 있지.

주 · 1958

그의 뼈는 산호가 되었다,
그의 예전 눈은 진주가 되었다.
그의 어느 부분도 사라지지 않아,
다만 바다 변화를 겪고
진귀하고 기묘한 어떤 것으로 변할 뿐이지.
바다 요정이 시간마다 그의 조종을 울린다,
딩, 동.
―『템페스트』1막 2장에서

로렐라이

I   1958년 7월 3일에 플라스와 테드 휴스는 점판 게임을 했다. 플라스는 일기에서 이렇게 적고 있다. "미국에서 처음으로, 예리한 소견들 가운데, 판이 나에게 바로 '나의 혈족'에 관한 이야기이기 때문에 내가 '로렐라이'에 관한 시를 써야 한다고 말했다. 그래서 오늘(7월 4일), 어린 시절에 엄마가 시작 부분을 불러주던 구슬픈 독일 노래, '옛날부터 전해오는 쓸쓸한 이 말이……'를 기억하며 재미 삼아 시를 썼다. 주제는 나에게 이중으로 다가왔다. 라인 강의 세이렌 전설, 바다―어린 시절의 상징과 노래의 아름다움에 담겨진 자살 충동. 시를 쓰는 데 하루 종일 걸렸다. 하지만 나는 시가 장시長詩같이 느껴졌고 그것에 만족했다."

II 이 구문은 플라스가 「바닷속 깊은 곳에」를 쓸 때 읽었던 쿠스토의 책에 나온 부분이다. 산소가 부족한 상황에서 행복감에 도취된 환상의 상태를 의미하며, 이 상태에서 잠수부는 모든 경계와 위험을 망각한다.

락 항구에서 홍합 잡는 사람

I   케이프코드에 있는 락 항구를 가리킨다. 1958년 7월 4일에 플라스는 다음과 같이 적고 있다. "내 생각에 「락 항구에서 홍합 잡는 사람」은 이제 나의 탁월한 작품이다."

1   라블레의 작품 『가르강튀아』에 나오는 경음마식鯨飮馬食의 거인.

달이 뜨는 시간

1   로마 신화에 등장하는 탄생의 여신으로 산파를 가리키기도 한다.

미다스의 나라에서

1   그리스 신화에 등장하는 인물로, 손에 닿은 것을 금으로 바꾸는 프리지아의 왕이다.

주 • 1958

진퇴양난

1   제프리 초서의 『캔터베리 이야기』 가운데 「치안판사의 이야기」에 등장한다. 카나세는 산책을 하다 매를 만나는데, 매는 그녀에게 진실을 알려주는 역할을 한다.

어린이 공원의 돌

I   1958년에 발표된 몇몇 시는 어린이 공원을 배경으로 쓰였다. 어린이 공원은 플라스가 살던 매사추세츠 주 뉴햄턴 엘름가 바로 근처에 있었다. 1958년 5월 11일 일기에서 플라스는 다음과 같이 적고 있다. "나는 방금 금방 지고 마는 오랜지색과 붉은 다홍색 진달래에 대비되는 것으로 어린이 공원 돌들에 관한 꽤 괜찮은 음절 시(syllabic poem, 행마다 정해진 음절에 따라 시를 쓰는 시 형식(역주))를 완성했다. 그리고 공원은 미국에서 내가 좋아하는 장소다."

올빼미

I   1958년 6월 26일에 플라스는 일기에서 밝힌다. "나는 오늘 아침에 짧은 시를 한 편 썼다. 「메인가 위를 날아간 올빼미」, 음절 시. 시작 부분은 주제를 위해 약간 서정적이고 마지막 부분은 늘어날 수도 있을 것이다." 이 시는 결국 「올빼미」가 되었고, 1959년 4월 23일 보스턴에서 플라스는 자신의 시들을 살펴보다가, 다음과 같이 적는다. "나에겐 사십여 편의 비난을 받지 않을 시가 있다. 내 생각이다. 그것들은 일종의 기쁨이다. 더 강력한 영향력을 지닌 시들이 있다면 좋겠지만. 스미스대학에서 쓴 모든 시들은 형편없는 자살 충동에 관한 것이다. 여기서 쓴 시들(「친근한 병」과 「올빼미」)은 아무리 우울한 시일지라도, 활력과 삶의 기쁨을 품고 있다."

내가 기억하는 순백

I   1958년 7월 9일 일기에서 플라스는 다음과 같이 밝힌다. "나는 케임브리지에서 샘이라는 말을 타고 질주했던 일에 대해 소위 '책 한 권이 될 만한 시'를 썼다. 나에겐 아주 '어려운' 주제, 말은 생소한 주제지만, 샘의 저돌적인 변화와 어떻게 그럴 수 있었는지 아무도 모르게 죽도록 매달린 내 경험은 뜻밖에 새로운 깨달음 같았다. 그것은 꽤 효과적이었다."

원스롭 만에 있는 녹색 바위

I   플라스는 그의 조부모가 살았던 윈스롭 반도(매사추세츠 주에 위치한 가장 오래된 지역 가운데 하나로 해안가 정경이 멋지다(역주))에서 유년기를 보냈다.

1959

벤디로의 황소

1 차일드F. J. Child가 편집한 『영국과 스코틀랜드 대중 민요』에는 다음의 '미완성 부분'이 있다.

벤디로의 위대한 황소는
그의 무리를 뚫고 나아가 도망쳤다
하지만 왕과 궁궐 사람들은
황소를 다시 데려올 수 없었다

포인트 셜리

1 윈스롭 반도 끝에 위치한 곳. 1959년 1월 20일 일기에 플라스는 다음과 같이 썼다. "이번 주에 할머니에 대한 시를 한 편 썼고 수정했다. 「포인트 셜리」는 경직된 구조지만 나에겐 기묘하게 강렬하고 감동적이다. 할머니에 대한 기억을 떠올리게 한 시. 그렇게 얄팍한 시는 아니다."
1 포인트 셜리 근처에 있는 지명으로, 포인트 셜리의 전경을 한눈에 볼 수 있는 언덕이다.

쏙독새

1 다양한 이름(Nightjar, Fern-owl 등)으로 불리는 야행성 새. 에스더 배스킨Esther Baskin. 『암흑의 생명체들』의 저자며, 조각가 레너드 배스킨의 부인이다(역주)은 야행성 생물에 관한 책을 쓸 자료를 수집했고, 이 시는 플라스가 기고한 작품이다. 1959년 1월 20일 일기에 플라스는 다음과 같이 적는다. "에스더의 야행성 생물체 책에 기고할 시를 한 편 쓰려고 오후에 도서관에서 쏙독새에 관한 자료를 찾으며, 비 오는 날에 상쾌한 오후를 보냈다. 개구리에 관한 연구보다 훨씬 더 자료가 많고 훨씬 더 호감이 가는 주제다. 나는 새에 관해 두운을 맞춘 그럴듯한 8행 소네트를 썼다." 플라스는 세부적인 주석이 달린 책들을 수집했다.

그랜체스터 초원의 수채화

1 1959년 2월 19일에 플라스는 다음과 같이 적었다. "순수한 묘사로만 이루어진 그랜체스터 시 한 편을 썼다. (…) 무시무시한 좌절감. 어떤 심리적 억압이 내가 정말로 느끼는 것을 표현하지 못하게 방해한다." 그랜체스터 초원은 케임브리지대학교 근처 그랜체스터 마을 쪽으로 향해 있는 케임브리지 강을 끼고 있다.

1 그랜체스터 초원 위쪽에 흐르는 연못인데, 영국 낭만주의 시인 바이런이 그곳에서 수영을 했다고 전해져 그의 이름을 따서 붙였다.

겨울 배
1 세로돛의 재단裁斷상에 둥글게 부푸는 곡선.
2 신천옹信天翁, 바다에 사는 가장 큰 새로 국제 보호조다. 시에 자주 등장하는 상징적인 새다. 영국 낭만주의 시인, 콜리지의 「늙은 노수부의 노래」에도 이 새가 나온다.

후유증
1 콜키스 왕의 딸로 이아손이 금 양털을 얻는 일을 도왔다.

시체실의 두 광경
I 피터르 브뤼헐Pieter Brueghel, 1525/30~1569의 유명한 작품, 〈죽음의 승리〉를 의미한다.

에그 록의 자살자
1 매사추세츠 주 콩코드 강 주변의 해안 절벽으로, 진귀한 돌과 멋진 바위로 유명하다.

황폐한 얼굴
I 1959년 3월 9일 일기에서 플라스는 다음과 같이 썼다. "눈물을 질질 흘리며 R B[루스 뵈셰, 그의 정신과 주치의]와 상담을 한 다음 마음이 훨씬 가벼워졌다. 좋은 날씨, 좋은 소식. 우는 것을 멈추지 않는다면 박사는 나를 단단히 묶어버리겠다고 했다. 내 황폐해진 얼굴 때문에 전차를 타고 돌아오는 길에 시상이 하나 떠올랐다. 제목은 '황폐한 얼굴.' 시행도 하나 머릿속에 떠올랐다. 적어두었다가 다섯 행을 덧붙여 6행 연구 소네트를 두 연 썼다. 어제 윈스롭에서 좋은 시간을 보내고 돌아온 후에 첫 여덟 행을 써 내려갔다. 이 시가 맘에 든다. 이 시는 「에그 록의 자살자」에 담긴 직설적인 솔직함을 모두 지니고 있다." 20대 초반의 자살 시도 때문에 플라스의 얼굴에는 뺨을 가로지르는 큰 흉터 자국이 있었다.

진달래 길의 엘렉트라
I '진달래 길'은 플라스 아버지의 묘지 옆에 나 있는 길이다. 1959년 3월 6일에 플라스는 다음과 같이 기록한다. "윈스롭에서 맑고 청명한 날. 아버지의 묘지에 갔다. 매우 침울해지는 광경. 사이사이 길이 나서 세 군데로 떨어져 있는 묘지, 모두 오십 년 안에 만들어졌다. 흉

주 1959

측하고 조야한 검정 돌과 주춧돌이 한데 어울려 있는 것은 마치 죽은 사람들이 구빈원에서 머리를 맞대며 잠들어 있는 것 같았다. 세 번째 묘지에 있는, 줄줄이 늘어선, 황량하고 누르스름한 목조 가옥을 마주 보는 평평한 잔디밭에서 나는 '오토 E. 플라스: 1885~1940'이라고 쓰인 판판한 묘석을 발견했다. 오솔길 바로 옆에서, 자칫 지나치기 십상이다. 사기당한 느낌이 들었다. 아버지의 시신을 파내고 싶은 나의 유혹. 아버지가 존재했고, 그리고 정말로 죽었다는 사실을 증명하기 위해서. 아버지는 얼마나 멀리 사라져버렸나? 나무도 없고, 평화도 없고, 묘석은 반대편 시체와 딱 붙어 있어 움직일 수 없는 듯하고, 금방 자리를 떠났다. 그 장소를 마음에 간직하는 것은 좋은 일이다."
3월 20일에 플라스는 다음과 같이 적고 있다. "시 쓰기를 끝냈다…… 「진달래 길의 엘렉트라」. 완벽하지는 아니지만 나름 우수하다." 하지만 4월 23일에는 "아버지의 묘지를 올바로 평가할 필요가 있다. 엘렉트라 시를 시집에서 빼버렸다. 너무 인위적이고 수사적이다"라고 기록한다.

1 엘렉트라는 아가멤논의 딸로 남동생 오레스테스에게 어머니와 그의 정부를 죽이게 하여 아버지의 원수를 갚았다.

양봉가의 딸

I 시의 마지막 부분에 등장하는 세부 묘사는 플라스 아버지의 저서, 『띠호박벌과 벌의 생존 양식』에 언급되었으며, 실제로 아버지가 플라스에게 직접 보여주었다.

가장 멀리 있는 집의 은둔자

I 『가장 멀리 있는 집』은 케이프코드에 관한 인기 고전 작품이다.

검은 옷을 입은 남자

1 보스턴 항구에 위치한 감옥으로, 주정뱅이, 마약 소지자, 방화범, 품행이 바르지 못한 사람과 같이 단기형을 선고받은 죄수를 수감한 곳이다.

야도, 장대한 장원

1 야도는 뉴욕 주 북쪽 사라토가 스프링스에 위치한 온천 휴양지로, 정원이 아름답고 공기가 맑아 많은 사람들에게 각광을 받는 장소다. 플라스가 시를 쓸 당시에는 예술가의 마을로 널리 알려져 있었는데, 예술가들이 모여서 창작 활동을 했다. 1959년에 쓴 플라스의 일기에는 남편 테드 휴스와 함께 야도를 방문해 시인들과 교류한 기록이 있다.

주 · 1959

2   보석으로 유명한 미국 티파니 회사가 제작한 불사조 장식을 가리킨다.

장원의 정원
I   시의 배경은 야도에 있는 장원의 정원이다. 플라스는 처음에 이 시를 '니컬러스를 위하여'로 이름 붙였지만, 그녀의 첫 아이는 다섯 달 뒤에 태어났고, 딸이었다.

거대한 조각상
1   로데스Rodes가 기원전 292년에서 280년 사이에 로데스 항구에 세운 아폴로 상으로 높이 약 36미터의 청동상이다.
2   「아가멤논」「제주를 바치는 여인들」「자비의 여신들」 등 아이스킬로스의 비극 삼 부작을 가리킨다. 아가멤논 가의 복수 이야기를 담고 있다. 오레스테스는 아가멤논과 클리타임네스트라 사이에 난 아들로 자신의 어머니와 정부를 죽여 아버지의 원수를 갚으려 한다.

생일을 위한 시
I   보스턴에서. 1959년 초반에 플라스는 로버트 로웰Robert Lowell의 초기 창작법을 통해 시 쓰기의 돌파구를 시도했다(「포인트 셜리」에서와 마찬가지로). 그는 항상 시어도어 로스케 Theodore Roethke, 로버트 로웰과 함께 대표적인 미국 고백시인(confessional poets)(역주)의 시들에 강하게 매료되었고, 10월에 야도에서 로스케의 시가 어떻게 영향을 줄 수 있는지 깨달았다. 이 연작시는 로스케 작품의 의도적인 모방으로 시작되었다. 일련의 모방이 시적 영감의 원천이 되어서 무언가 새로운 작품을 시작할 수 있도록 벗어 던질 수 있을 거라는 생각, 하지만 전혀 다른 형태의 시가 되었다. 10월 22일에 플라스는 다음과 같이 적고 있다. "서로 다른 영역으로 나뉜 장시의 야심찬 씨앗들. 그녀의 생일에 관한 시.[플라스 자신의 생일은 10월 27일이었다.] 정신병원에 주택 하나가 되는 것. 자연. 연장. 온실. 꽃 가게. 생생하고 따로따로 해체된 터널들. 모험. 절대로 끝나지 않는. 발전하는. 재탄생. 절망. 늙은 노파들. 막아버리기." 그리고 11월 4일에 "기적적으로 '생일을 위한 시' 연작 중 일곱 편의 시를 썼다……"라고 기록했다.
1   술의 신 바쿠스를 따르는 여자 신도를 가리킨다.
2   도그헤드Dog-head는 아프리카 민간설화에 등장하는 인물이다.
3   멈블포즈Mumblepaws, 파이도 리틀소울Fido Littlesoul, 혹월로Hogwallow, 헤어터스크Hairtusk는 모두 아프리카 민간설화에 등장하는 인물이다. 각각 '우물거리는 발' '어린 영혼 파이도' '돼지 수렁' '털 상아'라는 의미가 있다. 이 시를 쓸 당시 플라스는 아프리카 민간설화에 큰 관

주 · 1959 | 1960

심을 품고 다양한 종류의 서적을 탐독했다.

불에 타버린 온천
1   사라토가 스프링스 근처의 오래된 온천은 단지 불타버린 폐허로 남아 있다.

버섯
1   1959년 11월 14일 일기에서 플라스는 다음과 같이 적고 있다. "어제는 버섯에 대한 습작 시를 한 편 썼는데 테드가 좋아했다. 나도 마음에 들었다. 뭔가를 썼을 때 내게는 판단력이 전혀 없다. 쓰레기인지 천재적인 작품인지."

1960

너는
1   1960년 4월 1일에 플라스의 첫째 아이, 프리다Frieda가 태어났다. 1959년 7월부터 이때까지 플라스는 프리다를 임신 중이었다.
2   그리스 신화에 등장하는 거인으로, 여러 신에게 반항한 벌로 평생 동안 하늘을 어깨에 메게 되었다.

모하비 사막에서 잠자기
1   미국 캘리포니아 주 남부에 있는 사막이다.

구름 자욱한 전원에서 캠핑하는 두 사람
1   락 호수는 캐나다 온타리오 호수 주변에 있는 캠핑장이다. 1959년 7월에 플라스와 테드 휴스는 캐나다에서 샌프란시스코, 뉴올리언스까지 자동차로 미국 곳곳을 9주 동안 여행했고, 동부에 있는 집으로 돌아오는 길에 캠핑을 즐기기도 했다.
2   그리스 신화에 등장하는 망각의 강, 저승의 강으로, 그 물을 마시면 과거를 잊어버린다고 한다.

주 · 1960

일찍 떠나며
1   이스라엘을 침략한 아시리아의 장수로 유대인 유디트에게 목을 베어 죽었다.

동방박사
I   "관념적 사고를 정의 내리자면, 실생활과는 동떨어져 있으나 삶의 섬세한 순간과 활력을 주는 복잡성 안에서 형성되는 것이다. 이 시 「동방박사」에서, 나는 단지 생명체라 할 수 있는 새로 태어난 여자아이의 침대 주변에 모인 철학자들의 위대한 불변의 진리를 상상했다." 이렇게 플라스는 BBC 라디오 방송 시 낭독에서 밝혔다.

양초
1   에드워드 시대는 영국이 20세기 초(1901~1919)에 강대국으로서 전 세계에 영향력을 행사하며 부유함과 진보에 대한 열망이 정점에 달했던 시기다. 풍요로움과 우아함, 겉치레와 화려함을 선호하던 당시의 시대적 분위기를 의미한다.
2   오스트리아 서부와 이탈리아 북부에 걸쳐 있는 알프스 산맥 지방을 가리킨다.

겨울에 잠에서 깨어나기
I   이 시는 원고지에서 엄청나게 수정 작업을 한 것에서 발췌하였으니, 미완성 작품으로 간주되어야만 한다. 이 시기에 그녀가 완성했으나 자신의 목록에 포함하지 않았던 다음과 같은 시가 있다.

메리 여왕의 장미 정원

오늘은 동트기 전에 주변에 아무도 없다.
메리 여왕 이름을 딴 정원 한가운데
꿈의 바다가 내 녹색의 섬 가장자리를 쓸어내린다.
내 간소한 아침 식사에 부과된 유일한 요금,
상당수가 향이 없는, 거대한 장미는
참수당했다 부활한 침착한 왕족처럼 화단을 지배한다.
내가 이해할 수 없는 화려함의 낭비.
아침 여섯 시 그 어떤 일요일보다 맑은 날,
나 말고는 산책하는 사람도 구경하는 사람도 없다.

주 1960 | 1961

도시의 하늘은 투명하고, 전원에서 빛이 새어나왔다.
오리 떼는 갈대로 지붕을 인 초록색 선반에서 내려와
연못의 은빛 물속으로 들어갔다.

나는 그들이 항해를 시작하고 먹이를 찾아 물에 들어가는 것을 보았다
이상한 나라의 유리 종 아래로.
수백 명의 런던 사람들은 손바닥처럼 그 광경을 알면서도
둘러싸여서 흩뜨려지지 않은 채.
장미는 여왕과 저명한 사람들,
화려한 시절과 재배업자가 우수하다고 한 색깔을 따 이름을 지었다.

나는 그들을 흉볼 마음이 전혀 없다
너무 우량종이고 향이 없고 도시를 좋아한다는 이유로.
나는 페티코트와 벨벳과 궁정의 수다를 즐긴다,
작위가 있는 귀부인은 미인인 경우가 많다.
데번 초원은 좀 더 소박한 형태의 저명인사를 배출한다,
단벌의 스커트를 입고, 향수를 뿌리며, 보석 하나를 단.
하지만 나는 훨씬 화려한 대지에 만족한다.

1   12세기 예루살렘의 여왕으로 기지와 지혜가 뛰어나. 위기에 처한 나라를 구하는 데 앞장섰다. 이 시에서는 모르핀의 의미도 있다.

1961

팔러먼트힐 광장

I   런던 북쪽 햄스테드 히스 지역에 위치. BBC 라디오 방송에서 이 시를 소개하면서, 플라스는 다음과 같이 밝혔다. "이 시는 독백이다. 나는 정경을 채색하고 왜곡할 만큼 강렬한 감정에 압도된 사람들이 바라보는 팔러먼트힐 광장 풍경을 상상한다. 이 시의 화자는 작년과 새해 사이에, 아이를 잃은(유산) 슬픔과 맏아이가 집에 안전하게 있다는 기쁨 사이에 놓여 있

주 · 1961

다. 약간 완고하고 힘들게, 화자가 상실감으로부터 여전히 존속하는 그녀의 세계에서 생명력, 부지런히 일해야 하는 역할로 변해가듯이 점차적으로 시 초반에 등장하는 멍함과 침묵의 이미지는 회복과 치유의 이미지로 바뀐다."

동물원 관리인의 아내
1 샬콧 스퀘어실비아 플라스와 테드 휴스가 런던에서 살던 아파트(역주)는 리젠트 공원 동물원이 인접해 있었고, 플라스는 규칙적으로 동물원을 방문했다.

얼굴 성형
1 아는 사람의 경험. 시인의 자아 재생 신화에 필요했던 경험이다.

석고상 안에서
1 1961년 3월에 플라스는 맹장 수술을 하면서 일주일 동안 병원에 입원했다. 전신을 석고로 두른 환자가 옆 침대에 누워 있었다. 이 시와 다음에 나오는 「튤립」은 이 기간에 쓰였다.

도르도뉴 강 저편의 별들
1 프랑스 남서부를 서쪽으로 흘러 가론 강과 합류해서 지롱드 삼각강을 형성한다.

경쟁자
1 이 시는 원래 두 부분이 더 있었고, 다음과 같다.

(2)

너와 비교하자면, 빵 한 덩어리인 나는 부패하기 쉽다.
내가 잠자는 동안, 검은색 포자는 그들의 확대된 머리를
끄덕이고 가능한 빨리 나를 죽이려 한다.

주름은 파도처럼 서서히 사로잡는다.
또 다른 변장 이면에 그 자신을 변장하며.
나는 너처럼 잿빛 안색을 띠어야 했다
그 안에서 시간은 스스로의 성찰을 숭배하고 나를 잊는다.

주 • 1961

(3)

너를 숨겨둘 장소를 생각하려 애썼다
책상 서랍이 중상모략 편지를 숨겨두듯이,
하지만 너를 담아둘 서랍이 없다.
파란 하늘 또는 검정 하늘
너는 나의 수평선에 마음을 빼앗겼다.
네 주위를 딴 데로 돌릴 수 없다면, 이 모든 공간이 무슨 소용일까?
너는 저곳에서 눈이 하나다.

바다 또한 소용없다.
그것은 낡은 뼈처럼 너를 계속 닦아준다.
그리고 나는, 하늘이 비치는, 건조한 모래 위에서
스케이트처럼 스쳐 지나며 웃고 있는, 너를 몇 번이고 발견한다.
네 입안에 바다의 소리와 함께.
냉정함의 천사,
확실히 네가 간절히 원하는 건 내가 아니다.
나는 대지가 널 이용한다고 생각한다.
그녀는 광물을 끔찍하게 다룬다,
하지만 그녀의 적재량은 다이아몬드 하나를 찍어낸다.
네 단면은 견고하다.
그들의 빛은 내 심장을 하얗게 만든다.
두꺼비 돌! 나는 앞이마의 중심에 너를 달고 다녀야만 한다
그리고 죽은 사람들을 잠들게 하라, 그들은 누릴 만하다.

블랙베리 따기
1   대서양이 내려다보이는 해안 절벽의 작은 만에서.

피니스테레
1   브르타뉴 서쪽 끝에 위치한 지역. 「블랙배리 따기」에 나오는 정경과 같지만, 다른 나라다.

주 · 1961 | 1962

유언
1 고대 셈족의 풍요와 생식의 여신이다.

달과 주목
1 주목은 데번에 있는 집의 서쪽 교회 마당에 있었고, 플라스의 침실 창문에서 보였다. 이때, 어스레한 새벽 직전에, 보름달이 이 주목 뒤에 떠 있었고 그의 남편은 이 광경을 '습작 시'로 써보라고 권했다. BBC 라디오 방송에서 이 시를 언급하면서, 플라스는 다음과 같이 밝혔다. "나는 모든 사물을 친숙하고 유용하며 가치 있는 것으로 생각하기가 싫고, 결코 시에 담지도 않는다. 한번 나는 주목을 시에 담아보았다. 그리고 저 주목은, 엄청난 자신감을 보이며, 상황 전체를 잘 다루고 정돈하기 시작했다. 소설에 등장하는 것처럼, 어떤 여인이 사는 마을에서 집을 지나 도로 위 교회 근처에 있는 주목이 아니다…… 오 그건 아니다. 주목은 나의 시 중심에 위풍당당하게 서 있다, 나무의 어두운 그림자와, 교회 앞마당에 있는 목소리, 구름, 새, 내가 명상에 잠기는 감수성이 예민한 우울함을 솜씨 있게 다루면서. 그리고 결국, 나의 시는 주목에 관한 시다. 주목은 자부심이 너무 강해서 소설에 등장하는 스쳐 지나가는 검정 자국이 될 순 없다."

보모
1 매사추세츠 주, 마블헤드라는 해안가에서 떨어져 있는 작은 섬이다. 어린이 캠프가 주로 열린다.
2 1770년에 영국 런던에서 설립된 야들리는 세계에서 가장 오래된 화장품 회사다.
3 〈자 다Ja Da〉. 1918년에 밥 칼턴Bob Carleton이 발표한 재즈 히트곡이다.

1962

다트무어에서 맞이하는 새해
1 수정 원고 뭉치에서 발췌한 일부. 이 시는 미완성으로 간주되어야 한다.

세 여인
1 이 작품은 BBC 3 방송에 엄청난 영향력을 행사하며 연출하던 더글라스 클레버던Douglas

주 1962

Cleverdon의 초대로 라디오 방송을 위해 썼다. 1962년 8월 19일에 방송되었다. 시집은 1968년에 터릿 출판사에서 180권 한정판으로 출판되었다.

작은 푸가

I 음악에 대한 일반적인 관심 이외에 특별한 관심을 두지 않았지만, 이 시를 쓸 당시 플라스는 베토벤의 후기 현악사중주, 특히 〈대 푸가〉에 심취해 있었다.

현상

1 앰퍼샌드ampersand. 기호 &(=and)의 이름

수선화 사이에서

I 퍼시 키Percy Key는 옆집에 살던 이웃인데, 「버크 해변」에서 그의 죽음을 기렸다. 데번에 있는 과수원은 수선화가 가득했다.

느릅나무

I 데번에 있는 집은 해자가 있는 오래된 언덕에 어깨 높이까지 자라서, 양옆 두 갈래로 뻗은 거대한 느릅나무가 그늘을 드리우고 있었다.
이 시(스물한 장의 초고)는 초기의 미완성 부분에서 시로 발전했다.

그녀는 여유 있지 않았고, 평화롭지 않았다.
그녀는 내 언덕의 심장처럼 맥박이 뛰었다.
달은 그녀의 섬세한 신경조직에 얽혀 있다.
저기서 그것을 보고, 나는 흥분했다.
그녀가 나를 붙잡은 것 같았다.

밤은 파란 수영장이다. 그녀는 매우 고요하다.
중심에서 그녀는 고요하고, 지혜와 더불어 매우 고요하다.
달은 가버린다, 죽은 사람처럼.
이제 그녀 자신이 어두워져서
내가 전혀 볼 수 없는 암흑의 세계로 간다.

주 • 1962

버크 해변

I   노르망디 해안에 있는 해수욕장인데, 플라스는 1961년 6월에 이곳을 방문했다. 바다가 내려다보이는 곳에 전쟁 상이군인과 사고 피해자를 위한 큰 병원이 있다. 환자들은 해변의 모래사장에서 운동을 하곤 했다. 이 시에 나오는 장례식은 바로 퍼시 키의 장례식으로, 플라스가 버크 해변을 방문한 지 정확히 일 년 후, 1962년 6월에 타계했다.

1   옛날에 유행했던 장례식 손수레다. 그 위에 관을 놓고 화환을 주변에 쌓아올려, 마을 전체를 돌았다.

II   묘지의 토양과 심토는 붉은색이었다.

우연히, 수화기 너머로 엿들은 말

1   이 시는 플라스와 테드 휴스가 별거하기 전에 쓴 시로 추정된다. 플라스가 남편의 외도 사실을 알게 된 것은 우연히 전화 내용을 듣고 나서다. 이 시는 당시의 상황과 심경을 생생하게 묘사하고 있다.

편지를 불태우며

1   이 시는 플라스가 별거하기로 결정하고 난 다음, 집에 돌아와 휴스의 서재에 있던 편지와 문서를 불태웠던 일화를 묘사하고 있다.

2   "목이 멘 표정"은 테드 휴스의 유명한 시,「생각 많은 여우」에 나오는 구절을 그대로 인용한 것이다. 휴스는 야생의 여우가 밀렵꾼에게 잡혀 동물원으로 실려올 때, 여우의 실존적인 절박함을 보여주는 시 구절로 "목이 멘 표정"을 지어냈다. 이 시에서 플라스는 의도적으로 휴스의 시를 그대로 인용하면서, 그의 시가 지닌 지적인 예리함을 조롱하고 있는 듯하다.

양봉 모임

I   플라스는 벌통을 키웠으며, 지역 양봉가 협회 모임에 참석하곤 했다. 이 시는 그녀가 처음으로 참석했던 모임의 경험을 그리고 있다.

1   이 시에서 플라스는 벌의 생태를 자세히 묘사한다. 특히, 이 시행은 숫처녀 여왕벌이 일벌 가운데 한 마리와 교미를 하는 과정을 상징적으로 그리고 있다. 여왕벌은 일벌과 높은 곳에서 날면서 교미를 하고, 교미를 끝낸 일벌은 즉시 죽는다. 교미를 앞둔 숫처녀 여왕벌을 신부 벌로 묘사하고, 일벌이 소임을 다하고 죽기 때문에 여왕벌을 여성 살인범이라고 상징적으로 표현하고 있다.

2   구약성서에 등장하는 롯의 아내를 인용하고 있다. 롯은 아브라함의 조카로서 그의 아내는

주 · 1962

소돔에서 피해 나올 때, 뒤돌아보았기 때문에 소금 기둥이 되었다(「창세기」 13장 1절~12절, 19절).

벌침

I 벌에 관한 연작시를 처음 쓴 건 8월 2일이었다. 플라스는 시를 쓰려고 시도했지만, '벌침'이란 제목의 시를 완성하진 못했다. 다음 시는 수정한 원고 뭉치에서 발췌했다.

어떤 꿀이 이 미세한 동물을 불러들였나?
어떤 두려움이? 시샘하는 무리 위에
그들을 쌩하고 움직이게 만들었다, 그리고 너는 중심이다.
그들은 숫자처럼 너의 두뇌를 공격한다,
그들은 네 머리칼을 일그러뜨린다

모자 대신에 네가 쓴 평평한 손수건 아래에서.
그들은 실뜨기의 복잡한 모양을 만들며, 자살하고 싶어 한다.
그들의 죽음의 갈고랑이는 너의 장갑에 장식 못을 박지만, 소용없다.
검은 베일은 네 입가에 꼭 맞는다.
그들은 바보다.

이후에, 그들은 비틀거리며 누비고 지나간다, 아무런 기치도 없이.
이후에, 그들은 기어 다닌다
풀밭의 깊은 도랑으로, 급파되어.
버려진 조각상처럼 딱딱하게 되며,
거세되고 날개 없이. 영웅이 아니다. 영웅이 아니다.

벌 떼

I 분봉할 때 벌은 어디로 날지 결정하면서 때때로 나무 안에 높이 공처럼 엉켜 있다. 기관총 같은 갑작스러운 큰 소음은 벌을 땅 아래로 내려오게 하는데 양봉가는 그 벌들을 잡아서 상자에 담기도 하고 놓쳐버리기도 한다. 이때 양봉가는 신선하고 텅 빈 벌통 안에 비스듬히 기울인 널따란 표면 위로 벌 떼를 뒤흔든다. 시의 마지막에 묘사된 것처럼, 벌은 다소곳이 벌통 안으로 행진한다.

주 · 1962

시인은 그녀가 이웃 양봉가의 정원에서 관찰한 작은 사건을 시에서 쓰고 있다.

지원자
l   BBC 라디오 프로그램에서 이 시를 소개하면서, 플라스는 다음과 같이 부연 설명했다. "이 시에서…… 화자는 회사 경영진, 말하자면, 잘나가는 세일즈맨이다. 그는 자신의 훌륭한 상품에 정말로 필요하고, 상품을 제대로 잘 취급할 수 있는 지원자인지 확신이 들기를 원한다."

아빠
l   BBC 라디오 방송을 위해 준비한 시 낭송에서 플라스는 이 시를 다음과 같이 밝힌다. "이 시는 엘렉트라 콤플렉스에 걸린 한 소녀의 이야기다. 화자가 아빠를 신으로 생각하고 있을 때 그녀의 아빠는 돌아가셨다. 그녀의 상황은 아빠는 나치이고 엄마는 유대인이라는 사실로 복잡해진다. 두 긴장 관계가 결혼하고, 서로 무기력하게 만드는 상황에 처한 딸, 그녀가 그것으로부터 해방되기 전에 끔찍한 비유를 극적으로 표출해야만 했다."

레스보스 섬
1   에게 해 북동부의 그리스 섬이다. 기원전 6세기 무렵 활동한 여성 시인 사포Sappho의 출생지이기도 하다.

화씨 103도 고열
l   BBC 라디오 방송 프로그램을 준비하면서, 플라스는 이 시를 다음과 같이 소개한다. "두 종류의 불에 관한 시다. 단지 고통만 주는 지옥의 불과 정화하는 천국의 불. 시의 처음부터 끝까지, 첫 번째 불로 고통을 받다가 두 번째 불로 변화된다."
그녀는 다소 일찍이 (연도는 알 수 없으나) 시의 내용을 만들어보고자 애썼다. 주제에 대한 열띤 탐구처럼 보이는 원고를 몇 쪽 쓰면서, 초기 주제 정리는 이루어졌고, 그가 미완성으로 남긴 원고는 다음과 같이 애매함이 감소되었다.

새벽 네 시, 신열은 꿀처럼 나를 적신다.
오 아무것도 모르는 심장!
밤새도록 내가 들은 건

주 · 1962

아이들의 무의미한 울음소리. 그러한 바다가
신문지에 내려 덮인다!
생선기름, 생선 뼈, 살상의 폐기물.

활력이 없고 녹초가 된 채, 나는
새하얗고, 푹 삶은 도구, 순결한 커튼 사이로 일어나 나왔다.
여기 투명한 하늘이 있다. 여기 차가운 입과
장미처럼 활짝 피고 자연스러운 손의 아름다움이 있다.
내 물컵이 아침을 굴절시킨다.
내 아이는 자고 있다.

1   저승의 문을 지키는 머리가 셋 달린 개.

라이오네스

1   아서 왕 전설에 등장한다. 트리스탐Tristram이 태어났다고 한다.

촛불 곁에서

1   무릎을 꿇은 사자 안에 헤라클레스가 있는 이미지가 양초 아래 새겨진 작은 놋쇠 촛대다. 그의 발꿈치 뒤로, 놋쇠 공 다섯 개가 촛대 모양을 마무리했다.(「닉과 촛대」에도 등장한다.)

에어리얼

1   데번셔에 있는 다트무어 승마 학교에서 플라스가 탄 말의 이름이다.
1   11세기 잉글랜드 코벤트리 영주의 아내였다. 발가벗은 채 백마를 타고 거리를 지나가면 주민에게 과한 무거운 세금을 면해준다는 남편의 약속에 따라 그렇게 실행했다고 한다.

닉과 촛대

1   BBC 라디오 방송을 준비하면서 플라스는 이 시를 다음과 같이 소개한다. "이 시에서 엄마는 촛대 곁에서 아기에게 젖을 주며 아기의 아름다움을 발견한다. 아름다움은 세상의 모든 위해한 것을 막아낼 순 없지만, 엄마와 함께 위해한 것을 공유할 수 있도록 해준다."

주 · 1962

베일
1 여성을 남이 못 보도록 가리는 장막을 의미한다.

나자로 부인
1 예수가 죽음에서 살린 남자다(「요한 복음」 11장 1절~44절).
I BBC 라디오 방송 프로그램을 준비하면서 플라스는 이 시를 다음과 같이 소개한다. "화자는 부활할 수 있는 엄청나고 무시무시한 재능을 지닌 여인이다. 유일한 문젯거리는 그녀가 먼저 죽어야만 하는 것이다. 그녀는 불사조이고, 독자가 원하는 자유로운 영혼이다. 또한 그녀는 착하고 평범한 재치 있는 여인이다."

도착
1 독일의 무기 제조업 일가.

밤의 춤
I 밤에 시인의 아들이 아기 침대 안에서 추었던 빙빙 도는 춤을 의미한다.

탈리도마이드
I 이 시를 쓸 무렵, 신경안정제 탈리도마이드와 1960년에서 1961년 사이 기형아 출산율의 연관성이 명확히 입증되었다.

11월의 편지
1 기원전 480년에 스파르타군이 페르시아군에 대패한 그리스 산길.

죽음 주식회사
I BBC 라디오 프로그램을 준비하면서, 플라스는 이 시를 다음과 같이 소개했다. "이 시는 이중 자아 혹은 죽음의 정신분열증적 특성, 대리석으로 된 블레이크의 데스마스크가 풍기는 냉정함, 말하자면, 두려우면서도 부드러움을 지닌 벌레들이 있는 장갑 안에 있는 손과 다른 분해 작용 등에 관한 것이다. 나는 죽음의 이 두 가지 특성을 두 남자, 사업상 만나야 하는 친구들로 상상해보았다."
실제로는 테드 휴스에게 엄청난 봉급을 받으며 외국에서 살라고 선의를 품고 권하는 사람들이 찾아왔는데, 플라스는 이들에게 분개했다.

701

주 · 1962 | 1963

1   윌리엄 블레이크William Blake, 1757~1827. 영국의 시인이자 화가, 신비 사상가.

무시무시한 상황
1   기원전 14세기의 이집트 왕 이크나톤의 왕비로 절세미인이었다.

마리아의 노래
I   이 시의 최종본에서, 플라스는 다음 시행을 직접 수정했다.

쓸어버린 폴란드, 불타버린
독일 위로 떠다닌다

모든 출판본에서처럼, 초기 낭독되었던 시행이 그대로 유지되었다.

겨울나무
1   스파르타의 왕비로 백조의 모습으로 구애한 제우스와의 사이에서 헬레네를 낳았다.

엿듣는 사람
I   이 시는 1962년 10월 15일에 좀 더 긴 형식으로 쓰였지만, 12월 31일에 약간 삭제되었고 현재의 분량으로 축소되었다. 최종본은 만들어지지 않았다.
1   영국 국교의 일파로서 성직위나 성찬보다 복음을 강조한다.
2   두꺼비 몸에서 생긴다고 여겼으며, 보석이나 부적, 해독제로 썼다.

1963

안개 속의 양
I   BBC 라디오 방송을 준비하면서, 플라스는 이 시를 다음과 같이 언급했다. "이 시에서 화자의 말은 쇄석을 깐 포장도로의 언덕 아래에서 마구간까지 차분히 걸으며 느린 속도로 행진을 한다. 12월이다. 안개가 자욱하다. 안개 속에 양들이 있다."
이 시는 1962년 12월에 썼다. 원본의 마지막 세 행은 1963년 1월 28일에 현재의 마지막

주 • 1963 | 습작 시

구절들로 대체되었다.

토템
I   대화 도중 플라스는 이 시를 "토템폴북미 북서부 인디언이 토템 상을 그리거나 새겨서 집 앞 등에 세우는 표주(역주)처럼 서로 연관된 이미지를 차곡차곡 쌓아놓은 것"이라고 설명했다.
II   시인은 이른 아침 기차를 타고 런던 위쪽에 있는 스미스필드 대형 고기 시장으로 향하는 서쪽 지역 농부들을 상상했다. "하얀 탑들"은 그녀가 처음 런던에서 거주했던 프림로즈힐에서 보이던 곳이다.
1   원래 가축 시장이 있던 런던의 시티 구역 북서쪽 바깥의 한 지구로서 고기 시장으로 유명하다. 16세기에는 이단자 화형의 장소로 쓰였다.
III   파이렉스 그릇을 뜻하는 것으로, 시인의 아들이 태어난 후와 깨끗하게 정돈된 산토끼의 시체에 대해 각각 다른 상황에서 사용되었다.
IV   대나무를 불에 그을려 엮어서 만든, 관절이 있는 장난감 뱀.

바람둥이
1   프랑스 파리 남동쪽에 위치한 소도시다. 광대한 숲과 현재 박물관이 된 프랑소와 1세의 왕궁이 유명하다.

습작 시

아래의 목록은 1956년 이전에 실비아 플라스가 쓴 모든 시를 담고 있다. 이 가운데 여섯 작품을 제외한 모든 작품은 인디애나 대학의 릴리 도서관의 '실비아 플라스 아카이브'에 있다. 집필한 연도를 알 수 있는 작품은 괄호 안에 연도를 표시해두었다. 또한 이 책에 수록된 작품은 한글 제목 끝에 별표 표시를 해두었다.

가서 값나가는 비둘기 새끼를 잡아오라*Go get the goodly squab
가을 초상화 Autumn Portrait
가을 Fall
가을의 남자 Fall Guy

주 · 습작시

가족 모임*Family Reunion

간주곡(1947)Interlude

감추는 봄에게 To a Dissembling Spring

강박증(1948)Obsession

강변에서의 몽상(1952)Riverside Reverie

강철 같은 푸른색 울퉁불퉁한 바위들(1947)Steely Blue Crags

개울가 The Stream

걸작 Chef d' œuvre

겨울날의 석양(1946)A Winter Sunset

겨울의 언어 Winter Words

경고 Warning

계급 노래(1950)Class Song

계단을 내려오는 에바에게*To Eva Descending the Stair

고독한 노래(1949)Lonely Song

공주와 도깨비*The Princess and the Goblins

공중 곡예사*Aerialist

꽃무 Wallflower

과도한 봄의 노래 Song of the Superfluous Spring

구릿빛 피부를 지닌 소년 The Bronze Boy

권태(I)Ennui(I)

권태(II)Ennui(II)

금욕주의자 The Stoic

기쁨(1948)Joy

꿈*The Dream

꿈들(1945)Dreams

나는 내 손가락을 귀에다 놓았다(1949)I Put My Fingers in My Ears

나는 내 완벽한 세계를 발견했다(1948)I Have Found My Perfect World

나는 내가 상처받을 수 없을 거라 생각했다(1946)I Thought That I Could Not Be Hurt

나는 네가 소망하는 것을 해낸다 I Do What You Wish

나는 도달한다 I Reach Out

나는 미국인이다 I Am an American

주 · 습작시

내 사랑스러운 세계는 멜론처럼 신선했다 Green as a Melon My Sweet World Was
내 얼토당토한 심정은 다시 화가 난다 My Extravagant Heart Blows Up Again
내 정원의 모퉁이에서(1944)In the Corner of My Garden
너는 잊어버렸나 Have You Forgotten
너는 절대로 아니다 Never You
너에게 말 할 수 있는 모든 것은 안개에 관한 것 숲 속에서 혼자였고 혼자였던 사람
    은 나였다(1948)All I Can Tell You Is About the Fog Alone and Alone in the Woods Was I
네 왕국은 도래한다 Thy Kingdom Come
노란색 커튼 사이의 백인 소녀 White Girl Between Yellow Curtains
눈이 내리지 않는 뉴잉글랜드 겨울 New England Winter Without Snow
눈송이 같은 별(1946)The Snowflake Star
뉴잉글랜드 도서관(1947)New England Library
다시 맞이한 봄(1947)Spring Again
다용도 소파 The Complex Couch
달빛도 아니고 별빛도 아닌 Neither Moonlight nor Starlight
달의 변형*Metamorphoses of the Moon
달의 잔잔한, 잔잔한 리듬(1950)Slow, Slow the Rhythm of the Moon
대기 Earthbound
대기로 향하는 열기 안에서 시들어버렸다(1948)The Earth Had Wilted in the Heat
대단원*Denouement
대담한 폭풍이 두개골을 강타하다*Insolent storm strikes at the skull
도시의 거리 City Streets
도시의 아낙네 City Wife
도중에 나눈 대화*Dialogue En Route
독창 Solo
동물원에 있는 시대정신 Zeitgeist at the Zoo
두 번째 겨울 Second Winter
론도 Rondeau
마르시아 Marcia
마법(1945)Enchantment
마술사가 그럴싸하게 보이는 것에 작별을 고하다*A Sorcerer Bids Farewell to Seem

주 · 습작시

만가 Elegy

만가*Lament

만각류憂脚類 발라드 Ballade banale

망명의 운명*(1954)Doom of Exiles

매우 슬프고 고독한 Bereft(1947)

모성애(1946)Motherly Love

목소리 Voices

몽상(1947)Reverie

몽상가의 노래(1948)Song of the Daydreamer

바다 교향곡(1947)Sea Symphony

박탈당한 사람들*The Dispossessed

반 윙클의 마을 Van Winkle's Village

반복하는 론도 Rondeau redoublé

발라드 A Ballad

발명가에게 주는 충고 Advice for an Artificer

버림받은 신부*Jilted

버림받은 연인에게*To a Jilted Lover

범죄는 대가를 치루지 않는다 Crime Doesn't Pay

변덕스러운 8행시 Triolet frivole

별들이 희미하고 멋질 때 When the Stars Are Pale and Cool

별을 향한 소망(1944)A Wish Upon a Star

봄의 서막*Prologue to Spring

봄의 신성함 Spring Sacrament

봄의 행진(1945)The Spring Parade

비(1945)The Rain

비가 Dirge

비둘기 둥지 Pigeon Post

빗물이 부드럽게 떨어지게 하라(1948)Let the Rain Fall Gently

빙하시대(I)Ice Age(I)

빙하시대(II)Ice Age(II)

사건 Incident

주 · 습작시

사과 꽃(1943)Apple Blossom

사라진 강물 Gone Is the River

사랑의 노래 삼중창*Trio of Love Songs

사랑은 시차*Love Is a Parallax

4월 18일*April 18

4월 사티로스를 위한 변명 Apology for an April Satyr

4월 새벽의 노래*April Aubade

4월에 입는 의복(1953)Apparel for April

사전의 무익함에 관하여 On the Futility of a Lexicon

사춘기(1949)Adolescence

사탄에게 보내는 소네트*Sonnet to Satan

삼 부로 된 묘비명*Epitaph in Three Parts

삼 부분으로 된 비가 Dirge in Three Parts

3월(1945)March

3월 15일 뮤즈 March 15 Muse

3월 21일 March 21

새벽에 핀 튤립(1948)Tulips at Dawn

서재 극 Closet Drama

성 발렌타인: 돈 많은 총각에게 바치는 시행 Valentine: Lines to a Rich Bachelor

성찰(1948)Reflection

세 개의 원 안에서 행하는 서커스*Circus in Three Rings

소네트: 그늘에게 Sonnet: To a Shade

소네트: 시간에게*Sonnet: To Time

소네트: 에바에게*Sonnet: To Eva

소네트: 여행용 가방들은 다시 꾸려졌다 Sonnet: The Suitcases Are Packed Again

수련사에게 보내는 편지*Notes to a Neophyte

수수께끼(1948)Riddle

수중 야상곡*Aquatic Nocturne

슬픔(1947)Sorrow

시간에게 To Time

시간의 분노*Temper of Time

주 · 습작시

10월(1946)October

신데렐라*Cinderella

신처럼 이해하기 어려운 소년에게 To the Boy Inscrutable as God

실수(1948)The Mistake

쓰디쓴 딸기*Bitter Strawberries

아낙네 Housewife

아낙네에게 보내는 봄의 노래 Spring Song to a Housewife

아리아드네에게 To Ariadne

에버게일에게 바치는 비가 Dirge for Abigail

아슬아슬한 상황*Touch-and-Go

아침에 부르는 달의 노래*Moonsong at Morning

악마 애인의 눈을 들여다보는 것에 관하여*On Looking into the Eyes of a Demon Lover

안개 낀 아침(1946)Mornings of Mist

안개(1948)Fog

야생 거위(1948)Wild Geese

약속어음 P.N.

어두운 강(1949)The Dark River

어릿광대의 사랑 노래 Harlequin Love Song

언어가 겨울을 알리다 Words Fall to Winter

에바에게 To Eva

엘리자베스의 4월 Elizabeth's April

여름날의 거리(1948)Summer Street

여명 Twilight

여성 작가*Female Author

여행자(1948)The Traveller

역설 Paradox

12시에 하는 성찰 Reflections at Twelve

영문과 교수님께 드리는 충고 Words of Advice to an English Prof

오렌지빛 안에 있는 검정 소나무*Black Pine Tree in an Orange Light

5월(1947)May

왜 지금 가느다란 봄비가 내려야만 하는가 Why Must the Slim Spring Rains Fall Now

주 · 습작시

외통장군(1948)Checkmate
요정의 스카프(1945)The Fairy Scarf
웰플리트 벚나무들 Wellfleet Beach Plums
유모레스크 Humoresque
의문점(1949)Question
이곳은 아니다 Not Here
이방인(1947)The Stranger
이브는 그녀의 생일 파티를 묘사한다 Eve Describes Her Birthday Party
이브의 노래 Song of Eve
이슬로 만든 진주(1940)Pearls of Dew
인간 재판*The Trial of Man
인내심(1948)Patience
인식(1948)Recognition
일광욕실의 아침*Morning in the Hospital Solarium
입맞춤으로 나를 희롱하려 하지 마라*Never try to trick me with a kiss
자정에 내리는 눈(1946)Midnight Snow
작별 인사 The Farewell
잠꾸러기들 Sleepers
장애인 The Invalid
적도를 지나며 Crossing the Equator
절박한 시간들 The Desperate Hours
젊은 여인의 초상 Portrait d'une jeune fille
조커에게 바치는 비가*Dirge for a Joker
종착역*Terminal
주홍색 신호(1946)The Scarlet Beacon
죽은 사람들*The Dead
죽음의 무도*Danse macabre
찌르레기 새 The Grackles
차라투스트라의 서곡에 관한 메모들 Notes on Zarathustra's Prologue
청춘(1947)Youth
초록색 눈을 지닌 항해사를 위한 노래 Sonnet for a Green-eyed Sailor

주 · 습작시

초상화(1948)Portrait
최종적인 상태(1947)Finality
최후 심판의 날*Doomsday
추도문 In Memoriam
카니발 야상곡(1953)Carnival Nocturne
카니발(1948)Carnival
콕스 양에게 To Miss Cox
키가 크고 뿌리가 깊은 풀잎들 사이에서 Among the Tall Deep-rooted Grasses
텔레비전 바이러스 Virus T.V.
8월의 밤 August Night
평화를 위한 젊은이들의 호소(1948)Youth's Appeal for Peace
푸른 수염 사나이*Bluebeard
푸른색 서까래 지붕의 꼭대기(1947)Blue-shingled Rooftops
품목: 도단 품, 여행용 가방 하나 Item: stolen, one suitcase
하얀색 플록스(1950)White Phlox
한여름의 모빌*Midsummer Mobile
한입 베어 먹은 살구에 대한 송시(1950)Ode to a Bitten Plum
한탄 Complaint
험티 덤티 Humpty Dumpty
헬렌 스토로 캠프(1945)Camp Helen Storrow
혁명적인 사랑을 위한 노래*Song for a Revolutionary Love
현실의 바다에 있는 두 연인과 한 명의 해안가 부랑자*Two Lovers and a Beachcomber
  by the Real Sea
화해를 위한 노래 Song for a Thaw
황금 오후(1946)Golden Afternoon
황금색 입들이 울부짖는다*Gold mouths cry
황금색 잎사귀들은 요동친다(1950)Gold Leaves Stir
황무지의 노래 Desert Song
횃불의 노래 Torch Song
횡재한 달 Million Dollar Month
훈계*Admonitions

주 • 습작시

휘트니에서 도보 여행 Wayfaring at the Whitney

푸른 수염 사나이
1 샤를 페로의 동화 속 주인공으로, 여섯 번 결혼해서 매번 아내를 죽인 슈발리에 라울의 별칭이다.

죽음의 무도
1 죽음의 무도Danse Macagre. 사신死神이 여러 가지 인간을 무덤으로 인도하는 그림으로 인생 무상을 상징한다. 중세 예술에서 흔히 볼 수 있는 주제다.

마술사가 그럴싸하게 보이는 것에 작별을 고하다
1 독수리의 머리와 날개, 사자 몸뚱이를 한 괴물로 그리스 신화에 등장한다.
2 루이스 캐롤의 『이상한 나라의 앨리스』에 나오는 등장인물이다.
3 『이상한 나라의 앨리스』에 나오는 가공의 고양이다.

한여름의 모빌
1 라울 뒤피Raoul (Ernest Joseph) Dufy, 1877~1953. 프랑스의 야수파 화가.
2 조르주 쇠라Georges, Seurat, 1859~1891. 신인상주의를 창시한 프랑스의 화가. 점묘 화법으로 유명하다.
3 앙리 마티스Henri Matisse, 1869~1954. 프랑스의 화가. 포비즘 운동의 대표자다.
4 알렉산더 칼더Alexander Calder, 1898~1976. 미국의 조각가. 금속이나 나무의 조각을 사용한 모빌을 창시했다.

사랑은 시차
1 염소의 귀·뿔·뒷다리를 가진 목축의 신으로 로마 신화에 등장한다. 그리스 신화의 사튀르에 해당한다. 「목신」「나무 안에 있는 처녀」 참고.
2 노인 모습을 한 작은 요정으로 황금이 숨겨진 곳을 가르쳐준다고 한다. 아일랜드 민화에 등장한다.

실비아 플라스가 구상한 『에어리얼』 차례

실비아 플라스가 '에어리얼'이라는 제목으로 직접 구성한 차례는 다음과 같다.

1. 아침의 노래
2. 급사
3. 토끼 잡는 사람
4. 탈리도마이드
5. 지원자
6. 불모의 여인
7. 나자로 부인
8. 튤립
9. 비밀
10. 교도소장
11. 상처
12. 느릅나무
13. 밤의 춤
14. 탐정
15. 에어리얼
16. 죽음 주식회사
17. 동방박사
18. 레스보스 섬
19. 타자
20. 갑작스러운 죽음
21. 10월의 양귀비꽃
22. 입 닥칠 용기
23. 닉과 촛대
24. 버크 해변
25. 걸리버
26. 도착
27. 메두사
28. 베일
29. 달과 주목
30. 생일 선물
31. 11월의 편지
32. 기억상실증 환자
33. 경쟁자
34. 아빠
35. 너는
36. 화씨 103도 고열
37. 양봉 모임
38. 벌 상자의 도착
40. 벌 떼
41. 겨울나기

실비아 플라스가 번역한 시

프랑스 문학과 독일 문학 수업 수강 중에 번역한 롱사르의 소네트 네 편과 릴케의 시 한 편이 남아 있다. 다음의 시는 1954년에 릴케의 시 「어떤 예언자」를 번역한 것이다.

A Prophet

Dilated by immense visions
bright with the firelight from the outcome
of judgments, which never destroy him,
are his eyes, gazing out from under thick
brows. And in his inmost soul
already words are raising themselves again.

Not his words (for what would his be
and how indulgently would they be lavished?)
but others, severe: pieces of iron, stones,
which he must dissolve like a volcano

in order to cast them forth in the outburst
from his mouth, which curses and damns;
while his forehead, like the face of a hound
seeks to transmit that

which the Master chooses within his mind:
this One, this One, whom they all might find
if they followed the great pointing hand
which reveals him as he is: enraged.

실비아 플라스가 번역한 시

어떤 예언자

엄청난 투시력으로 인해 한껏 커지고,
그를 결코 파멸시킬 수 없는 재판이
진행되는 중에 켜진 불빛으로 밝아졌느니
그의 두 눈이다, 짙은 눈썹 아래서
응시한다. 그리고 그의 내면 깊은 곳에서는
어느새 말들이 생겨나기 시작한다.

그것은 그의 말이 아니다(그의 말이라면
그것은 조금씩 조금씩 새어나왔을 테니까)
그것은 다른 단단한 말이었다 : 철궤, 돌덩이,
그는 그것들을 화산과 같은 힘으로 녹여야 한다,

그렇게 해서 그의 입에서 터져나올 때 그것들을
힘껏 내뿜는 것이다, 저주하고 저주하는 말들을 :
그러는 사이 그의 이마는, 마치 개의
이마처럼, 그것을 이마에 달고 견뎌야 한다,

하느님이 그의 이마에서 취하는 것, 그것을 :
이 사람, 이 사람을 그들은 모두 알아보리라,
그들은 그 거대한 검지손가락을 따르리라,
그분의 진정한 모습을 보여주는 : 진노한 모습을.

『두이노의 비가 외 — 릴케 전집 2』, 260쪽
라이너 마리아 릴케, 김재혁 옮김, 책세상, 2000

이 책에 실린 출간 시집 목록

다음은 이전에 출판된 실비아 플라스의 시집 네 권의 목차다.

『거대한 조각상』
(런던, 1960; 뉴욕, 1962)

장원의 정원
시체실의 두 광경
야간 근무
암퇘지
눈의 티
하드캐슬 크랙
목신
떠남
거대한 조각상
로렐라이
포인트 셜리
벤디로의 황소
죽은 소중한 사람들 모두
후유증
야윈 사람들
에그 록의 자살자
버섯
나는 원한다, 나는 원한다
그랜체스터 초원의 수채화

유령의 작별
은유
장마철의 까마귀 떼
겨울 배
바닷속 깊은 곳에
눈물을 자아내는 현실
푸른 두더쥐들
창녀의 노래
검은 옷을 입은 남자
뱀 부리는 사람
가장 멀리 있는 집의 은둔자
마음을 어지럽히는 뮤즈
영예의 상징
페르세포네의 두 자매
친근한 병
달이 뜨는 시간
노처녀
가을 개구리
락 항구에서 홍합 잡는 사람
양봉가의 딸
시대는 잘 정돈되었다
불에 타버린 온천

이 책에 실린 출간 시집 목록

조각가
갈대 연못에서 들려오는 플루트
  소리
돌

『에어리얼』
(런던/뉴욕, 1965)

아침의 노래
급사
안개 속의 양
지원자
나자로 부인
튤립
상처
느릅나무
밤의 춤
10월의 양귀비꽃
버크 해변
에어리얼
죽음 주식회사
레스보스 섬
닉과 촛대

걸리버
도착
메두사
달과 주목
생일 선물
마리아의 노래
11월의 편지
경쟁자
아빠
너는
화씨 103도 고열
양봉 모임
벌 상자의 도착
벌침
벌 떼
겨울나기
교수형 집행인
작은 푸가
세월
뮌헨의 마네킹
토템
중풍 환자
풍선
7월의 양귀비꽃

이 책에 실린 출간 시집 목록

친절
타박상
가장자리
말

『호수를 건너며』
(런던/뉴욕, 1971)

폭풍의 언덕
피니스테레
성형 수술
팔러먼트힐 광장
육중한 여인들
불면증 환자
나는 수직이다
블랙베리 따기
보모
석고상 안에서
일찍 떠나며
사산아
사유지
미망인
양초

동방박사
연애편지
모하비 사막에서 잠자기
새벽 두 시에 외과 의사
구름 자욱한 전원에서 캠핑하는
  두 사람
거울
갑판 위에서
성령강림절
동물원 관리인의 아내
유언
장마철의 까마귀 떼
은유
눈물을 자아내는 현실
점판
페르세포네의 두 자매
생일을 위한 시
  —누구
  —암흑의 집
  —미내드
  —짐승
  —마녀 화형식
인생
호수를 건너며

이 책에 실린 출간 시집 목록

『겨울나무』
(런던, 1971; 뉴욕, 1972)

겨울나무
아이
브라질리아
바람둥이
자식 없는 여인
베일
입 닥칠 용기
타자
갑작스러운 죽음
토끼 잡는 사람
신비주의자
촛불 곁에서
라이오네스
탈리도마이드
아버지 없는 아들에게
레스보스 섬
벌 떼
마리아의 노래
세 여인

찾아보기

ㄱ

가서 값나가는 비둘기 새끼를 잡아오라 Go get the goodly squab 592
가을 개구리 Frog Autumn 199
가장 멀리 있는 집의 은둔자 The Hermit at Outermost House 243
가장자리 Edge 556
가족 모임 Family Reunion 563
갑작스러운 죽음 Stopped Dead 469
갑판 위에서 On Deck 292
거대한 조각상 The Colossus 267
거리의 노래 Street Song 62
거미 Spider 89
거울 Mirror 355
거지들 The Beggars 87
걸리버 Gulliver 510
검은 옷을 입은 남자 Man in Black 245
겨울 배 A Winter Ship 229
겨울 이야기 A Winter's Tale 174
겨울나기 Wintering 444
겨울나무 Winter Trees 524
겨울에 잠에서 깨어나기 Waking in Winter 308

결심 Resolve 97
결혼식 화환 Wreath for a Bridal 80
경쟁자 The Rival 340
계단을 내려오는 에바에게 To Eva Descending the Stair 569
고상한 석류석 The Great Carbuncle 142
공주와 도깨비 The Princess and the Goblins 643
공중 곡예사 Aerialist 638
교도소장 The Jailer 461
교수형 집행인 The Hanging Man 290
구름 자욱한 전원에서 캠핑하는 두 사람 Two Campers in Cloud Country 296
그랜체스터 초원의 수채화 Watercolor of Grantchester Meadows 227
그물 고치는 사람들 The Net-Menders 248
급사 The Couriers 503
기억상실증 환자 Amnesiac 477
까마귀 떼가 있는, 겨울 풍경 Winter Landscape, with Rooks 34
꿈 The Dream 587

719

찾아보기

꿩 Pheasant 390

ㄴ

나는 수직이다 I Am Vertical 332
나는 원한다, 나는 원한다 I Want, I Want 214
나무 안에 있는 처녀 Virgin in a Tree 163
나무 요정을 불러내는 어려움에 대하여 On the Difficulty of Conjuring Up a Dryad 129
나자로 부인 Lady Lazarus 497
남부의 일출 Southern Sunrise 43
내가 기억하는 순백 Whiteness I remember 206
너는 You're 289
노인 요양원 Old Ladies' Home 247
노처녀 Spinster 91
눈물을 자아내는 현실 Maudlin 96
눈의 티 The Eye-mote 221
느릅나무 Elm 392
닉과 촛대 Nick and the Candlestick 490

ㄷ

다른 두 사람 The Other Two 134
다수의 나무 요정에 대하여 On the Plethora of Dryads 132
다트무어에서 맞이하는 새해 New Year on Dartmoor 361
달과 주목 The Moon and the Yew Tree 353
달의 변형 Metamorphoses of the Moon 579
달이 뜨는 시간 Moonrise 197
대단원 Denouement 626
대담한 폭풍이 두개골을 강타하다 Insolent storm strikes at the skull 624
대식가 The Glutton 70
도르도뉴 강 저편의 별들 Stars Over the Dordogne 338
도중에 나눈 대화 Dialogue *En Route* 582
도착 Getting There 504
동물원 관리인의 아내 Zoo Keeper's Wife 316
동방박사 Magi 303

찾아보기

드레이크 양이 저녁 식사 하러 가다 Miss Drake Proceeds to Supper 72

때까치 The Shrike 75

땜장이 잭과 단정한 아낙네들 Tinker Jack and the Tidy Wives 59

떠남 Departure 94

ㄹ

라이오네스 Lyonnesse 475

락 항구에서 홍합 잡는 사람 Mussel Hunter at Rock Harbor 192

레스보스 섬 Lesbos 464

로렐라이 Lorelei 189

ㅁ

마리아의 노래 Mary's Song 522

마술사가 그럴싸하게 보이는 것에 작별을 고하다 A Sorcerer Bids Fare-well to Seem 620

마음을 어지럽히는 뮤즈 The Disquieting Muses 147

만가 Lament 598

말 Words 551

망명의 운명 Doom of Exiles 605

메두사 Medusa 458

메이플라워호 Mayflower 117

모하비 사막에서 잠자기 Sleep in the Mojave Desert 294

목련 한가득 Magnolia Shoals 250

목신 Faun 61

무시무시한 상황 The Fearful 520

뮌헨의 마네킹 The Munich Mannequins 536

미다스의 나라에서 In Midas' Country 200

미망인 Widow 335

ㅂ

바닷속 깊은 곳에 Full Fathom Five 186

바람둥이 Gigolo 545

박탈당한 사람들 The Dispossessed 606

밤의 춤 The Night Dances 508

백합 사이의 붉은 소파에 앉은 야드비가 Yadwigha, on a Red Couch, Among Lilies 171

뱀 부리는 사람 Snakecharmer 156

721

찾아보기

버림받은 신부 Jilted 572
버림받은 연인에게 To a Jilted Lover 585
버섯 Mushroom 285
버크 해변 Berck-Plage 401
벌 떼 The Swarm 440
벌 상자의 도착 The Arrival of the Bee Box 434
벌침 Stings 436
베일 Purdah 493
벤디로의 황소 The Bull of Bendylaw 219
보모 Babysitters 356
복수에서 얻은 교훈 A Lesson in Vengeance 158
봄의 서막 Prologue to Spring 616
불 노래 Firesong 52
불과 꽃의 묘비명 Epitaph for Fire and Flower 82
불면증 환자 Insomniac 333
불모의 여인 Barren Woman 322
불안 Apprehensions 399
불에 타버린 온천 The Burnt-out Spa 283

브라질리아 Brasilia 525
블랙베리 따기 Blackberrying 344
비밀 A Secret 447

ㅅ

사건 Event · 397
사랑은 시차 Love is a Parallax · 633
사랑의 노래 삼중창 Trio of Love Songs 594
사산아 Stillborn 291
4월 새벽의 노래 April Aubade 591
4월 18일 April 18 566
사유지 Private Ground 269
사탄에게 보내는 소네트 Sonnet to Satan 619
삼 부로 된 묘비명 Epitaph in Three Parts 652
상처 Cut 479
새벽 두 시에 외과 의사 The Surgeon at 2 a.m. 348
새벽 세 시의 독백 Monologue at 3 a.m. 71
생일 선물 A Birthday Present 420
생일을 위한 시 Poem for a Birthday

찾아보기

1. 누구 Who 271
2. 암흑의 집 Dark House 273
3. 미내드 Maenad 274
4. 짐승 The Beast 276
5. 갈대 연못에서 들려오는 플루트 소리 Flute Notes from a Reedy Pond 277
6. 마녀 화형식 Witch Burning 278
7. 돌 The Stones 280

석고상 안에서 In Plaster 325
성 대축일 멜론 Fiesta Melons 84
성령강림절 Whitsun 314
세 개의 원 안에서 행하는 서커스 Circus in Three Rings 615
세 여인 Three Women 362
세월 Years 518
소네트: 시간에게 Sonnet: To Time 589
소네트: 에바에게 Sonnet: To Eva 573
수련사에게 보내는 편지 Notes to a Neophyte 577
수선화 사이에서 Among the Narcissi 389

수정 점쟁이 Crystal Gazer 103
수중 야상곡 Aquatic Nocturne 575
순수주의자에게 보내는 편지 Letter to a Purist 64
시간의 분노 Temper of Time 650
시금치 채집자의 회고록 Memoirs of a Spinach-Picker 179
시대는 잘 정돈되어 있다 The Times Are Tidy 216
시와 감자 Poems, Potatoes 215
10월의 양귀비꽃 Poppies in October 489
시체실의 두 광경 Two Views of a Cadaver Room 232
신데렐라 Cinderella 571
신비주의자 Mystic 547
신탁의 몰락에 관하여 On the Decline of Oracle 154
신화 만들기의 죽음 The Death of Myth-Making 210
11월의 묘지 November Graveyard 106
11월의 편지 Letter in November 514
쏙독새 Goatsucker 226

찾아보기

쓰디쓴 딸기 Bitter Strawberries 561

ㅇ

아기 방에 어울리는 언어 Words for a Nursery 144
아이 Child 541
에어리얼 Ariel 487
아버지 없는 아들에게 For a Fatherless Son 419
아빠 Daddy 453
아슬아슬한 상황 Touch-and-Go 648
아침에 부르는 달의 노래 Moonsong at Morning 602
아침의 노래 Morning Song 320
악마 애인의 눈을 들여다보는 것에 관하여 On Looking into the Eyes of a Demon Lover 622
안개 속의 양 Sheep in Fog 535
알리칸테 자장가 Alicante Lullaby 76
암퇘지 Sow 118
압운 Rhyme 93
야간 근무 Night Shift 150
야도, 장대한 장원 Yaddo: The Grand Manor 254
야윈 사람들 The Thin People 125
양봉 모임 The Bee Meeting 430
양봉가의 딸 The Beekeeper's Daughter 241
양초 Candles 304
어린이 공원의 돌 Child's Park Stones 203
얼굴 성형 Face Lift 318
에그 록의 자살자 Suicide off Egg Rock 234
엘라 메이슨과 고양이 열한 마리 Ella Mason and Her Eleven Cats 100
여름날의 노래 Song for a Summer's Day 53
여성 작가 Female Author 565
여왕의 탄식 The Queen's Complaint 48
여인과 토기 두상 The Lady and the Earthenware Head 136
연애편지 Love Letter 301
엿듣는 사람 Eavesdropper 529
영예의 상징 Medallion 256
영원한 월요일 The Everlasting Mon-

찾아보기

day 121
오렌지빛 안에 있는 검정 소나무 Black Pine Tree in an Orange Light 630
올빼미 Owl 205
욕조 이야기 Tale of a Tub 40
우각호 위로 Above the Oxbow 176
우연히, 수화기 너머로 엿들은 말 Words heard, by accident, over the phone 414
위든스에서 본 두 가지 풍경 Two Views of Withens 141
윈스롭 만에 있는 녹색 바위 Green Rock, Winthrop Bay 211
유령과 신부의 대화 Dialogue Between Ghost and Priest 67
유령의 작별 The Ghost's Leavetaking 181
유아론자의 독백 Soliloquy of the Solipsist 65
유언 Last Words 351
유혈 낭자 The Goring 86
육중한 여인들 Heavy Women 323
은유 Metaphors 237

음산한 숲, 음산한 호수 Dark Wood, Dark Water 262
인간 재판 The Trial of Man 590
인생 A Life 306
일광욕실의 아침 Morning in the Hospital Solarium 641
일찍 떠나며 Leaving Early 298
입 닥칠 용기 Courage of Shutting-Up 428
입맞춤으로 나를 희롱하려 하지 마라 Never try to trick me with a kiss 610

ㅈ

자식 없는 여인 Childless Woman 527
자연스러운 유래 Natural History 140
작은 푸가 Little Fugue 383
잠꾸러기 The Sleepers 252
장마철의 까마귀 떼 Black Rook in Rainy Weather 107
장원의 정원 The Manor Garden 258
전원 시편 Bucolics 38

찾아보기

전투 장면 Battle-Scene 169
점판 Ouija 152
조각가 Sculptor 184
조개 캐는 사람들과 망상에 잠기기 Dream with Clam-Diggers 78
조커에게 바치는 비가 Dirge for a Joker 568
종착역 Terminal 632
죽은 사람들 The Dead 612
죽은 소중한 사람들 모두 All the Dead Dears 138
죽음 주식회사 Death & Co. 516
죽음의 무도 Danse macabre 613
중풍 환자 Paralytic 542
지원자 The Applicant 450
진달래 길의 엘렉트라 Electra on Azalea Path 238
진달래 도둑들의 우화 Fable of the Rhododendron Stealers 208
진퇴양난 Incommunicado 202
집 구경 The Tour 484
집주인 Landowners 99

ㅊ

창녀의 노래 Strumpet Song 58
철회 Recantation 74
촛불 곁에서 By Candlelight 482
최후 심판의 날 Doomsday 600
추격 Pursuit 35
친근한 병 The Companionable Ills 213
친절 Kindness 549
7월의 양귀비꽃 Poppies in July 415

ㅌ

타박상 Contusion 553
타자 The Other 411
탈리도마이드 Thalidomide 512
탐정 The Detective 425
테드에게 바치는 송시 Ode for Ted 50
토끼 잡는 사람 The Rabbit Catcher 395
토템 Totem 538
튤립 Tulips 328

찾아보기

ㅍ

팔러먼트힐 광장 Parliament Hill Field 311

페르세우스 Perseus 166

페르세포네의 두 자매 Two Sisters of Persephone 54

편지를 불태우며 Burning the Letters 416

폐허 속에서의 대화 Conversation Among the Ruins 33

포인트 셜리 Point Shirley 223

폭풍의 언덕 Wuthering Heights 341

폴리의 나무 Polly's Tree 264

푸른 두더지들 Blue Moles 260

푸른 수염 사나이 Bluebeard 574

풍경 Prospect 47

풍선 Balloons 554

피니스테레 Finisterre 346

허영의 시장 Vanity Fair 56

혁명적인 사랑을 위한 노래 Song for a Revolutionary Love 617

현상 An Appearance 386

현실의 바다에 있는 두 연인과 한 명의 해안가 부랑자 Two Lovers and a Beachcomber by the Real Sea 628

호수를 건너며 Crossing the Water 388

화씨 103도 고열 Fever 103° 471

황금색 입들이 울부짖는다 Gold mouths cry 567

황무지에 있는 눈사람 The Snowman on the Moor 113

황폐한 얼굴 The Ravaged Face 236

후유증 Aftermath 231

훈계 Admonitions 608

ㅎ

하드캐슬 크랙 Hardcastle Crags 122

한여름의 모빌 Midsummer Mobile 621

해협 건너기 Channel Crossing 44